ANDREA WEIDLICH

WO EIN **FUCK IT,** DA EIN WEG

ANDREA WEIDLICH

WO EIN FUCK IT, DA EIN WEG

WIE PLÖTZLICH ALLES MÖGLICH WIRD,
WENN DU AUFHÖRST,
ES ALLEN RECHT ZU MACHEN

mvgverlag

Bibliografische Information der Deutschen Nationalbibliothek
Die Deutsche Nationalbibliothek verzeichnet diese Publikation in der Deutschen Nationalbibliografie. Detaillierte bibliografische Daten sind im Internet über https://dnb.de abrufbar.

Für Fragen und Anregungen
info@m-vg.de

Originalausgabe
13. Auflage 2024

Türkenstraße 89
80799 München
Tel.: 089 651285-0

Redaktion: Anja Hilgarth
Umschlaggestaltung: Marc-Torben Fischer, Andrea Weidlich
Umschlagabbildung: Shutterstock.com/F. Jimenez Meca
Shutterstock.com/Paladin12
Layout und Satz: inpunkt[w]o, Haiger (www.inpunktwo.de)
Druck: CPI
Printed in the EU

ISBN Print 978-3-7474-0490-4
ISBN E-Book (PDF) 978-3-96121-883-7
ISBN E-Book (EPUB, Mobi) 978-3-96121-884-4

Wir produzieren nachhaltig
www.m-vg.de

Weitere Informationen zum Verlag finden Sie unter

www.mvg-verlag.de

Beachten Sie auch unsere weiteren Verlage unter www.m-vg.de

INHALT

FUCK IT - DIE ENTSCHEIDUNG 10

LAUTE STILLE 13

DIE BUCHE UND DER HUND 15

WELCHE FASSUNG? 20

MATSCHIG IM KOPF 25

SEINE MAJESTÄT 33

SPIEGELVERKEHRT 42

DAS WEIẞE BLATT....................... 50

DIE ARSCHKARTE 58

EIGENTLICH GUT 68

KUMBAYA, MEIN LEID 75

WAS SOLLEN BLOẞ DIE LEUTE SAGEN 84

GEGEN DEN STROM 92

ORANGENKAMPF 101

NEIN, ICH MÖCHTE DEN MÜLL NICHT 107

ZUM EXIT BITTE HIER LANG 118

DAS LEBEN IST KEIN STREICHELZOO 125

GUTEN TACH, HERR SCHMERZ 132

BÖSES MÄDCHEN 141

LOSTERIA WUTVERBOT 152

PLAN BYE UND IDIOTENRADAR 159

GELEGTE EIER 167

ICH BIN SYMPATHISCH, DU ARSCHLOCH 178

DAS DAMOKLESSCHWERT DER HEILIGEN 187

DIE GESCHICHTE DER ANDEREN 196

HÄSSLICHE WAHRHEIT 206

DAS HAUS IM WALD 217

UNSICHTBARE MENSCHEN 225

VERBRANNT UND ENTFLAMMT 234

WENN DER SCHUH NICHT PASST 246

KLAMMHEIMLICHE IDENTITÄTEN 253

WO EIN FUCK IT, DA EIN WEG 261

ALLES MÖGLICH 272

VOR ZUM RAND 281

Das Leben schuldet dir nichts.
Aber *du* dir.

Der beste Tag
deines Lebens wird der sein,
an dem du dich entscheidest,
dass du gut genug bist,
und niemandem
mehr *beweisen musst,*
es zu sein.

Wer warst du,
bevor du jeden Tag aufgestanden bist
und getan hast, was man so tut,
und du jetzt sagst, was man sagt, weil es sich so gehört.
Wer warst du, bevor alle anderen dir gesagt haben, wer du sein sollst,
wie du dich zu verhalten und wen du zu lieben hast.
Alle anderen, nur nicht dich selbst.
Wer warst du, bevor du dein Strahlen
in dumpfen Gedanken der Pflicht verloren hast
und sich der Schatten um dein Herz ausgebreitet hat,
als es zum ersten Mal gebrochen wurde
und dein Traum in tausend Scherben zersplittert ist.
Wer wolltest du einmal sein,
als du noch an dich geglaubt hast,
bevor dein Kopf beinahe explodiert ist von all den Meinungen über dich
und du sie übernommen hast, weil du dachtest, sie alle zu sein,
nur nicht *du*.
Wer warst du, bevor du den Mut verloren hast, deinen Weg zu gehen,
gepflastert mit den steinigen Erwartungen der anderen.
Wie hat es sich angefühlt, als die Möglichkeiten
noch überall wie Blumen am Wegrand wuchsen
und du sie gepflückt und nicht nur auf anderen Wiesen bestaunt hast.
Wer warst du, bevor die Angst vor der Erwartung anderer,
sich wie ein zorniges Gewitter über deinem Kopf, weiter in
dunklen Schwaden vor deinen Augen ausgebreitet hat
und du die Sicht verloren hast.
Auf dich. Dein Leben. Und all das, was dich ausmacht.
Bevor du begonnen hast, dich infrage zu stellen.
Erinnerst du dich?
An dich?
Als du noch warst, wer du warst,
ehrlich, echt und bereit,
für dich und alles, was durch dich entstehen darf.
Die ganze Magie.
Denn das Leben wird magisch,
wenn du dich traust,
du selbst zu sein.

FUCK IT – DIE ENTSCHEIDUNG

Es ist verdammt anstrengend, immer heilig zu sein. Und auch nicht sonderlich hilfreich, dazu noch wenig attraktiv – und vor allem im Grunde gar nicht möglich. Dafür gibt es eine ganz einfache Erklärung: Wir Menschen sind nun mal keine Heiligen. Und das ist gut so. Es ist daher nicht empfehlenswert, wie wütende Engel herumzulaufen, die allen gefallen wollen und dabei letztendlich immer wieder selbst fallen. Und alles nur deshalb, weil wir vergessen haben, wer wir wirklich sind: Menschen mit Stärken und Schwächen, guten und beschissenen Tagen, jeder Menge Problemen – aber auch Träumen, die wir einmal leben wollten. Am besten noch in diesem Leben. Irgendwann haben wir aber damit angefangen, es lieber allen anderen recht zu machen als uns selbst. Wir haben dann aus nachvollziehbaren, aber eher ungünstigen Gründen begonnen, über unsere eigene Leiche zu gehen, sind mit eingefrorenem Lächeln und erstarrtem Herzen auf rohen Eiern gelaufen und dabei immer wieder eingebrochen. Unsere eigenen Wünsche sind uns bei dem holprigen Tanz um Zustimmung womöglich auch noch aus dem Herzen gerutscht und völlig entglitten.

Vielleicht haben wir schon erkannt, dass es gar keine gute Idee ist, ständig anderen gefallen zu wollen, und tun es aber trotzdem noch. Wir beißen uns auf die Zunge, statt zu sagen, was wir wirklich wollen, laufen in falscher Bescheidenheit durch die Welt, statt unser volles Potenzial zu leben, und legen viel zu viel Wert auf das Urteil anderer, die sehr viel mehr Meinung als Ahnung davon haben, wer wir wirklich sind. Oder wissen wir das manchmal selbst nicht mehr so genau? Irgendwann haben wir dann vielleicht begonnen, uns selbst zu vermissen, und fragen uns, wo wir geblieben sind, wo wir hinsollen und was wir überhaupt noch wollen sollen. Und plötzlich spüren wir, dass es Zeit ist, die Arschkarte ans Leben zurückzugeben und endlich Platz für uns und unsere Träume zu schaffen.

Genau an diesem Punkt, da, wo du gerade stehst oder – beim Lesen wahrscheinlich eher – sitzt, also hier in deinem möglicherweise unperfekten Leben (weil das Leben nun mal nicht perfekt ist), hältst du jetzt dieses Buch in deinen Händen. Und während du dich damit auf deinen inneren Weg machst, wird es dir drei Fragen stellen:

»Wer bist du? Wer möchtest du sein? Und was würdest du tun, wenn alles möglich wäre?«

Bei diesen drei Fragen werden sich anfangs noch die Erwartungen anderer Menschen in deinem Leben melden, deren Lautstärke du leiser drehen wirst, bis es still ist und du dich wieder selbst hören kannst. Am Titel erkennst du schon, dass *Fuck it* dabei eine große Rolle spielen wird. Das bedeutet aber nicht, dass dir alles am Arsch vorbeigehen, dir nichts und niemand mehr wichtig sein wird und du nur noch mit erhobenem Mittelfinger durch die Gegend laufen wirst. Diese drei Fragen werden vielmehr eine Vielzahl von Antworten in dir ausbreiten, die dich weiterbringen. Und während du auf dem Weg durch den Wald auf einige Geheimnisse stoßen wirst, weil nicht immer alles ist, wie es scheint, wirst du nach und nach die wahre Geschichte von neun Menschen entblättern und dabei auch mehr über dich selbst erfahren. Zwischen quer liegenden Ästen und dem raschelnden Laub wird sich dir dann vermutlich schon bald ein neuer – dein ganz eigener – *Fuck it*-Weg zeigen, auf dem du dir selbst begegnen wirst und dich für dich entscheidest. Ich wünsche dir, dass dich die Antworten, die du findest, noch lange Zeit begleiten und immer wieder daran erinnern werden, wer du bist und was alles für dich möglich ist. Die Magie liegt darin, all deine Möglichkeiten für dich zu entdecken. Ich habe sie zwischen die Zeilen dieses Buches geschrieben, wo du sie in dir finden und von da aus in dein Leben bringen kannst.

Du bist an der Reihe.
Dich *endlich* so zu lieben,
wie du andere schon
dein *ganzes Leben* lang
geliebt hast.

LAUTE STILLE

Ganz schön laut, diese Stille. Sie prügelt ja fast schon auf uns ein ... Hallooo??! Warum sagt denn niemand was?«

»Muss denn immer jemand was sagen ...?!«, raunte Charly in Adrians Richtung. Ihre Stimme brach ein wenig zur Mitte hin und verebbte gegen Ende des Satzes irgendwo im Nebel. Sie klang kraftlos und erschöpft, als hätte sie keinen Funken Energie mehr im Körper. Und das, obwohl wir seit der Pause erst wieder eine Stunde unterwegs waren und gar nicht wussten, wie viel noch vor uns lag. Obwohl Charly die Stille selbst für einen Moment unterbrochen hatte, schwieg sie danach, was sonst ganz und gar nicht ihre Art war. Ich willigte in ihr Schweigen ein. Es war laut genug gewesen die letzten Stunden – und Monate. Laute Zeiten, die uns allen viel abverlangt hatten. Um ehrlich zu sein, genoss ich die Stille. Endlich sagte einmal niemand was. Auch die anderen nicht. Nur das leise Schmatzen unter unseren Schuhsohlen, die auf dem feuchten Waldboden mit jedem Schritt nach vorn wieder ein kleines Stück zurückrutschten und zwischen dem dunklen Matsch das leuchtende Herbstlaub hin und her schoben. Der Wind bewegte die letzten Blätter, die noch an den Ästen hingen, bevor sie später zu Boden fallen würden. *Fallen. Es fühlt sich genau so an,* dachte ich noch, als mich ein greller Schrei mitten durch die Stille traf, der durch den Wald wieder zu uns zurückhallte. Im nächsten Moment hörte ich auch mich schreien. Nicht, weil ich wusste, worum es ging, sondern aus Reflex auf Charlys Schrei.

»Daaaaa vorne!!! Da ist jemand … ein …« Sie hatte den Satz noch nicht beendet, als ich plötzlich die Umrisse einer Gestalt erblickte, und bevor ich noch einmal losschreien konnte, spürte ich Lukas' Hand, die fest nach meinem Unterarm griff und mich stoppte. Beunruhigend leise flüsterte er mir ins Ohr: »Wo verdammt noch mal ist Paul …?!«

Nicht alles ist,
wie es scheint.

DIE BUCHE UND DER HUND

Genau ein Jahr war vergangen, seit wir mit Paul Goldbach an den Weissensee gereist waren und uns dort von Menschen befreiten, die uns nicht guttaten. Ohne sie umzubringen, wohlgemerkt. Vier von uns konnten auch dieses Mal wieder dabei sein, fünf Neue kamen dazu. Ich freute mich, die anderen wiederzusehen, und war neugierig auf alle, die ich noch nicht kannte. Adrian hatte jetzt eine Freundin – was allein schon Fragen aufwarf. Er hatte sich sogar dazu entschieden, sie an diesem Wochenende mitzubringen, vermutlich deshalb, weil auch Charly kurz davor beschlossen hatte, in Begleitung zu kommen. Sie hatte zwar bereits allen von Philipp erzählt, ihn aber bisher noch niemandem vorgestellt, obwohl wir uns in der Zwischenzeit schon einige Male gesehen hatten. Es hätte also zahlreiche Gelegenheiten gegeben, die Charly bis dahin allerdings geschickt vermieden hatte. Nach eineinhalb Jahren Beziehung hielt ich das zwar für ein wenig ungewöhnlich, aber Adrian und Charly waren sich in dieser Hinsicht ziemlich ähnlich. Was für andere die normalste Sache der Welt war, schien für die beiden ein heroischer Akt des Versprechens, ja fast schon eine Verpflichtungserklärung zu sein. So unterschiedlich die beiden sonst waren, manchmal waren sie sich doch ähnlicher, als sie zugeben wollten. Es war vielleicht nur eines der vielen Geheimnisse, die ihre lange Freundschaft ausmachten.

Ich fragte mich, wie die Frau an Adrians Seite sein würde, die es geschafft hatte, den ewigen Single davon zu überzeugen, sein geliebtes Lotterleben hinter sich zu lassen, und wie sie sich wohl neben seiner doch sehr dominanten Persönlichkeit behauptete. Tat sie das denn überhaupt? Vielleicht sagte sie auch einfach nie etwas. Oder immer das Richtige. Womöglich hatte Adrian sich aber auch verändert und aus dem wilden Tiger war nun ein streichelweicher Kater geworden. Ich wusste, er würde den Vergleich nicht mögen. Wenn es nach ihm ginge, wäre er bestimmt lieber ein Panther, den die Welt um sein glänzendes Fell beneidete. Gab ihm Valentina vielleicht genau dieses Gefühl? Wir würden es alle noch herausfinden. Ich konnte es jedenfalls kaum erwarten, sie kennenzulernen und mehr über sie zu erfahren.

Mit ein wenig Überredungskunst hatte ich es außerdem wieder geschafft, meinen besten Freund Lukas dazu zu bewegen, mitzukommen. Und das, obwohl er es generell nicht besonders mochte, seine Zeit mit fremden Menschen zu verbringen. Dank Goldbach schien er aber irgendwie Gefallen daran gefunden zu haben. Valentina und Charly brachten darüber hinaus noch jeweils eine Freundin mit und Adrian einen Kollegen, der gerade eine schmerzhafte Trennung durchmachte. Über Charlys Freundin Rebecca wusste ich, dass sie sich über einen gemeinsamen Bekannten im Sommer in Berlin kennengelernt hatten. Und obwohl sie und Charly sich noch gar nicht so lange kannten, war daraus eine innige Freundschaft entstanden, von der mir Charly immer wieder erzählte. Ich hatte demnach schon einiges über Rebecca gehört. Ziemlich Böses, um offen zu sein. Allerdings von der guten Sorte. Ich war gespannt.

Wir trafen uns diesmal gewissermaßen am anderen Ende Österreichs: am nördlichen Rand des Wienerwaldes. Zwar um vieles leichter als beim letzten Mal, aber bepackt mit neuen Fragen und

Gedanken, die sich im vergangenen Jahr wie lästige Kletten an uns geheftet hatten und dort hängen geblieben waren. Wen verwunderte es auch, bei allem, was passiert war? Denn obwohl wir im letzten Jahr am See so viel Schweres losgelassen hatten, hatte die Welt sich danach weitergedreht – um nicht zu sagen: Sie hatte förmlich durchgedreht. Pandemie, gesellschaftliche Spaltung, Umweltkatastrophen, Krieg. Hätte sich dieses Drehbuch jemand ausgedacht, wir hätten es für die schlechteste Science-Fiction-Inszenierung aller Zeiten gehalten. Und nun lebten wir mittendrin. In einem Streifen, der aufgrund der absurden Handlung niemanden mehr kaltließ. Kaum etwas blieb, das nicht infrage zu stellen war. Und damit wuchs der Zweifel. Nicht nur an der Welt im Allgemeinen, sondern auch an uns. Was wir einmal erreichen, wer wir sein wollten und was noch davon übrig geblieben war. Waren wir noch die, von denen wir dachten, sie könnten die Welt verändern? Wo war die beste Version von uns geblieben, die uns daran erinnerte, was uns einmal ein Funkeln in den Augen und ein Vibrieren im Herzen bereitet hatte? Diese Lebensfreude, die wir damals als Kinder verspürten, als wir barfuß über saftige Wiesen hüpften – die konnte doch nicht einfach weg sein? Irgendwo in uns, da schlummerte sie noch. Oder verbrachten wir – wie Paul uns erklärte – etwa wirklich zu viel Zeit und Energie damit, es anderen recht zu machen, und vergaßen dabei, wer wir wirklich waren? Trotz aller Ereignisse, Erwartungen und Meinungen, die immer wieder auf uns einprasselten und unsere innere Schutzschicht an manchen Stellen dicker, an anderen ganz durchlässig und manchmal auch etwas wund hinterließ, gab es tief drinnen dieses Gefühl, wieder sicher sein zu wollen. In uns und einer Welt, die so ganz und gar nicht sicher war.

Wie Adrian es so treffend auf den Punkt brachte: »So ist das Leben. Mal bist du der Baum, mal bist du der Hund.« Irgendetwas sagte mir, dass wir uns zu diesem Zeitpunkt wohl eher zu den Bäumen zählten, weil uns die Pandemie und sämtliche andere Katastrophen, aber auch die Menschheit – also gewissermaßen wir uns selbst – gehörig ans Bein gepinkelt hatten. Ich hätte uns gern als hochgewachsene Buchen gesehen, aber wahrscheinlich waren wir doch mehr getopfte Zimmerpflanzen, die endlich wieder auf einer Wiese stehen wollten. Und egal, woher die Hunde kamen, die Pinkelei nervte gehörig. Im Gegensatz zur Zimmerpflanze wirft die Buche, die tief verwurzelt in der Erde thront, aber kein saurer Angriff einfach so von der Seite um. Es ist sogar gut möglich, dass sie rein gar nichts aus der Fassung bringt. Aber wird sie davon nicht trotzdem irgendwann auch etwas mürbe oder sind Buchen da um einiges gelassener? Ich denke schon. Sie wollen niemandem gefallen. Sie tun nicht ständig etwas, um es anderen recht zu machen. Wir Menschen allerdings schon. Und genau das unterscheidet uns vermutlich vom Rest der Natur. All die anstrengenden Gefühle, die dabei entstehen und sich immer wieder zwischen die schönen schieben, bis sie sich kräftig durchmengt haben, brauen sich dann zu einem recht unliebsamen Gemisch zusammen. Es konnte einem manchmal schon richtig übel davon werden. Da passte das Wochenende im Wald doch ausgesprochen gut, um innerlich nicht zu versauern und wieder neue Wege zu finden, damit wir uns nicht länger angepisst fühlten.

Alles ist erst mal schwer,
bevor es *einfach* wird.

Heb dir
nichts auf
für einen
besonderen
Anlass,
dein Leben
ist der
besondere
Anlass.

WELCHE FASSUNG?

»Alles, was außerhalb unserer Erwartung oder Gewohnheit liegt, bringt uns erst mal aus der Fassung«, erklärte Paul Goldbach am Abend seines Vortrages, ein paar Wochen vor unserem gemeinsamen Wochenende, als sich die Ereignisse auf der Welt gerade wieder einmal überschlugen. »Lasst uns einen Weg finden, besser damit umzugehen, wenn die Welt da draußen aus den Fugen gerät, dann können wir sie gemeinsam neu verfliesen.« Paul lächelte kurz, bevor er einen tiefen Atemzug nahm und weitersprach. »Wenn die Fassade der Außenwelt bröckelt, möglicherweise sogar zusammenbricht, fühlen wir uns oft auch im Inneren zerrissen. Die Risse und Löcher zusammenzuhalten, kostet enorm viel Kraft, und das ist gar nicht immer leicht zu ertragen. Wir versuchen dann, an einem starren Zustand festzuhalten, bis es uns innerlich beinahe zerreißt. Darunter zeigt sich zwar etwas Neues, aber wir müssen hier auch gar nichts schönreden: Dieser Prozess ist schmerzhaft und genauso fühlt er sich auch an. Die Risse hinterlassen Spuren. Nach einer schwierigen Zeit ist es daher hilfreich, sich anzusehen, was sie alles in uns ausgelöst hat, wo wir stehen und wie wir wieder neue Kraft schöpfen. Dabei ist es hilfreich, sich die Frage zu stellen, welchen Erwartungen wir immer wieder versuchen, gerecht zu werden, wie wir zu unseren eigenen Wünschen und all dem zurückgelangen, was uns glücklich macht, und wer wir unter der Fassade und den Rissen wirklich sind.«

»Manchmal wäre ich auch gern Therapeut, dann würde ich die Dinge besser verstehen und müsste nicht immer zu jemand anderem latschen, um Antworten zu finden«, flüsterte Charly neben mir, während Paul vorne weitersprach.

»Vielleicht hilft er dir ja einfach nur dabei, sie in dir wiederzufinden.«

»Ja, aber wäre ich *er*, dann müsste ich sie ja nicht erst suchen!«

»Du bist aber *du*. Sonst wärst du ja er. Und vielleicht gibt es gar nichts zu suchen.«

»Sondern …? Zu reparieren? Wie so ein Klempner? Wir alle wissen, was der repariert …«

»Abflussrohre?«

»Ja, so könnte man sie auch bezeichnen … Bei der ganzen Scheiße ist es doch kein Wunder, dass alles verstopft ist.«

»Ach komm, Charly …« Ich versuchte, die Bilder gedanklich wieder aus meinem Kopf zu spülen. »Lass es uns ein wenig blumiger betrachten. Ich sehe Paul mehr wie einen Gärtner. Er hilft dir, den zerbrochenen Übertopf aufzusammeln, der bei all dem Druck gesprungen ist. Vielleicht fügst du die alten Teile gar nicht mehr zusammen, sondern legst sie irgendwann neben dir ab, weil es Zeit ist, dich woanders hinzupflanzen und dir mehr Raum zu geben. Paul lockert dann die Erde, entwirrt den Schlauch und reicht ihn dir, um den Boden neu zu bewässern. Hier und da legt er auch eine Wurzel frei, damit sie wieder Platz zum Wachsen hat. Aber das Wachsen übernimmt er nicht für dich. Das machst du schon selbst.«

»Keiner sagt einem, wie schmerzhaft dieses Wachsen manchmal ist! Alle wollen blühen! Aber von der Knospe zur Blüte ist es manchmal ein ganz schön langer Weg. Da frage ich mich: *Wann geht das Ding endlich auf*?!«

Ich musste lachen und verursachte damit eine kurze, unangenehme Stille im Saal. Im Mittelpunkt zu stehen, lag mir nicht, aber die Frage fand ich durchaus berechtigt. »Vielleicht dann, wenn du die Knospe auch schön findest?«, flüsterte ich, während Paul endlich weitersprach. Charly starrte mich fassungslos an. Ich war nicht sicher, ob sie es für die beste oder die schlechteste Idee hielt. Danach waren wir beide still und hörten wieder aufmerksam zu. Als Paul von seinem geplanten Wochenende im Wienerwald zu erzählen begann, sahen wir uns noch einmal an und wussten es: Um nichts in der Welt wollten wir seine Antworten auf all unsere Fragen verpassen – oder den Weg, auf den er uns schicken würde. Und auch hier galt: Er würde ihn uns aufzeigen. Er würde ihn sogar ein Stück mit uns gehen. Aber die Schritte mussten wir selbst machen.

An diesem Abend dachte ich auf der Heimfahrt noch einmal über Pauls Satz nach. Wenn alles, was außerhalb unserer Erwartung oder Gewohnheit liegt, uns erst mal aus der Fassung bringt, wollten wir diese Fassung denn überhaupt noch? War es nicht an der Zeit herauszufinden, welche Version in uns schlummerte, die wild vor sich hinwuchs, aber im starren Gerüst der Erwartungen anderer allmählich den Kopf hängen ließ? Wer waren wir ohne die Erwartung anderer und war es nicht an der Zeit, genau diese Version von uns zu entdecken?

Sechs Wochen nach Paul Goldbachs Vortrag trafen wir uns am Tulbingerkogel am Rande des Wienerwaldes und genossen von der Terrasse aus den Blick über den kleinen Teich und die dahinterliegenden hügeligen Wiesen. Die Morgensonne kämpfte sich mit ganzer Kraft durch die Wolkenfront, als versuche sie, uns zu ermutigen. Nur wenig später standen wir am Anfang eines Weges, der direkt in den Wienerwald hineinführte. Der Matsch unter unseren Schuhsohlen kam mir dabei wie ein Symbolbild für den ganzen Schlamassel vor, durch den wir die letzten Monate alle unweigerlich gegangen waren, und der Regen der letzten Tage hatte sein Übriges getan, um uns daran zu erinnern, wie rutschig der Boden doch oftmals war. Wir würden aufpassen müssen, nicht im Dreck auszurutschen oder hinzufallen und am Ende vielleicht liegen zu bleiben. Schließlich wollten wir weiter. Also gingen wir los. Und an dem Wochenende begegneten wir so vielem: dem längst verloren geglaubten Entdeckergeist aus vergangenen Zeiten und all den Erkenntnissen, die der Weg für uns bereithielt. Vor allem aber begegneten wir uns selbst.

Immer wenn
wir *aufbrechen,*
bricht auch etwas
in uns auf.

Wenn uns
etwas aus der
Fassung bringt,
brauchen wir
dann eine *neue?*

MATSCHIG IM KOPF

Seid ihr bereit?!« Pauls Stimme klang motiviert – sie sprühte förmlich vor Elan, als wir in unseren robusten Wanderschuhen und wetterfesten Jacken vor ihm standen, als machten wir uns auf zu einer Expedition. Außer Paul sprühte allerdings niemand. Wir anderen wirkten eher wie neun abgebrannte Wunderkerzen. Adrian hatte anscheinend die Einladung nicht gelesen oder er veranstaltete seinen ganz persönlichen Style-Contest. Jedenfalls hielt er es offenbar für eine ausgezeichnete Idee, mit weißen Sneakern durch den schlammigen Wald zu laufen. Pauls Euphorie stieß in der Gruppe insgesamt in etwa auf die Begeisterung einer Herde Teenager kurz vor Antritt eines Schulausflugs. Nur, dass wir zehn erwachsene Menschen waren, die sich gewissermaßen freiwillig dafür verabredet hatten. *Gewissermaßen* deshalb, weil ich sicher war, dass ein paar nicht da gewesen wären, wenn nicht andere für sie entschieden hätten.

»Ganz schön matschig da oben …!« Charly griff ihrem besten Freund mit der flachen Hand auf die Stirn. »Hast du Fieber, Adrian, oder wolltest du wirklich weiße Sneaker im Herbstwald tragen, um ein paar Hirsche mit deiner Intelligenz zu blenden?«

»Hallo … nur weil du aussiehst, als würden wir gleich den Mount Everest besteigen, muss ich noch lange nicht wie Reinhold Messner daherkommen.«

Charly und ich hatten offensichtlich denselben Gedanken. Adrian liebte es nach wie vor, gegen den Strom zu schwimmen. In dem Fall wohl zu waten. In weißen Schuhen gegen den Schlamm. Man konnte sich ausrechnen, wer hier wohl gewinnen würde.

»Warum musst du immer so übertreiben?«, beschwerte sich Charly. »Das hier ist eine Wanderung durch den Wald! Da machen Wanderschuhe durchaus Sinn. Sonst hieße es ja Sneakerung.«

»Ach, lass das mal mein Problem sein! Ich sneake mich da schon durch, keine Sorge.« Adrian ließ sich offensichtlich nicht aus der Fassung bringen.

»Schön. Das würde ich auch manchmal gern.« Charly wirkte nachdenklich. »Einfach wegsneaken von der Welt und den ganzen Sorgen und Problemen. Manchmal sogar von mir.«

»Vielleicht müsstest du das gar nicht, wenn du endlich mal du selbst wärst und nicht all das, wovon du denkst, dass es anderen gefallen könnte.« Adrian blieb kurz stehen und sah sie eindringlich an. »Gefallenland ist nicht Griechenland, verstehst du, Charly? Es ist dort weder warm noch scheint die Sonne. Gefallenland liegt etwas schattig.«

Charly gab sich große Mühe, nicht zu lachen. »Die Frage ist doch, wem *du* unbedingt gefallen willst, wenn du immer so cool wirken willst. Das möchtest du doch, oder? Sowohl mit deinen Outfits als auch mit deinem Gerede!« Sie blickte anschließend zu mir hinüber und verdrehte die Augen. Uns war beiden klar, dass Adrian nicht ganz unrecht hatte. Aber ging es uns nicht allen manchmal so? Wollten wir nicht immer wieder anderen gefallen, die im Grunde gar nicht wussten, wer wir wirklich waren? Oder wussten wir das manchmal selbst nicht mehr so genau? Ich blickte zum Himmel hinauf, bevor wir in den Wald einbogen. Der sah mittlerweile ziemlich wütend aus. Bei den Gefühlsschwankungen hoffte ich, er würde sich noch zusammenreißen und dass es später kein

Gewitter gab. Die Buchen hatten zu dieser Zeit keine Kronen mehr, sie würden uns daher keinen Schutz geben, falls uns der Regen eiskalt erwischte. Stattdessen hatten sie all ihre Blätter nach dem Sommer abgestreift und völlig losgelassen. Sie sahen karg und minimalistisch aus – wie frisch gespitzte Bleistifte, die in die Lüfte ragten und zwischen ihren Ästen viel Platz für Neues ließen. Alles wirkte wie die Befreiung von dem Ballast des vergangenen Jahres. Als wollten die Bäume Ordnung schaffen und der Welt wieder Raum geben, ganz neu zu entstehen.

Als meine Augen von den Wipfeln wieder hinunter zum Waldboden wanderten, bekam ich im Augenwinkel mit, wie Lukas mich schräg von der Seite ansah. Ich beschloss, seinen Blick erst mal zu ignorieren. Die Tatsache, dass er ohne großes Gezeter mitgekommen war, zeigte schließlich, dass Paul ihn das letzte Mal am See überzeugt haben musste. Natürlich hätte er das so nie zugegeben, aber er wäre bestimmt nicht noch einmal mitgekommen, hätte es ihm nicht vor einem Jahr gefallen. So gut kannte ich meinen besten Freund. Dass sein Sarkasmus wie immer mitspazieren würde, war mir klar, und auch, dass es nur eine Frage der Zeit war, bis er ihn mir unter die Nase rieb. Es war außerdem nicht ungewöhnlich, dass er keinen Gefallen daran fand, durch den Matsch zu schlurfen, weil wer würde daran auch Gefallen finden? Der Aufstieg war für den Anfang recht steil und beschwerlich, aber traf das nicht auf alle Anfänge im Leben zu? Waren sie tatsächlich so anstrengend, wie sie uns vorkamen, oder lag es daran, dass wir uns nur noch nicht an den neuen Weg gewöhnt hatten?

»Monty würde es hier gefallen. Einmal im Dreck wälzen und dann unschuldig dreinschauen«, keuchte Lukas nach einer Weile. Ich sah ihn mit dem unschuldigsten Hundeblick an, den ich aufsetzen konnte, obwohl ich sonst nicht viel mit seinem Jack-Russell-Terrier Monty gemein hatte.

»Genau das werden wir hier vermutlich auch tun. Nur innerlich«, sagte ich schließlich.

»Gedanken im Dreck wälzen?«

»Den Dreck aus den Gedanken wälzen.«

»Alles in Ordnung bei euch?«, rief Paul, wie der Pfadfinderführer von der Spitze zum Rest zu uns nach hinten. Wir bewegten uns nickend in selbst formierten kleinen Gruppen und unterdurchschnittlichem Schneckentempo voran. Hätten wir noch blau-gelb bestickte Kappen und Halstücher getragen, wären wir mit unseren kleinen Rucksäcken locker als Wichtel und Wölflinge durchgegangen. Ich fragte mich, ob man auch ein Wölfling, daher ein Pfadfinder-Bub, sein konnte, wenn man eigentlich den Wichteln, und damit den Pfadfinder-Mädels, zugeordnet war. Schließlich sollte man doch immer selbst bestimmen können, wer man war und wie man sich fühlte. Bei genauerer Überlegung zählte ich mich jedenfalls ganz gern zu den Wichteln. Sie vermittelten schon aufgrund ihrer Bezeichnung etwas Märchenhaftes – allerdings traf das auch auf die Wölflinge zu, schließlich hatte noch nie jemand sprechende Wölflinge gesehen. Die Spezies *Mensch* hatte sich mittlerweile hingegen in eine ganz eigenartige Richtung und weit weg von *märchenhaft* entwickelt. Von kriegsführenden Herrschern über rücksichtslose Arschlöcher – und dahingehend derselben Gattung zugehörig – bis hin zu ausgrenzenden Ignoranten waren mittlerweile einige Kategorien vertreten, um die ich eher einen Bogen machen wollte, als mich zu ihnen zu zählen.

»Wo bist du schon wieder mit deinen Gedanken?«, unterbrach mich Lukas und warf mir einen neugierigen Blick zu.

»Bei den Wichteln«, antwortete ich und er nickte, als hätte er verstanden. Und vielleicht hatte er das auch. So weit waren meine Gedanken nicht weg von der Absurdität, die sich auf dieser Welt gerade zutrug und die Menschheit mit einschloss. Da war es vielleicht auch gar nicht verwunderlich, dass wir an einem gewöhnlichen Samstagmorgen zu zehnt durch den Wald pilgerten und neun davon gar nicht so recht wussten, wohin.

»Haben wir eigentlich eine Ahnung, wo wir hinwollen?«, fragte ich etwas lauter nach vorn, damit es auch Paul hören konnte, weil nur er eine Antwort darauf haben konnte. Mit *wir* meinte ich also ihn. Denn ich hatte keine.

»Hier im Wald oder ganz generell im Leben?«, fragte er und grinste.

»Witzig ...«, murmelte Lukas leise und außer mir konnte ihn niemand hören.

»Beides wäre recht interessant!«, rief ich Paul zu. Endlich hatten wir das erste steile Stück überwunden und fanden uns auf einem kleinen Plateau wieder, auf dem sich eine Aussichtswarte und direkt davor eine auf Holzpfeiler gestützte große Wanderkarte befand. An den Seiten des Plateaus streckten sich die verschiedenen Wege in alle Himmelsrichtungen vor uns aus. Paul ging schnurstracks auf die Karte zu und fand sich beeindruckend schnell darauf zurecht. »Am Weg Richtung Hagenbachklamm kommen wir nach der Waldschenke zu einem Feld ...«, fing er an zu erklären und fuhr mit dem Finger auf der Karte entlang. »Von dort geht es weiter vorne im Wald zu einer Lichtung ... die liegt zwar etwas versteckt, aber wir werden sie finden.«

Auf der Wanderkarte waren so viele bunte Strecken eingezeichnet, dass mir ganz schwindlig wurde. *Wie lange wollte Paul unterwegs sein? Würden wir jemals wieder zurückkehren? Woher schlich sich die Dramatik plötzlich dazu?* Lichtung sah ich jedenfalls keine, daher beschloss ich, das Drama wieder rauszunehmen.

»Ich schätze mal, in etwa fünfundvierzig Minuten werden wir bei der Waldschenke ankommen und dann brauchen wir noch etwa fünfzehn Minuten bis zur Lichtung ... Dort möchte ich eine Pause mit euch machen und ins Thema gehen. Bis dahin genießt den Weg und seid achtsam, was ihr um euch herum wahrnehmt.« *Ins Thema gehen ... eine interessante Bezeichnung für eine Wanderung mit einem Therapeuten.*

Meine Fragen hatte Paul zwar nicht beantwortet, was vermutlich daran lag, dass ich sie nie ausgesprochen hatte. Dafür löste seine Aufforderung, achtsam zu sein, einiges aus, da plötzlich alle ihre Köpfe zur Seite drehten. Es war beinahe so, als bemerkten wir erst jetzt, dass wir mitten im Wald standen und es hier womöglich einiges zu entdecken gab. Waren wir etwa auch im Leben oft zu sehr auf unsere eigenen Fragen und Probleme konzentriert und bekamen deshalb viel zu wenig von dem mit, was um uns herum passierte? Oder liefen wir generell immer wieder am Leben vorbei, weil wir dem Jetzt zu wenig Beachtung schenkten und auf der Suche nach dem Ziel waren, obwohl sich alles in diesem Moment vor unseren Augen zutrug und wir es nur nicht bemerkten? Vielleicht verpassten wir so manche Aussichtswarte oder Lichtung, die schon auf uns wartete, an der wir aber versehentlich vorbeiliefen, weil wir uns in unseren Gedanken verlaufen und dabei selbst verloren hatten.

Als wir kurz darauf den Aussichtsplatz verließen und den Weg rechts hinunter Richtung Kirchbach antraten, hörte ich Charly und Rebecca lachen. Sofort fragte ich mich, was sie wohl gesehen oder besprochen hatten und ob sie es möglicherweise gerade schöner hatten als ich. Was für ein schräger Gedanke, der kilometerweit an der Achtsamkeit vorbeizielte, in der ich mich doch eben noch versucht hatte. Ich blickte hinunter zu meinen mit Dreck verschmierten Wanderschuhen. Da, genau hier. Das waren meine Schuhe.

Meine Schritte und mein Leben. Ich schaute mich um und sah das Licht zwischen den Baumstämmen blitzen. Aus der Entfernung hörte ich einen Uhu rufen und meine Sohlen quietschten leise im Matsch. Um mich herum klimperten ein paar Trinkflaschen in den Rucksäcken und ein morscher Ast knarrte direkt über mir leise vor sich hin. Als ich genauer hinhörte, war es die Melodie jenes Augenblicks, die so nie wiederkommen würde. Der Soundtrack des Lebens, der in jedem Moment neue Töne spielt und uns auf wundersame Weise berührt, wenn wir uns nur darauf einlassen. Ein warmes Gefühl breitete sich in mir aus. Ob Paul genau das bezweckt hatte? Ich traute es ihm zu.

In *dem Moment,*
in dem du beschließt,
deine Aufmerksamkeit
auf *etwas Neues* zu richten,
endet die Suche und
das Finden beginnt.

Kaum etwas
macht uns
so viel *Angst*
wie die Entscheidung,
einen neuen Weg
zu gehen.
Und kaum etwas
bietet so viele
Möglichkeiten.

SEINE MAJESTÄT

Das ist also dieses Waldbaden, von dem alle reden …«, unterbrach Lukas meine Achtsamkeit. »Ist wahrscheinlich auch nachhaltiger, als sich eine volle Wanne mit synthetischem Fichtennadelaroma einzulassen.«

»Siehst du hier irgendwo Fichten?«

»Was weiß ich … Baum ist Baum. Wald ist Wald. Scheint jedenfalls gesund zu sein … Zumindest solange man sich keine Lungenentzündung holt, weil man sich den Arsch abfriert.«

Er tat so, als fröstelte es ihn, obwohl er offensichtlich simulierte. Das Wetter hatte uns in die Karten gespielt, denn für den Herbst war es noch angenehm warm und die Luft roch nach Spätsommer.

»Das Drama wird gebeten, sich am Ausgang zu melden. Das Drama bitte«, sagte ich und lächelte Lukas dabei an.

»Ich sehe keines … Und schön, dann tun wir einfach so, als würde das hier Sinn ergeben.«

»Muss denn immer alles Sinn ergeben im Leben oder ergibt es genau den Sinn, den wir ihm geben?«

Wir unterhielten uns kurz über die Sinnhaftigkeit von allem oder rein gar nichts, und statt uns auf den Wald zu konzentrieren, begannen wir kurz darauf eine tiefgreifende, aber doch vollkommen sinnbefreite Diskussion darüber zu führen, ob Paul Goldbach nun – wie bisher vermutet – McDreamy aus Wien war, vielleicht aber am Ende doch die männliche Version von Dr. Quinn oder

der jüngere Bergdoktor in dunkelhaarig sein könnte. Die letzten beiden Annahmen entstanden nur deshalb, weil wir uns an der frischen Luft bewegten – was Lukas bereits für durchaus *ländlich* erachtete. Ich erklärte ihm daher noch einmal, dass Paul weder Neurologe noch Landarzt, sondern Therapeut war, was er aber letztlich für dasselbe hielt.

»Repariert Sachen. Nur eben im Kopf«, meinte er knapp.

»Oder der Seele ...«, antwortete ich.

»Mhmm ... meine Seele ist gechillt, mein Kopf ist in Ordnung. Nur mein Arsch ist in Gefahr abzufrieren.«

»Das sagtest du bereits ... Letzteres können wir, denke ich, ausschließen. Und ist nicht jeder Kopf in Ordnung, selbst wenn er in Unordnung ist? Weil was ist denn schon Ordnung im Kopf? Einmal Endreinigung und alle schlechten Gedanken sind wie weggefegt? Wahrscheinlich geht es weniger um Ordnung oder Unordnung, sondern mehr um die Gefühle, die uns abhandengekommen sind, weil andere sie uns abgesprochen haben oder wir sie uns am Ende vielleicht selbst amputiert haben.«

»Und welche wären das?«, wollte Lukas wissen.

»Vielleicht die Freude, im Wald zu spazieren, ohne zu überlegen, ob es Sinn macht.«

»Oder der Mut, sich einzugestehen, dass man eben gerade keine Freude dabei empfindet und auch keine empfinden sollte, nur weil es andere von einem erwarten.« Noch bevor ich etwas darauf sagen konnte, unterbrach Paul uns. Möglicherweise gerade zur rechten Zeit, weil es auch nicht immer etwas zu sagen gibt. Manchmal stimmen eben auch mehrere Meinungen. Aus der jeweiligen Perspektive haben dann alle recht.

»Seht ihr die Waldschenke?«, rief Paul gefühlte fünf Minuten nachdem wir losgegangen waren. Ich konnte nicht glauben, dass wir bereits fünfundvierzig Minuten unterwegs sein mussten und ich ganze vierundvierzig Minuten davon versagt hatte, achtsam zu sein. Immerhin hatten wir das mit dem Kopf, der Seele und der Ordnung geklärt. Oder auch nicht. Aber dafür gab es schließlich Paul.

Zur Rechten offenbarte sich plötzlich ein wunderschönes altes, weißes Bauernhaus mit einem idyllischen Garten hinter einem einladend geöffneten dunklen Holztor, über dem ein Schild mit der Aufschrift *Waldschenke seit 1967* angebracht war.

»Hier werden wir später einkehren«, verriet uns Paul. »Jetzt gehen wir aber erst noch den kleinen Forstweg neben dem Feld vor zur Straße, und sobald wir die überquert haben, geht es weiter in den Wald …«

»… zur Lichtung!«, kam ihm Adrian zuvor, der es liebte, den Ton anzugeben.

»Genau.«

»Also einfach zu einer Wiese ohne Bäume!«

Adrian brillierte wieder einmal mit seinen mittelmäßigen Scherzen. Immerhin, seine Freundin kicherte neben ihm. Natürlich fand sie ihn witzig. Sonst wäre sie wohl auch nicht seine Freundin geworden.

Paul lächelte. Viel mehr war dem auch nicht hinzuzufügen. Als wir die Hauptstraße überquerten, brausten zwei riesige Lkws mit tosendem Lärm an uns vorbei. Sobald wir aber in den Wald einbogen, legte sich schon nach wenigen Metern eine beruhigende Stille wie ein dicker Mantel um uns. Vom Verkehr war nichts mehr zu hören. Die Welt schien wie in Wolle gepackt, so friedlich wirkte sie. Nach einigen Schritten hatte ich endlich das Gefühl, ganz im Wald angekommen zu sein. Als ich nicht mehr darüber nachdachte, ob ich nun achtsam war oder nicht, und den Weg einfach genoss, war ich es endlich.

»Da vorne links!«, rief Paul uns zu. Wir verließen gemeinsam den markierten Weg und stapften durch das wilde Dickicht aus quer liegenden Ästen, ineinander verschlungenen Zweigen und einer Decke aus Blättern, die auf dem schlammigen Boden kleine Haufen bildete. Wie aus dem Nichts standen wir plötzlich vor einem Wegeingang, der sich wie ein riesiges Tor aus Lärchen und Buchen vor uns zeigte. Die Stämme ragten weit in die Lüfte, trafen sich oben zur Mitte hin und formten einen lang gestreckten Tunnel, der sich nahezu magisch vor uns ausdehnte. An dieser Stelle vermittelte der Wald ein ganz anderes Bild als noch einige Meter zuvor. Der Weg wirkte, als spazierten wir mitten in einen Märchenwald hinein. Das Licht war anders hier, alles erschien viel freundlicher und wärmer, und auch mein Gefühl veränderte sich.

»Unglaublich, wie schön es hier ist«, stieß Charly aus und bestätigte meine Gedanken. Ein paar von uns nickten und niemand sagte mehr etwas. Der Zauber des Waldes schien uns alle restlos ergriffen zu haben, als wir unter den Baumwipfeln wie auf einem majestätischen Gang entlangschritten.

»Bäume halt ... noch nie welche gesehen?«, murmelte Adrian vor sich hin und blickte zu Charly zurück.

Okay, *doch nicht alle*. Man musste schon offen für den Zauber sein, um ihn erkennen zu können.

Am Ende des lang gestreckten Tunnels gelangten wir zu der besagten Lichtung, von der Paul uns erzählt hatte. Es war tatsächlich ein kleines Stück Wiese mitten im Wald. Sie lag hell und frei vor uns, von den Seiten schützend umringt von den angrenzenden Bäumen. In der Mitte standen zwei Holztische mit dazugehörigen Bänken, als hätte sie da jemand für uns hingestellt, dabei waren sie fest in der Erde verankert und gehörten offensichtlich da hin. Die letzten Sonnenstrahlen brachen wie Scheinwerfer durch die Wolkendecke, als wir uns auf die Tische zubewegten.

Das Licht kümmert sich nicht darum, wer es sieht. Es strahlt auch dann, wenn es keine Beachtung erhält.

»Kann nicht auch im echten Leben immer jemand ›Da vorne links!‹ rufen, damit ich die Lichtung nicht verpasse?!«, scherzte Charly. »Ich habe das Gefühl, ich tappe so oft im Dunkeln und übersehe die immer. Wahrscheinlich hätte ich mich schon viel weiter vorne am Weg verlaufen. Zweimal falsch abgebogen und schon ins falsche Leben verirrt!« Charly brachte uns mit ihrer Aussage alle zum Lachen. Anscheinend kannte nicht nur sie das Gefühl, sich ab und zu ins falsche Leben verirrt zu haben.

Als wir bei den Holztischen ankamen, setzten Lukas und ich uns gleich auf die linke Bank und stellten unsere Rucksäcke neben uns am Boden ab, während sich Adrian in der Mitte der schräg gegenüberliegenden Holzbank niederließ und darauf wartete, dass seine Gefolgschaft links und rechts von ihm Platz nahm. Jedenfalls gab seine Majestät mit einer Handbewegung die Anweisung, sie könnten sich nun setzen. Die Dominanz hatte Adrian im Vorjahr anscheinend nicht im See versenkt. Zumindest schien noch eine Menge davon übrig zu sein. Seine Freundin nahm daraufhin etwas schüchtern links neben ihm Platz und rechts von ihm setzte sich ein groß gewachsener Kerl mit dunkelgrünen Augen und gequältem Blick. Es musste sich um Adrians Arbeitskollegen Clemens handeln, von dem Charly mir bereits erzählt hatte. Man sah ihm förmlich an, wie sehr ihn die kürzliche Trennung von seiner Frau mitnahm. Jedenfalls wirkte er alles andere als glücklich, was allerdings durchaus verständlich war. Schließlich zählt Liebeskummer wohl zu den beschissensten Gefühlen, die es im Gefühlsspektrum der beschissenen Gefühle gibt. Immerhin fühlt es sich an, als würde man ein Messer in die Bauchgegend gerammt bekommen, das sich wie von Geisterhand langsam und unaufhörlich weiterdreht, aber niemand hilft einem, das Ding wieder sauber zu entfernen. Einem selbst gelingt es auch nicht, weil man zu sehr damit beschäftigt ist, die Einzelteile seines Herzens wieder aufzusammeln, die man gerade sucht und nicht finden kann. Es heißt nicht umsonst *gebrochenes Herz*. Ich würde es noch um die zerschmetterte Brust, den verletzten Bauch und die erschütterte Seele erweitern. Aber im Grunde tut vom Kopf bis zur Zehe alles weh. Wenig hilfreich ist außerdem die Tatsache, dass die zersplitterten kleinen Teile des Herzens die andere Person dann meistens noch weiterlieben. Eine Zeit lang zumindest. Eine, die einem länger als lang vorkommt, weil es durchgehend wehtut. Diese Schmerzen wünscht man niemandem. Ich schenkte Clemens daher mein wärmstes Lächeln, hatte jedoch das Gefühl, es irritierte ihn ein wenig. Ich beschloss trotzdem für ihn, dass er es gerade brauchen konnte.

»Livia ... möchtest du dich vielleicht hier hinsetzen?«, hörte ich Adrians Freundin flüstern, während sie auf den gegenüberliegenden Platz deutete. Hier schienen sich gleich mehrere Menschen für die Tischordnung verantwortlich zu fühlen. Livia setzte sich jedenfalls wortlos auf den vorgeschlagenen Platz und war mir auf Anhieb sympathisch. Nicht, weil sie nichts sagte, sondern weil man im Leben manchmal Menschen begegnet, die man mag, bevor sie noch ein Wort gesagt haben. Manchmal irrt man sich rückblickend betrachtet auch, aber Livia würde mich nicht enttäuschen, das spürte ich. Sie strich sich ihren aschblonden Pony aus der Stirn, lächelte mit ihren strahlend grünen Augen, und ein paar honiggelbe Flecken in der Iris blitzten dabei wie Sonnenstrahlen auf. Livia passte gut zur Lichtung. Sie wirkte so warm und herzlich, dass man augenblicklich mit ihr befreundet sein wollte. Charly setzte sich daraufhin gleich rechts neben sie, redete weiter drauflos und bespaßte den gesamten Tisch. Es wunderte mich nicht, dass sie sich zur Schauspielerei berufen fühlte, denn Menschen unterhalten konnte sie. Drama schieben allerdings auch, aber immer auf eine sehr liebenswerte Art. Ein wenig fremdes oder auch selbst geschaffenes Drama blieb jedoch vermutlich ohnehin niemandem im Leben erspart. Philipp setzte sich währenddessen auf den frei gebliebenen Platz neben Charly. Die beiden wirkten harmonisch, auch wenn ich wusste, dass das nicht immer der Fall war, was aber laut Charly mehr an ihr als an ihm lag. Er überzeugte jedenfalls mit seinem durch und durch strahlenden Lächeln, sah unglaublich sympathisch aus und war dabei noch ausnehmend attraktiv. Ich verstand überhaupt nicht, warum Charly ihn so lange vor uns versteckt hatte. Nach dem, was ich bisher über Philipp gehört hatte, musste er wohl einer der geduldigsten Menschen auf dieser ungeduldigen Welt sein. Charly hatte allerdings erst ihre Zeit gebraucht, sich daran zu gewöhnen, und konnte sich anscheinend nur schwer auf diese neue Harmonie in ihrem Leben einlassen. Schließlich war sie davor jahrelang das komplette Gegenteil gewohnt gewesen und hatte es lange Zeit als vollkommene Normalität erachtet, einen ständigen und unerbittlichen Kampf um die Liebe zu führen. Zuerst um ihren Ex, später mit sich, um endlich von ihm loszulassen, und bei Philipp mit ihrem Herzen, weil sie dachte, seine Liebe gar nicht verdient zu haben. Dabei tat sie einiges, um die Beziehung zu sabotieren. Aber das alles hatte Philipp geduldig mit ihr durchgestanden. So schnell ließ er sich nicht vertreiben, auch wenn Charly das oft genug versucht hatte. Er blieb – wie jetzt auch – beständig an ihrer Seite.

»Oh, jetzt hat Rebecca gar keinen Platz mehr hier bei uns am Tisch …«, bemerkte Charly plötzlich und wirkte beunruhigt. Offensichtlich fühlte auch sie sich für die Sitzordnung und das Befinden anderer zuständig. Aber war das überhaupt ihre Aufgabe? Warum fühlten wir uns so oft für die Gefühle anderer Menschen verantwortlich? Vielleicht wollten wir lieber für andere Ordnung schaffen, um uns nicht mit der eigenen Unordnung auseinandersetzen zu müssen.

»Ich beiße nicht«, zog ich Charly auf, nickte Rebecca wohlwollend zu und deutete damit an, sie könne gleich daneben bei uns am Tisch Platz nehmen.

»Und ich bin ein großes Mädchen«, antwortete sie in Charlys Richtung und warf sich gleich darauf auf die Bank gegenüber von mir. Im Gegensatz zu Livia lächelte sie nicht. Ihre Augen schimmerten dunkelbraun, beinahe schwarz, genau wie ihre vollen, langen Locken, die sie in einem wilden Zopf nach hinten gebunden hatte. Sie sah mir ganz kurz sehr tief in die Augen, als wollte sie mich wissen lassen, dass ihr niemand etwas vorzuschreiben hatte, obwohl das gar nicht meine Absicht gewesen war. Es schien ihr dabei völlig egal zu sein, ob sie sympathisch rüberkam oder nicht, und genau das war durch und durch faszinierend an ihr.

Du musst mich nicht gut finden.
Das mache schon ich.

Fuck it,
du bist
nicht auf
der Welt,
um *anderen*
zu gefallen.

SPIEGELVERKEHRT

Wisst ihr, was ich faszinierend finde? In letzter Zeit habe ich immer öfter das Gefühl, dass wir nur einen Liveticker vom Weltuntergang entfernt sind. Aber hier scheint die Welt einfach noch in Ordnung zu sein«, stellte Charly fest, während sie ihr Handy aus dem Rucksack zog und wild damit herumhantierte.

»Und dein Handy brauchst du, um auf Instagram zu zeigen, dass die Welt noch heil ist, oder wie?«, fragte Adrian. Zu Recht, wie ich fand. Wann hatten wir nur begonnen, alles in einem Paralleluniversum zu dokumentieren, als würde es gar nicht passieren, wenn wir kein Foto davon machten?

»Schhhhhhh…«, flüsterte Charly und sah verstohlen zu Paul hinüber, der eine explizite Handypause für uns im Wald angeordnet hatte, damit wir uns voll und ganz auf uns und die Umgebung einlassen konnten.

»Und es macht dich glücklicher, wenn du ein Bild von der Wiese auf Instagram postest? Das ist doch traurig …«, schüttelte Adrian den Kopf.

»Vielleicht sind wir eine traurige Gesellschaft mit glücklichen Bildern«, murmelte ich und zog plötzlich alle Blicke auf mich. Die anderen schienen mir zuzustimmen, wobei Clemens am vehementesten nickte, als könnte er die Traurigkeit damit vertreiben. Charly packte rasch wieder ihr Handy weg, weil Paul nun zu uns rüberkam und sich natürlich – wie konnte es auch anders sein –

genau gegenüber von mir hinsetzte. Es überraschte mich nicht einmal mehr. Nach den letzten Malen hatte ich mich damit abgefunden, quasi der Paul-Magnet zu sein, und langsam gewöhnte ich mich an seine türkisgrünen Augen und die überdurchschnittliche Attraktivität, die ich für einen Therapeuten immer noch verstörend fand. Aber Paul war eben Paul. Und da er immer kluge Sachen sagte, versuchte ich auszublenden, dass er nebenberuflich locker auch für Dior über den Laufsteg laufen konnte. Was er natürlich nicht tat. Lieber latschte er mit uns durch den Wald.

Rebecca beachtete Paul erst gar nicht. Sie schien völlig bei sich zu sein.

»Ist euch etwas aufgefallen am Weg?«, fragte Paul in die Runde und ich fragte mich, ob wir etwas übersehen oder vielleicht sogar jemanden verloren hatten. Aber viel hatten wir schließlich nicht mit, und als ich durchzählte, waren wir immer noch vollzählig.

»Es ist sehr friedlich hier im Wald«, meldete sich Livia zum ersten Mal, »als würde ihn das Chaos auf der Welt nicht weiter berühren.«

»Wenn wir so weitermachen, wird es ihn das aber recht bald ... berühren, meine ich ...« Lukas war wie immer der Realist der Runde.

»Versuchen wir vorerst mal, im Jetzt zu bleiben«, erwiderte Paul und blickte weiter zu Livia: »Schön, dass du das für dich mitnehmen konntest.«

Wie kleine Souvenirs, schoss es mir durch den Kopf.

»Wer dachte, er hätte etwas übersehen?«, fragte Paul weiter und ich fühlte mich augenblicklich ertappt. Ich nickte verhalten und stellte dann fest, dass ich zumindest nicht allein damit war.

»Ja, ich!«, rief Charly gleich darauf. »Eben noch dachte ich: *Das ist doch typisch, Charly, schon wieder hast du was verpasst.*« Sie grinste und sah gespannt zu Paul.

»Und ich dachte, wir hätten jemanden verloren ...«, gestand ich.

»Ich *habe* jemanden verloren, und mir ist es nicht mal aufgefallen! Bis sie weg war ...«, stammelte Clemens und Paul warf ihm einen mitfühlenden Blick zu.

»Worüber ihr euch wieder alle den Kopf zerbrecht!« Adrian schien ganz anderer Meinung zu sein. »Mir ist gar nichts aufgefallen. Es könnte ja auch eine Fangfrage gewesen sein: ›Ist euch etwas aufgefallen?‹ Nein. Eben. Weil nichts passiert ist!«

Diesmal musste Paul grinsen. »Nichts, was dich beeindruckt hätte, also?«

»Oder nichts eben.«

Adrians Freundin blickte zuerst zu ihm und dann in die Runde. Man konnte ihr ansehen, dass sie nervös war. Als handelte es sich um eine Prüfung und als würde sie als Einzige die Antwort nicht kennen. Dabei gab es bei Paul nicht die eine Antwort und auch kein Richtig oder Falsch. Aber woher sollte Valentina das denn wissen, er hatte es diesmal noch nicht erwähnt. Sie beschloss daher, lieber gar nichts zu sagen. Genau wie Rebecca – nur vermutlich aus anderen Gründen – , und Lukas starrte einfach vor sich hin. Ich wusste, dass ihn die Fragerei nervte. Lukas war mehr der Mann der Antworten. Aber er kannte Paul mittlerweile, und bestimmt wusste er, dass auf Fragen auch Antworten folgen würden.

»Ist euch aufgefallen, dass meine Frage völlig unterschiedliche Gedanken und Gefühle in euch hervorgerufen hat? Manche von euch dachten, sie hätten etwas übersehen oder verpasst oder vielleicht sogar jemanden verloren, und haben sich gleich schuldig gefühlt. Andere wiederum haben etwas Schönes wahrgenommen und wieder anderen fiel gar nichts auf.«

»Da ist *nichts* doch wohl am besten! Da hat man weder gute noch schlechte Gefühle, weil es nun mal ist, wie es ist«, antwortete Adrian und schien sich sicher zu sein.

»Ist das so?« Paul lächelte. »Oder könnte es auch sein, dass wir manchmal so sehr mit uns beschäftigt sind, dass wir uns abgeschnitten haben von der Welt?« Es war klar, wen er mit *wir* meinte. Adrian sah aber darüber hinweg. Oder er tat zumindest so.

»Was wir da draußen wahrnehmen oder auch nicht wahrnehmen, hat jedenfalls sehr viel mit uns selbst zu tun und wie wir im Innersten über uns und die Welt denken«, fuhr Paul fort. »Ist sie eine Gefahr oder ein Geschenk? Haben wir Angst oder sind wir im Vertrauen? Sind wir kritisch mit uns und anderen oder optimistisch und gelassen? Manches davon liegt in den Genen, anderes sind Prägungen durch äußere Einflüsse und all das, was wir bisher erlebt haben. Die meisten dieser Eigenschaften und Empfindungen sind aber mit einer Vorstellung und einem gewissen Urteil besetzt und wir denken, wir sollten das eine sein und das andere auf gar keinen Fall. Wie immer gilt es auch hier, die Wertung rauszunehmen – denn es geht vielmehr um das Gefühl in euch: Es beeinflusst eure Sicht und wie ihr die Welt da draußen erlebt.«

»Beschissen? Oder wie sollte man diese Welt derzeit erleben?! Ich meine all die Katastrophen, die sich überall ereignen, sind schließlich nicht eingebildet oder ausgedacht. Sie sind doch Realität! Und zu dem ganzen Leid kommen dann noch die eigenen persönlichen Befindlichkeiten und Probleme hinzu, die der Alltag für uns bereithält. Manchmal frage ich mich, wie man das alles aushalten soll. Dann schalte ich den Fernseher aus und die Nachrichten ab, aber ich kann diese Welt nicht einfach ausschalten und so tun, als wenn nichts wäre.« Charly sah verzweifelt zu Paul hinüber.

»Das verstehe ich. Und wie ich schon erwähnt habe, werden wir hier auch nichts schönreden. Tatsache ist nun mal, dass es all das Erwähnte auf der Welt gibt. Ich möchte aber vorerst einmal in *eurer* Welt bleiben, die erheblichen Einfluss auf eure Gefühle über die Welt da draußen hat. *Wie* wir alles erleben und wahrnehmen, hängt jedenfalls auch davon ab, was wir denken, wer wir sind oder sein sollen, und welche Erwartung andere Menschen an uns haben. Das alles bestimmt, was wir von uns und der Welt erwarten. Was wir momentan aber denken und fühlen, ist nicht immer zwangsläufig das, was uns tatsächlich entspricht und wer wir im Kern wirklich *sind*. Unter den vielen Schichten all dessen, was euch bisher widerfahren ist, all den Meinungen, die ihr euch angehört habt, und den Erwartungen, die damit einhergehen, steckt noch jemand – und den oder die wollen wir an diesem Wochenende freisetzen.«

»Wie einen Kanarienvogel, der am Boden in der Ecke kauert und das Fliegen verlernt hat?«, fragte Lukas eindrucksvoll.

»Genau. Und vielleicht hat sich der Kanarienvogel auch damit abgefunden und weiß gar nicht, dass er so viele andere Möglichkeiten hätte, die er nur noch nicht sehen kann. Oder er sieht sie womöglich sogar, hält sie aber für schlecht, weil sie ihm nicht vertraut sind. Der Regisseur und Autor Alejandro Jodorowsky sagte einmal: ›Vögel, die im Käfig geboren werden, halten Fliegen für eine Krankheit.‹ Und schon William Blake meinte: ›Wie kann ein Vogel, der zu Freude geboren ist, in einem Käfig sitzen und singen?‹«

»Aber die Frage ist doch: Setzen uns andere in den Käfig oder wir uns selbst?«, fragte Lukas weiter. »Oder ist die Welt unser Käfig und wir können gar nicht weit hinausfliegen, weil sie uns die Gitterstäbe vorhält, wenn wir Pandemien, Kriege oder Naturkatastrophen erleben?«

»Was für spannende Fragen! All dem werden wir an diesem Wochenende auf den Grund gehen.«

»Aber wir sind doch selbst für das alles verantwortlich!«, rief Charly. »Wir haben diesen Planeten ruiniert und jetzt schlägt er zurück ...« Sie wirkte aufgewühlt und nachdenklich zugleich.

»Ich kann deine Gedanken sehr gut nachvollziehen. Aber was uns selbst anbelangt, so wäre das doch etwas hart. Nicht alles, was uns geschieht, haben wir uns ausgesucht. Schon als Kinder sind uns vielleicht Dinge passiert, auf die wir keinen Einfluss hatten, und die Frage ist, ob uns später im Leben Dinge widerfahren oder wir gewissen Menschen begegnen, weil wir diese Prägungen in uns tragen und sie dann förmlich anziehen. Genau das werden wir uns ansehen. Hier gibt es nämliche einige Weichen, die wir neu stellen können. Und trotzdem möchte ich daran erinnern, dass zwischendurch auch das Leben passiert und es Ereignisse gibt, die wir nicht beeinflussen können, und Verhaltensweisen anderer, die wir nicht in der Hand haben. Aber wie wir bereits beim Loslassen der toxischen Menschen am Weissensee gemeinsam erkannt haben: Wir haben nicht immer die Wahl, was uns das Leben präsentiert. Aber wir können wählen, wie wir darauf reagieren.«

»Ist die Welt dann aber nicht immer noch genauso, wie sie ist? Mit all den Schwierigkeiten, die sie uns derzeit um die Ohren wirft?«, fragte Charly in sich versunken.

»Vielleicht. Und natürlich gibt es keine Garantie, dass morgen alles besser ist. Aber du kannst besser zu *dir* sein, und damit verändert sich deine Welt und dadurch auch die äußere.«

Ich erinnerte mich, dass Paul am Weissensee von der spiegelverkehrten Version von uns gesprochen hatte, in der wir unser Leben immer aus der Sicht und der Erwartung anderer leben würden, solange wir das Augenmerk darauf richteten, was sie über uns dachten. Anscheinend war jetzt der Zeitpunkt, die rohe Version von uns selbst zu entdecken, bevor die Welt noch ihre Filter und Schatten über uns geworfen hatte und wir dachten, diesem Bild entsprechen zu müssen. Schließlich gab es früher auch analoge Bilder, die noch nicht retuschiert wurden, sondern roh in der Dunkelkammer entstanden und wir so lange warteten, bis sie sich vom weißen Blatt über vage Umrisse hin zu ihrer ursprünglichen Aufnahme entwickelten. Dafür brauchte es Zeit, aber vor allem auch die Dunkelheit für den Belichtungsprozess. Ohne sie war nichts möglich.

Die digitalisierte Welt hingegen war immer nur ein Spiegelbild der analogen Welt und nie die echte, die wir tatsächlich erlebten. Wahrscheinlich verhält es sich ähnlich mit der gespiegelten Version, die andere Menschen in uns sehen. Vielleicht entspricht sie gar nicht der Realität, und trotzdem machen wir sie oft zu unserer. Möglicherweise hat jemand ein Bild von einem Kanarienvogel und bewundert das schöne Gelb seines Gefieders. Der Kanarienvogel merkt irgendwann, wie sehr seine gelben Federn bewundert werden, und denkt, er müsse sich nur auf das Gelb konzentrieren, dann wäre er glücklich. Letztlich übersieht er aber womöglich all die anderen Farben, die noch in ihm stecken.

Vielleicht ging es also gar nicht darum, irgendetwas strahlend Schönes im Außen zu finden, sondern das Strahlen wieder in uns selbst zu entdecken, und zwar in dieser echten, ungeschönten Version, ohne das Bild, das andere von uns hatten. Damit wir beginnen konnten, unsere Schwächen nicht nur zu akzeptieren, sondern gar nicht als solche zu bezeichnen, weil sie ein Teil von uns waren. Wir verspürten dann vielleicht nicht mehr den Drang, uns oder der Welt etwas beweisen zu müssen – weder in glücklichen Bildern noch einem fröhlichen Lächeln, nach dem uns vielleicht gar nicht war. Und wahrscheinlich lag genau darin die Befreiung. Ich war gespannt, wie diese rohe Version von uns aussah. Und ich konnte es kaum erwarten, in welche Dunkelkammer uns Paul mitnehmen würde, um ein neues Bild von uns zu entdecken, das nicht flach und spiegelverkehrt vor uns lag, sondern über die Wahrnehmung anderer hinausreichte. Er hielt bestimmt schon die innere Entwicklerlösung bereit.

SIND
WIR EINE
traurige
GESELLSCHAFT

MIT
glücklichen
BILDERN?

DAS WEIßE BLATT

Da saßen wir nun alle nebeneinander an zwei Holztischen und warteten darauf, wie es weiterging. Paul kramte währenddessen in seinem Rucksack und hielt die Spannung. Mittlerweile wusste ich, dass er immer für Überraschungen gut war und alles im Nachhinein Sinn ergab. Vielleicht nicht anders als im Leben auch. Kurz darauf zog er einen Packen weiße Zettel aus einer Schutzhülle und legte sie vor sich auf den Tisch. Ich konnte unscharf erkennen, dass etwas auf dem obersten Blatt geschrieben stand, und da ich die neugierigste Person aller Zeiten, aber auch die schlechteste Leserin spiegelverkehrter Schrift bin, verrenkte ich kurz meinen Kopf zur Seite, konnte aber leider rein gar nichts erkennen.

»Möchtest du wieder wissen, wie es ausgeht …?« Paul lächelte mich verschmitzt an und ich verlegen zurück. Mist, er kannte mich nach den beiden letzten Malen schon richtig gut. Vormachen konnte man ihm wohl wenig, was aber schon aufgrund seines Berufes irgendwie vorherzusehen war. Gleich darauf reichte er Rebecca rechts von ihm den obersten Zettel und streckte mir die restlichen entgegen. Ich wusste nicht so recht, warum er mir alle gab, und begriff erst, als ich mein Blatt aufhob, dass anscheinend jede Seite dieselbe Frage enthielt. *Wer bist du?* stand da geschrieben, und mit dieser Frage eröffnete sich ein ganzer Raum voller weiterer Fragen in meinem Kopf, die ich noch nicht ordnen konnte. Als spielte ein ganzes Orchester auf einem Konzert wild drauflos, ohne eine Melodie zu finden. Paul nickte mir kurz zu, was ich für eine Aufforderung hielt und mich für einen Moment in meinem Gedankengang unterbrach. Ich sah zu Lukas, der links neben mir saß, ebenfalls nickte und mir seine Hand entgegenstreckte. Nun kam auch in meinem Kopf das Signal endlich an, dass ich die Zettel nur deshalb alle in der Hand hielt, um sie weiterzugeben. Ich gab einen Lukas, behielt einen weiteren für mich und reichte Livia rechts von mir den Rest. In der Zwischenzeit teilte Paul in die andere Richtung Kugelschreiber aus. Es fühlte sich nun auch für mich wie eine Prüfung an.

»Behaltet bitte alle ein Blatt. Ihr seht darauf eine Frage geschrieben. So simpel sie euch auf den ersten Blick erscheinen mag, so viele Möglichkeiten stecken in ihr.«

Nur keinen Druck aufbauen, Paul. Als wäre das Leben nicht ohnehin schon kompliziert genug.

»Ich bitte euch, die Frage erst einmal ein wenig auf euch wirken zu lassen und dann aufzuschreiben, was euch in den Sinn kommt«, sprach er ruhig weiter. »Bitte denkt daran, dass es nur für euch Sinn ergeben muss. Das ist übrigens bereits ein Teil der Antwort, den wir ganz oft übersehen. Aber mehr möchte ich dazu momentan noch nicht sagen.« Ich sah in fragende Gesichter und fühlte mich verstanden. Ein paar in der Runde hatten die Zettel aber noch gar nicht erreicht. Ich rätselte also, welche Frage sie wohl erwarteten.

»Wen werden wir dieses Mal eliminieren und werden wir wieder lebend aus dem Wald kommen? Ist das die Frage?«, legte Adrian auch schon los. Wenn er den Wald als das Leben betrachtete, dann wohl kaum. Als Charly endlich auch ihren Zettel in den Händen hielt, konnte ich ihren Anflug von Panik bis zu mir hinüberwehen spüren. »Wie jetzt, wer bist du?«, fragte sie beinahe vorwurfsvoll. »Wer soll ich denn sein?!«, überlegte sie weiter und begriff, wie kompliziert die Frage war, auch wenn sie auf den ersten Blick so einfach erschien.

»Du bist Carlotta, nur falls du es vergessen hast!«, rief Adrian über den Tisch.

»Charly …«, stammelte sie, und schon wurde es kompliziert.

»Ihr könnt natürlich gerne euren Namen aufschreiben – auch für alle, die sich noch nicht kennen –, aber vergesst nicht, es handelt sich dabei lediglich um eine Bezeichnung, die sich eure Eltern oder andere für euch ausgedacht haben, und nicht um die Antwort auf die Frage, wer ihr seid«, erklärte Paul weiter. »Es sei denn, ihr wollt euch über euren Namen definieren. Natürlich ist nichts unmöglich, aber doch fraglich, ob ihr das wollt.« Die inneren Fragezeichen wurden dadurch nicht gerade weniger. Aber was konnte man denn schon groß falsch machen, wenn man sagte, wer man war? Oder in dem Fall zu Papier brachte – was es allerdings nicht leichter machte. Für eine gefühlte Ewigkeit saß ich da und überlegte, ohne dass mir etwas einfiel. Danach schüttelte ich den Kopf, weil ich merkte, dass ich womöglich gar nicht so genau wusste, wer ich war. Ob es den anderen genauso ging? Ich blickte wieder in ahnungslose Gesichter und es beruhigte mich ein wenig.

»Wie unbeschrieben weiß du bist …«, murmelte ich unabsichtlich laut vor mich hin und meinte das Blatt vor mir. Danach summte ich in mir weiter.

Ich weiß nicht,
weiß nicht,
grau ist es nicht.
Ich weiß nicht
weiß nicht,
wie unbeschrieben weiß
du bist.

Ist der Regen grün,
wenn der Himmel sich nur traut
und das Weißlicht bricht,
aber ich nicht.
Ich seh nicht rot,
seh nicht schwarz,
ich seh das »Weiß nicht«
im Weißlicht,
aber mich nicht.

Als hätte er der Melodie meiner Gedanken Zeit zum Entstehen gegeben, antwortete Paul kurz darauf auf den Satz, den ich zuvor laut ausgesprochen hatte. »Genau so ist es, wenn wir auf die Welt kommen: *Unbeschrieben* trifft es gut.«

Erst jetzt schien auch allen anderen klar geworden zu sein, dass die Frage scheinbar unendlich viele weitere Fragen aufwarf. Paul baute damit einen klitzekleinen Druck auf, der nur rein sarkastisch betrachtet klitzeklein war. In Wirklichkeit fühlte er sich wie das Gewicht des Himmels über uns an und der Baum neben mir sah plötzlich so aus, als starrte er mich bedrohlich von der Seite an.

»Ist doch ganz einfach!«, stieß Adrian aus, als sein Blatt vor ihm lag. Valentina hatte ihm bereits einen Stift gereicht und sah ihn völlig verdutzt an. Kurz darauf schrieb er auch schon los und schien gar nicht mehr aufzuhören. *Wie viel konnte man bitte sein*?, fragte ich mich unweigerlich und fand es typisch für Adrian. Ob es mit seiner Selbstüberschätzung korrelierte oder ihm einfach nur sehr viel einfiel, was ihn ausmachte? War er das alles wirklich oder dachte er es nur oder war das im Endeffekt dasselbe? Meine Hirnwindungen tanzten mit der Frage *Wer bist du?* um die Wette und klackten wie bei einem Stepptanz in meinem Kopf. Auch Rebecca schrieb schon. Ich sah meinen Kugelschreiber an, als könnte er mir die Antwort geben: Hey, Kugelschreiber, schön, dich kennenzulernen ... Wenn du mich so betrachtest, wer, denkst du, könnte ich denn sein?

Aus recht nachvollziehbaren Gründen antwortete er mir nicht. Aber war das im Leben vielleicht genauso? Wüssten wir gerne von anderen, wer wir waren und wie sie uns wahrnahmen, und wünschten uns, dass die Antwort positiv ausfiel? Wollten wir am Ende immer von allen gemocht werden, obwohl ihre Meinung rein gar nichts über uns aussagte? Natürlich traf das eher auf andere Menschen als auf Gegenstände zu, die bekanntlich weder denken noch sprechen können, aber am Ende lief es in der Sinnhaftigkeit doch auf dasselbe hinaus. Die Perspektive eines Kugelschreibers war genauso unerheblich für die Frage, wer ich war, wie die eines fremden Menschen, der ebenso wenig über mich und mein Leben wusste.

»Fertig!«, rief Adrian kurz darauf.

»Hast du *Streber* dazugeschrieben?«, hörte ich Charly von rechts Richtung Adrian rufen.

»Bitte ...?«

»Na, wer du bist! Offensichtlich ein Streber ... wenn du schon fertig bist und es auch alle wissen lassen musst.«

Adrian antwortete ihr nicht. Der Rest musste lachen und ich hatte immer noch nichts auf meinem Zettel stehen. *Was, wenn mir gar nichts einfiel? War ich dann niemand?* Vielleicht ging es ja mehr um ein Gefühl als um eine Beschreibung, die wie Bilder auch nie der tatsächlichen Realität entsprach. Gab es denn so etwas wie die Realität überhaupt, oder war alles durch unsere Erfahrungen und die Wahrnehmung geprägt, die wir durch sie über uns hatten? Hätte Adrian zum Beispiel seine ganze Kindheit über gehört, dass er ein Streber war, würde er das nun auch über sich denken und machte es ihn dann zu einem? Oder war das nur die Sichtweise anderer, die vielleicht lieber mehr auf ihrem Blatt stehen haben wollten? Würde er dadurch dann Erfolg vielleicht mit etwas Negativem assoziieren und so nie sein ganzes Potenzial leben, weil er den Stempel des Strebers trug? Ich war mir sicher, dass nichts davon auf Adrian zutraf, weil er nicht der Typ war, der sich Aussagen von anderen zu Herzen nahm. Das dachte ich zumindest, denn tief drinnen konnte das natürlich niemand außer ihm wissen. Interessanterweise war ich jedenfalls gedanklich schon wieder bei anderen Menschen gelandet, statt zu klären, wer *ich* war. In der Zwischenzeit legte auch Rebecca ihren Stift wieder ab, kommentierte es aber nicht. »Es handelt sich übrigens um keinen Wettbewerb«, erklärte Paul ganz ruhig und spielte offensichtlich auf die Streberaussage an.

»Sehr gut, Adrian«, nickte Clemens ihm anerkennend zu. »Und *fertig* fühle ich. Nur dass es sich dabei um ein Gefühl bei mir handelt. Anscheinend habe ich mich irgendwo verloren – mir fällt nämlich nichts ein.«

»Oh ja …«, antwortete ich, um ihn wissen zu lassen, dass er damit nicht allein war. Zwar fühlte ich mich nicht verloren, aber eine Antwort gefunden hatte ich auch noch nicht.

»Nehmt euch Zeit, es läuft euch nichts davon. Auch ihr euch nicht«, versuchte Paul den Druck rauszunehmen.

»Wenn Charly so weitermacht, müssen wir wohl hier auf der Lichtung übernachten«, nahm Adrian den Druck wieder auf und sie verdrehte die Augen.

»Weil das gerade so gut passt«, meinte Paul und zog plötzlich alle Blicke auf sich, als gäbe er uns einen Hinweis für die Prüfung, um sie besser bestehen zu können, die laut ihm ja gar keine war. Er machte eine kurze Pause, bevor er weitersprach: »Niemand ist verkehrt, nur weil jemand aus einer anderen Richtung auf euch blickt«, sagte er und hatte denselben Gedanken wie ich noch kurz zuvor. »Was für manche Menschen eine Schwäche ist, kann für andere ihre größte Stärke sein. Ihr müsst euch niemals für euch oder euer Leben rechtfertigen. Und niemand außer euch muss es verstehen.«

Seine Worte lösten tatsächlich etwas in mir aus. Ich blinzelte kurz und schrieb plötzlich drauflos. Es war, als führte der Kugelschreiber direkt zu meinen Gedanken, die durch ihn hindurch weiter auf das weiße Blatt purzelten. Diesmal tanzten sie Arabesque auf dem Papier und schienen frei und völlig losgelöst. Ich bekam nichts mehr um mich herum mit. Was das Loslassen auferlegter Grenzen doch schon im Kleinen alles bewirkte. Was, wenn es stimmte, was Paul sagte, und all unsere vermeintlichen Schwächen eigentlich unsere größten Stärken waren und wir nur erkennen mussten, wie wir sie für uns nutzen konnten? Wir müssten uns gar nicht mehr dafür rechtfertigen, wir selbst zu sein.

Was für andere
eine *Schwäche* ist,
kann deine
größte Stärke sein.

WENN DU
AUFHÖRST,
DICH
kleinzumachen,
KANNST DU
ANFANGEN,
DICH
GROẞzudenken.

DIE ARSCHKARTE

Als ich wieder aufsah, waren schon fast alle fertig. Valentina kritzelte währenddessen noch weiter auf ihrem Blatt herum und zeichnete kleine Schnörkel um ihren Text. Ob sie die Version von sich damit verschönern wollte? Adrian bekam gar nichts davon mit, dafür war er zu sehr auf sich selbst konzentriert, und Charly schrieb noch am Nebentisch. Verunsichert blickte sie kurz darauf in die Runde. »Wie soll man da zum Punkt kommen?«, fragte sie verzweifelt. »Ist man nicht ein Leben lang auf der Welt, um herauszufinden, wer man ist? Ich frage mich, wie das auf ein Blatt Papier passen soll. Das wäre doch recht eindimensional.«

Lukas warf mir einen Blick zu und deutetet auf seinen Zettel, auf dem nur eineinhalb Zeilen geschrieben standen. »Scheint, als hätte ich eher ein schlichtes Gemüt«, flüsterte er mir zu. Ich konnte nicht lesen, was darauf stand. Aber es war nicht viel. »Ja, weil du schlichtweg toll bist, würde ich sagen«, antwortete ich und freute mich, mit ihm befreundet zu sein. Eine der vielen Besonderheiten unserer Freundschaft war, dass er ohne Umschweife zum Punkt kam, während ich innerlich lieber mehrere Kreise um meine Gedanken zog. Gemeinsam trafen wir uns dann meistens irgendwo in der Mitte und ergänzten einander dadurch gut. Ich sah auf den Text, den ich auf mein Blatt geschrieben hatte, und beschloss, nicht darüber zu urteilen. Schließlich hatte Paul uns daran erinnert, dass nichts daran falsch sein konnte. Wenn überhaupt, sollten wir uns doch alle gut finden. Und wenn wir das schon nicht konnten, sollten wir uns zumindest nicht ablehnen oder gegen uns sein. Das gelang mir zwar, aber trotzdem hatte ich das Gefühl, etwas vergessen zu haben. Paul würde mir bei der Suche der vermissten Teile aber bestimmt behilflich sein. Mittlerweile hatte auch Charly ihren Stift beiseitegelegt, Valentina schnörkelte nicht mehr und Clemens sah genauso unglücklich aus wie vorher. Er schien sich gerade nicht besonders zu mögen. Ich fragte mich, ob seine Trennung dabei eine Rolle spielte. Mochten wir uns selbst vielleicht weniger, wenn andere beschlossen, uns nicht mehr zu mögen? Und verließen wir uns damit immer auch ein Stück selbst, wenn sie uns verließen, weil sie einen Teil von uns mitgenommen hatten? Wir würden es noch herausfinden. Als könnte Paul meine Gedanken lesen, lehnte er sich etwas zurück und blickte wohlwollend zu Clemens hinüber. Es wirkte, als wollte er ihm der Freund sein, der er sich selbst gerade nicht war.

Als Paul im nächsten Moment erneut in seinen Rucksack griff, ahnte ich, dass wir noch nicht fertig waren. Was hatte ich mir auch gedacht? Mittlerweile kannte ich ihn doch bereits: Paul würde erst fertig mit uns sein, wenn dieses Wochenende vorbei war. Gleich darauf zog er einen gelben und einen grünen Stapel Karten hervor und übergab beide Stapel Valentina, um sie in der Runde weiterzureichen. »Behaltet bitte jeweils eine Karte«, erklärte er. »Dann stellt euch die Frage, welche Erwartung ihr selbst, die Gesellschaft, eure Familie, Freunde oder andere an euch haben … also die Erwartung, die euch am meisten belastet und die ihr gerne loswerden wollt, und schreibt sie auf eure gelbe Karte.«

»Ganz schön viele Fragen«, maulte Adrian, den es eigentlich nicht weiter zu stören schien, der aber wie immer gerne alles kommentierte. Meistens negativ – zumindest aber provokant.

»Es kommt sogar noch eine weitere dazu«, grinste ihn Paul unbeeindruckt an. »Auf die grüne Karte schreibt ihr dann später, wer ihr ohne diese Erwartung wärt und was ihr tun würdet, wenn es gar keine Erwartung an euch auf dieser Welt gäbe. Weder eure eigene noch die anderer Menschen. Darüber müsst ihr euch aber jetzt noch keine Gedanken machen. Dazu kommen wir später. Zuerst widmen wir uns der gelben Karte und der Erwartung, die ihr loswerden wollt. Vorerst also nur eine Frage … das ist machbar, was meinst du, Adrian?«

»Es geht also um die Arschkarte«, stellte er fest.

Ich hörte schallendes Gelächter, das mit der Zeit immer dumpfer im Hintergrund verschwand, weil ich bereits vertieft in Pauls Fragen war. Auch wenn wir vorerst nur die erste beantworten sollten, war ich vollkommen in den Bann gezogen, weil ich sie unglaublich spannend fand. Am liebsten hätte ich außerdem gleich die Beantwortung meiner Frage auf dem weißen Zettel noch einmal überarbeitet, weil mir bewusst wurde, wie sehr unsere eigene, aber auch die Erwartung anderer unsere eigene Betrachtung beeinflusste. Hatte die Frage, wer wir waren, etwa mit der Erwartung anderer oder unserer eigenen zu tun? Wahrscheinlich wollte Paul uns genau das bewusst machen. Welche war diese eine große Erwartung, die andere oder ich selbst an mich stellten? Und wer wäre ich ohne sie? Ich war froh, erst mal nur die erste Frage beantworten zu müssen. Mein Stift lag schon bereit. War ich es auch?

Adrian sah Valentina mit eingefrorener Miene an. Sein Blick wirkte vorwurfsvoll und als er Valentina traf, zuckte sie augenblicklich zusammen. Ihre tiefgezogenen Schultern und die gesamte Körperhaltung verrieten, dass sie sich schuldig fühlte. Es war offensichtlich, dass die Erwartung, die Adrian loswerden wollte, etwas mit Valentina zu tun hatte. Aus seiner Perspektive, wohlgemerkt. Im Austeilen war Adrian bekanntlich immer schon gut gewesen und würde man die spiegelverkehrte Betrachtung als Kriterium einbeziehen, musste es eigentlich gar nicht stimmen.

Aber war das denn nicht immer so? War die Erwartung, die wir als solche empfanden, nicht immer ein Gefühl, das sich *in uns* befand, und lag es daher nicht auch an *uns*, sie loszulassen oder zumindest dahin zurückzugeben, wo sie herkam? Mussten wir sie nicht immer erst annehmen, bevor sie uns etwas anhaben konnte, und lag die Verantwortung dann nicht auch bei uns, sie wieder loszuwerden? Da tanzten sie wieder, meine Gedanken. Diesmal Allegro – gesprungene Schritte, in wogenden Bewegungen durch mich hindurch und wieder am Boden der Tatsachen zurück. Erst mal sollte ich mir aber keine Gedanken über Adrians oder Valentinas Erwartungen machen, sondern meine eigenen herausfinden. Mir fielen auch auf Anhieb unzählige Erwartungen ein, die ich an mich stellte oder von denen ich das Gefühl hatte, dass sie andere an mich stellten und denen ich dadurch Raum in meinem Leben gab. Plötzlich fühlte ich mich als eine einzige Erwartung. Ich hörte daher in mich hinein, welche sich denn nun als vorherrschende und größte aller Erwartungen in mir meldete.

»Können es auch mehrere sein?«, fragte Livia zögernd.

»Ja, es können auch mehrere sein. Aber versucht herauszufinden, welche euch am meisten beeinflusst«, antwortete Paul. »Ihr könnt dazu in einen inneren Dialog gehen. Was hat euch die Erwartung zu sagen? In welchen Situationen eures Lebens meldet sie sich am häufigsten? Wofür könnte sie gut sein und woran hindert sie euch?«

»Ich wiederhole ... viele Fragen ...«, meinte Adrian und grinste.

»Wer Antworten möchte, muss auch Fragen stellen.« Paul lächelte zurück und Adrian fing an zu schreiben. Bereits nach kurzer Zeit legte er auch dieses Mal wieder seinen Stift zur Seite. Wie schnell das immer bei ihm ging. War er wirklich so effizient oder wollte er nur die Abkürzung nehmen und Paul den Rest aufschlüsseln lassen? Livia schrieb ebenfalls bereits wild drauflos.

Die Erwartungen schienen förmlich aus ihr herauszuplatzen. Sie durften ihr jedenfalls eine Menge zu sagen haben, denn sie kritzelte in klitzekleiner Schriftgröße auf die Karte, drehte sie nach kurzer Zeit um und fuhr auf der Rückseite fort. Mittlerweile schrieben alle, sogar Clemens, der zuvor noch einige Minuten in die Luft gestarrt hatte, vielleicht um mit der Erwartung Kontakt aufzunehmen. Rebecca war noch schneller als Adrian, dafür hatte sie zuvor lange den Kopf geschüttelt. Nur ich ließ mich wieder ablenken. Diesmal nickte Paul mir zu und ich sah schnell wieder auf meine gelbe Karte. Als alle schrieben, meldete sich plötzlich die Stimme meiner Erwartung, die mir zuvor als Erstes in den Kopf gekommen war, als wäre sie froh, endlich gehört zu werden. Sie sprach laut und deutlich zu mir und auch ich fing daraufhin an zu schreiben. Kurz und schmerzlos präsentierte sie sich in zwei Teilen und nur einem Satz, der mich selbst überraschte. Da prangte meine Erwartung wie eine Verwarnung. War das nicht auch die Bedeutung der gelben Karte beim Fußball und war es womöglich gar kein Zufall, dass Paul genau diese Farbe ausgewählt hatte, oder war sie doch mehr die Arschkarte, wie sie Adrian bezeichnet hatte?

»Schön …«, sagte Paul nach einer Weile, als alle fertig waren.

»Oder auch nicht schön«, entgegnete Charly.

»Ganz wie ihr es betrachten wollt. Vielleicht eine schöne Erkenntnis? Wir werden sie jedenfalls noch miteinander teilen. Aber zuerst möchte ich nochmals zu eurem weißen Blatt zurückkommen und zu der Frage, wer ihr seid. Wie ist es euch damit ergangen? Wer möchte beginnen, seine Gedanken zu teilen?«

»Meinst du so etwas wie: Meine Damen und Herren – das bin ich!«?, rief Charly und ihre Berufung als Schauspielerin machte sich erneut bemerkbar. »Ich würde mir jedenfalls leichter tun, jemand anderen vorzustellen als mich selbst«, sprach sie gleich weiter und überlegte dann. »Wie wäre es beispielsweise damit: ›Darf ich vorstellen? Das ist Adrian. Adrian weiß alles besser. Er macht sein Ding, ohne auf andere Rücksicht zu nehmen, aber wenn man ihn braucht, dann ist er da. Er liebt die Wellen und hasst Regen. Er hält das für logisch, weil er meint, Wasser wäre nicht gleich Wasser. Menschen findet er allerdings gefährlicher. Sie sind ihm nicht geheuer. In Wahrheit interessiert er sich aber gar nicht für sie. Unter der harten Schale schlummert jedoch ein liebenswerter Kerl, sonst wäre er wohl kaum mein bester Freund. Hier, bitte schön: Das ist Adrian!‹« Sie grinste und Adrian schmunzelte.

»Meine Damen und Herren: die Erwartung!«, antwortete er. »Aber gar nicht mal so schlecht getroffen.«

Ob Adrian sich geschmeichelt fühlte? Die Beschreibung schien ihm jedenfalls zu gefallen.

»Kannst du sagen, warum es dir leichter fällt, Adrian zu beschreiben als dich selbst?«, fragte Paul, ohne auf Charlys Beschreibung einzugehen.

»Ich weiß nicht ... es ist eben einfacher ...«

»Vielleicht weil dir nichts Gutes über dich einfällt?«, fragte Paul weiter. Charly sah ihn erschrocken und auch ein wenig getroffen an.

»Das könnte schon sein«, sagte sie dann aber nach einer Weile und überlegte wieder. »Zumindest sind mir gleich unzählige schlechte Dinge eingefallen. Aber gute? ... Ich weiß nicht ... ich bin nicht einmal sicher, ob ich irgendetwas Gutes aufgeschrieben habe.« Sie blickte noch einmal hinunter auf ihren Zettel.

»Ging mir ähnlich ...«, meldete sich Clemens. Plötzlich sahen alle auf ihre weißen Zettel, nur Lukas und Rebecca nicht. Sie schüttelte wieder nur den Kopf und sah danach unbeteiligt Richtung Wald, als fände sie den weitaus interessanter als uns.

»Wie soll einen die Welt denn gut finden, wenn man sich selbst nicht mag?«, flüsterte mir Lukas von der Seite zu. Da schien mir durchaus etwas dran zu sein, da musste ich ihm recht geben, und trotzdem wusste ich genau, was Charly meinte. Es war um so vieles einfacher, andere zu beschreiben als sich selbst, und auch viel leichter, all ihre guten Eigenschaften aufzuzählen, als ein paar eigene zu finden. Lag es vielleicht daran, dass uns irgendwann aberzogen wurde, uns selbst gut zu finden, weil die meisten Menschen das für eingebildet halten und Bescheidenheit in unserer Gesellschaft als erstrebenswerte Tugend erachtet wird? Diese Erwartung schien mir zwar eher bescheiden als sinnvoll, aber doch auf einige zutreffend, und ich schloss mich hier mit ein. Es war doch vielmehr so, dass kaum jemand arrogant wirken und von anderen dafür verurteilt werden wollte. Außer Rebecca vielleicht. Der schien es nichts auszumachen. Beeinflusste die Erwartung der Gesellschaft etwa, wie wir uns trauten, über uns selbst zu denken?

»Die Frage ist: Was ist denn gut?«, sprach ich laut aus. »Nur weil andere etwas für gut befinden, muss es doch für einen selbst gar nicht gut sein.«

»Ganz genau …«, stimmte Paul mir zu, sagte aber vorerst noch nicht mehr dazu. »Lasst uns zuerst einmal herausfinden, was ihr aufgeschrieben habt. Wer möchte beginnen?«, fragte er weiter.

Wer *Antworten* möchte,
muss auch *Fragen* stellen.

Keiner mochte. Zumindest meldete sich niemand.

»Magst du vielleicht, Charly?«, schlug Paul nach einer Weile vor.

»Meinst du, meine Antwort auf die Frage, wer ich bin?«, fragte sie zögernd, obwohl es sich schon die ganze Zeit darum drehte. »Also wenn ich darauf eine Antwort hätte, müsste ich hier keine Monologe halten und mich im Kreis drehen …«, lachte sie, auch wenn sie gar nicht so aussah, als wäre ihr zum Lachen zumute. »Aber ja, ich habe ein paar Dinge aufgeschrieben. Vermutlich die falschen. Denn sie beschreiben mich nur. Und wie du vorher bereits bei unserem Namen erwähnt hast, sagt er und wahrscheinlich auch unser Job oder unsere Beziehung rein gar nichts über uns aus.«

»Ich denke schon, dass die Wahl eurer Partnerschaften oder Berufe etwas über euch sagen. Was ich gemeint habe, ist, dass ihr euch nicht darüber definieren sollt. Dass ihr mehr seid … Aber hören wir uns mal an, was du aufgeschrieben hast«, schlug Paul vor.

»Also gut … da steht: Ich bin Charly«, sie blickte kurz hoch. »Seit dem Anschlag auf die französische Zeitschrift *Charlie Hebdo* hat das irgendwie einen bitteren Beigeschmack … aber na ja … wie eben besprochen, scheint das ja keine Relevanz zu haben oder ich sollte ihr zumindest keine geben …« Sie stockte kurz, las dann aber weiter: »Ich bin Schauspielerin und habe einen netten Freund. Ansonsten bin ich vorwiegend unglücklich und weiß nicht, warum, weil ich eigentlich gar keinen Grund dazu habe, aber täglich tausend Gründe finde. Und sind das dann nicht auch genügend? Paul meint, das kommt daher, weil ich mich nicht genügend mag. *Nicht genügend* ist also mein Thema. Meine Freunde behaupten, ich wäre manchmal etwas dramatisch, was ich dramatisch zurückweisen möchte.« Sie sah wieder auf, weil alle lachten, und sie selbst schmunzelte und räusperte sich kurz. »Außerdem singe ich leidenschaftlich gerne unter der Dusche –

ein großes Glück für alle, die nicht mit mir duschen müssen. Aber manchmal stelle ich mir dabei vor, es wäre die Filmmusik zur Premiere meines Filmdebüts, in der ich die Hauptrolle spiele ... denn wie bereits erwähnt, bin ich Schauspielerin. Aber bin ich das wirklich? Ich mache jedenfalls die Ausbildung und hatte bisher ein paar Nebenrollen. Ab wann ist man eigentlich wirklich Schauspielerin?« Charly schaute in die Runde: »Da habe ich mich dann gleich wieder schlecht gefühlt.« Sie machte eine weitere kurze Pause. »Ansonsten treffe ich gerne Menschen, wenn nicht gerade mal wieder alle aufgrund der Pandemie in Quarantäne sind, und ich mag Hunde. Manchmal sogar lieber als Menschen. Ach ja, und mein Vater meldet sich immer noch nur dann, wenn er Lust hat, und das ist selten. Finde ich scheiße. Was sagt das über mich?« Charly sah von ihrem Zettel auf und blickte zurück in die Runde. Am liebsten hätte ich sie umarmt. Aber dazu hätte ich aufstehen und zu ihr hinübergehen müssen, und das hielt ich vor allen anderen dann doch für zu dramatisch. Möglicherweise hätte Charly das in dem Moment auch gar nicht gewollt. Deshalb ließ ich es bleiben und lächelte nach rechts zu ihr hinüber.

Wie soll
die Welt
dich
gut finden,
wenn du
dich selbst
nicht magst?

EIGENTLICH GUT

Du vertraust dir viel zu wenig«, sagte Philipp und Charly sah ihn mit zusammengekniffenen Augen an, als blendete sie etwas. »Ja ... das stimmt leider«, gab sie ihm schließlich recht. »Dabei möchte ich einfach nur glücklich sein«, fügte sie noch leise hinzu. Es hörte sich an wie ein Geheimnis, das sie sich gerade selbst offenbarte. »Früher dachte ich immer, wenn ich eine Beziehung habe, dann bin ich endlich glücklich ... und versteh mich bitte nicht falsch, Philipp ... das hat überhaupt nichts mit dir zu tun! Aber so einfach ist es eben nicht. Oder wie soll ich sagen ... mit dir schon, aber mit mir anscheinend nicht! Irgendwie hat sich dieses große Glück nie eingestellt, aber das Gefühl ist immer geblieben und es thront wie ein riesiges Gewicht auf meiner Brust. Und genau da sitzt es Tag für Tag und hat nichts anderes zu tun, als mich unentwegt zu belasten. Das kannst leider auch du mir nicht nehmen.«

»Das ist auch gar nicht seine Aufgabe ...«, warf Paul kurz dazwischen.

Charly nickte. »Ich weiß. Und ich denke, ich habe mich auch schon lange Zeit davor im Drama mit Konstantin immer nur von diesem Gefühl abgelenkt. Aber geblieben ist es trotzdem. In mir. Damals war ich nur so beschäftigt mit diesem Problemfall Konstantin, dass ich gar keine Zeit für mich und *meine* Probleme hatte! Und jetzt, wo doch eigentlich alles gut sein müsste, ist es das immer noch nicht!«

»Aber es ist doch sehr viel Gutes seither passiert, oder nicht?«, fragte Paul nach. Und er musste es wissen, schließlich hatten die beiden wöchentlich eine Sitzung miteinander.

»Ja, schon ... sicher ... Ich habe endlich den beschissenen Job als Regieassistentin bei Marc gekündigt und auch *diesen* Brocken losgelassen ... Außerdem konzentriere ich mich jetzt viel mehr auf meine Schauspielausbildung und bekomme endlich erste Nebenrollen ... obwohl ich jetzt wirklich schon verdammt reif für die Hauptrolle wäre! Aber ich weiß doch, was sie alle denken. Sie denken, das schafft sie nie!« Ihr Blick war kritisch. Und die Kritik galt ihr selbst.

»Du tust, als wärst du hundert ... Du hast doch noch Zeit!«, versuchte Philipp sie aufzubauen.

»Ja, aber ich fühle mich doch auch wie hundert ... Und findest du wirklich, dass ich noch Zeit habe? Ich habe mehr das Gefühl, sie läuft mir jeden Tag davon ... ich wäre einfach schon so gerne so viel weiter!« Sie sah in den wolkenbedeckten Himmel, als schickte sie ein Stoßgebet nach oben.

»Du siehst nicht, was alles richtig gut läuft, Charly! Das vergisst du immer ...«

Ich fragte mich, ob er auch ihre Beziehung damit meinte.

»Ach herrje, ja! Aber ich kann doch nicht raus aus meiner Haut! Ich weiß tief drinnen schon, dass es viel besser läuft, seit ich den ganzen Ballast abgeworfen habe ... Und dann gibt es schließlich noch *dich*! Ich meine, hör dir nur mal zu, was du immer sagst und wie sehr du immer für mich da bist! Ich sollte so glücklich sein, ich undankbares Geschöpf! Aber verdammt noch mal, wenn ich ehrlich zu mir bin, dann bin ich es nicht! Und damit meine ich gar nicht die Beziehung, sondern ich bin einfach nicht glücklich mit mir und meinem Leben. Und da frage ich dich ... oder mich ... und das ständig: Warum stelle ich immer noch alles infrage?! Vor allem *mich*. Wann hört das denn endlich mal auf?!«

»Vielleicht, wenn *du* damit aufhörst ...?!« Adrian sah Charly dabei streng an, aber sie schien zu sehr im Redefluss zu sein. Ich war gar nicht sicher, ob sie ihn überhaupt hörte, zumindest ging sie nicht näher darauf ein.

»Mhmm« ... seufzte sie. »Ich habe das Gefühl, je älter ich werde, desto weniger weiß ich, wer ich sein soll. Oder vielleicht habe ich mir, als ich richtig jung war, auch einfach keine Gedanken darüber gemacht. All die gescheiterten, toxischen Beziehungen haben mich in meiner Vergangenheit nur davon abgelenkt, der Mensch zu sein, der ich wirklich bin. Oder sein will ... Ist das denn eigentlich dasselbe?« Sie blickte wieder zum Himmel hinauf – nur nicht zu Paul, der doch eigentlich der Mann der Antworten war. Es schien sich um eine Suggestivfrage zu handeln, denn gleich darauf sprach sie auch schon weiter. »Und deshalb frage ich mich immer wieder: Wenn all diese Probleme, die ich zeit meines Lebens habe und die im Vergleich mit der Welt doch nur klitzeklein sind und womöglich auch nur selbst gemacht, dann bin ich doch selbst die Witzfigur. Ein einziger Witz sozusagen! Nur, dass niemand lacht. Also mir ist jedenfalls nicht zum Lachen zumute ...«

»Vielleicht solltest du aber mal lachen und nicht immer alles so furchtbar ernst und schwer nehmen«, warf Adrian noch einmal ein, und diesmal sah ihn Charly tatsächlich an. Sie lachte aber nicht.

»Was ist, wenn ich mir das alles nur aussuche, um leiden zu dürfen?«, antwortete sie nachdenklich. »Vielleicht will ich am Ende sogar leiden, weil ich das Gefühl habe, es gar nicht verdient zu haben, glücklich zu sein. Und gewissermaßen macht mich dieses Unglücklichsein vielleicht sogar glücklich! Vielleicht brauche ich es, wie einen Anker, an dem ich festhalte, der mich aber im Grunde nach unten zieht und da festhält, wo ich stehe. Immer an exakt derselben Stelle. Denn ich bewege mich gefühlt keinen Millimeter weiter. Ich komme einfach nicht voran!«

»Wohin willst du denn?«, fragte Paul, als wäre es die einfachste Frage der Welt und Charly sah ihn überrascht an.

»Puhhh, wenn ich das wüsste …«, antwortete sie.

»Und wie willst du dorthin kommen, wenn du nicht weißt, wohin du willst?«

Alle streckten plötzlich ihre Köpfe gebannt in Pauls Richtung.

»Könnte es nicht erst mal ein guter Schritt sein, den Anker loszulassen, von dem du gesprochen hast, wenn er dich zurückhält?«, sprach Paul weiter. »Vielleicht traust du dem Leiden mehr, weil dir das Glück irgendwie faul vorkommt. Dann stehst du in trübem Gewässer und hältst dich dort auf, weil du dich nicht aufs offene Meer traust. Da, wo das Wasser glasklar ist, aber du Angst vor zu hohem Wellengang hast. Womöglich denkst du sogar, immer etwas tun oder darum kämpfen zu müssen und andere – vielleicht sogar dich selbst – überzeugen zu müssen, dass dir ein solches Glück überhaupt zusteht. Ich muss wohl nicht erwähnen, wie anstrengend das ist. Da stehst du also mit deinem schweren, rostigen Anker des Leids im Hafen deiner alten Sicherheit und wunderst dich, warum es sich nicht leicht anfühlt. Du hast diese Betonklötze, die dich in der Vergangenheit beschwert haben, bereits über Bord geworfen, aber vielleicht hast du vergessen, auch den Anker zurückzuwerfen und dich von ihm zu lösen, weil er dich zurückhält. Allerdings – wem ist das auch zu verübeln? Schließlich bist du es gewohnt, ihn zu halten, weil du dir zeit deines Lebens Sorgen gemacht hast – um Männer, Freundschaften, deine Ausbildung, deinen Erfolg … aber in erster Linie darum, ob du das alles überhaupt verdient hast. Übrigens ist es nicht wichtig, wie groß diese Sorgen nach außen erscheinen, und auch nicht von Vorteil, sie mit dem Leid anderer auf dieser Welt zu vergleichen. Die Sorge, nicht gut genug zu sein und das eigene Glück nicht verdient zu haben, kann sich tonnenschwer anfühlen.

Mindestens genauso schwer wie ein Schicksalsschlag oder das Unglück, das sich gerade auf diesem Planeten zuträgt.«

Charly nickte apathisch. »Aber warum kann ich nicht einfach alle meine Sorgen loslassen und glücklich sein?«, fragte sie. »Vielleicht suche ich ja auch ständig nach dem Schlechten, um mich besser zu fühlen! Wie jemand, dem man sagt: ›Sie haben unheilbaren Zehenkrebs.‹ Und ein paar Tage später heißt es dann: ›Oh, doch nicht! Wir haben uns geirrt. Die Zehen sind völlig in Ordnung.‹ Und dann ist man glücklich, weil man wieder zu schätzen weiß, was man hat, und diese Leichtfüßigkeit wieder spürt. Aber das ist doch völlig verrückt! Suche ich mir etwa all die Probleme, um mir ständig zu beweisen, dass es am Ende doch nicht so schlimm ist, weil sie letztendlich lösbar sind und ich mich dann glücklich schätzen kann, ohne es je ganz zu sein? Das ist doch, als würde ich im Krankenhaus des Lebens umherlaufen und mir ständig überlegen, auf welche Station ich als Nächstes komme, weil ich davon ausgehe, an etwas Neuem zu erkranken! Und nein, nicht nur daran zu erkranken, sondern diese Krankheit auch verdient zu haben! Wie schwer kann man es sich denn bitte machen?! Vielleicht heiße ich in Wahrheit *Charly Unglücklich Schwervongeburtan*. So gesehen ist *Unglücklich* mein zweiter Vorname, den ich mir ausgesucht habe, um meinem Leben einen Sinn zu geben. Möglicherweise tue ich einfach immer so, als hätte ich es schwer, um am Ende erleichtert zu sein, dass es gar nicht so schlimm war. Aber im Grunde ist es doch nur deshalb nicht schlimm, weil ich es mir selbst schwer gemacht habe und es von Anfang an gar nichts gab ... Versteht ihr, was ich meine? Das ist doch ganz offensichtlich ganz großer Schwachsinn! Aber vielleicht gibt mir genau diese Schwäche einen Sinn.«

Ich empfand schon wieder ganz viel Liebe für Charly und ihre zugegeben etwas dramatische, aber durchaus anschauliche und gewohnt selbstironische Darstellung, für die sie in einem Bühnenstück vermutlich großen Applaus bekommen hätte. All das sagte nicht nur viel über sie, sondern auch über ihr Talent aus, die dunklen Seiten des Lebens anschaulich darzustellen und daraus ihre Erkenntnisse zu ziehen. Jedenfalls fand ich ihre Gedanken unglaublich spannend. Adrian anscheinend weniger.

»Jetzt komm mal wieder runter, Charly«, rief er genervt. »Dann mach es dir doch einfach nicht immer selbst so unfassbar schwer! Was hindert dich daran, eine Namensänderung durchzuführen auf: *Charly Zufrieden Jetztumvielesleichter*. Du sagst selbst, du könntest eigentlich glücklich sein! Lass das *eigentlich* mal weg – also all die Gründe, die du dir ständig selbst vorbetest, warum du es nicht bist – und du wirst es sein!«

Es schien zugegeben ganz einfach, wenn man es aus Adrians Mund hörte. Aber lebte er seine Weisheiten auch selbst? Oder redete er sich nur um Kopf und Kragen, um seine eigene Schwere nicht fühlen zu müssen? War es tatsächlich so? Suchen wir uns im Leben immer wieder Unglücksanker, an denen wir festhalten, um uns sicher zu fühlen?

Haben wir uns womöglich so sehr an die Schwere gewöhnt, dass uns die Leichtigkeit fremd vorkommt und wir es als unsere Aufgabe sehen, an unserem Leid festzuhalten?

DU BIST
NICHT,
WER DU
GESTERN
WARST,
SONDERN
WER DU
HEUTE
entscheidest
ZU SEIN.

KUMBAYA, MEIN LEID

Welchen Vorteil hat dir das Leiden denn in der Vergangenheit gebracht?«, fragte Paul.

»Bitte ...?« Charlys Empörung war ihr deutlich anzumerken.

»Irgendeinen Gewinn muss es dir ja gebracht haben, sonst entscheidet sich schließlich niemand dafür, zu leiden. Manchmal ist eben auch das eine Entscheidung.« Valentina blickte neugierig hoch und Paul erklärte weiter: »Dabei spreche ich natürlich nicht von Schicksalsschlägen oder anderen schwerwiegenden Katastrophen, die wir nicht beeinflussen können und mit denen wir lernen müssen umzugehen – sondern ich meine all jene Dinge, für die wir uns bewusst oder auch unbewusst entscheiden, damit aber gewissermaßen selbst in unser Unglück laufen. Wir machen es oft vor allem deshalb, weil dahinter eine gute Absicht steckt ... Welche könnte das sein?« Er zog seine linke Augenbraue einladend hoch und sah Charly dabei gespannt an.

»Welche gute Absicht könnte denn bitte dahinterstecken, mich dafür zu entscheiden, unglücklich zu sein?!« Charly klang verwirrt und auch ein wenig verärgert.

»Na ja, nehmen wir zum Beispiel deine Aussage über dich als Schauspielerin her. Das Thema scheint dich zu belasten und dir schlechte Gefühle zu bringen. Du sagst, du wärst gerne eine erfolgreiche Schauspielerin und manchmal traust du dich sogar, unter der Dusche kurz gedanklich dahin zu gehen. Dann spazierst du auf dem roten Teppich zu deiner Premiere deiner ersten Hauptrolle in deinem Film und bist glücklich, ist das richtig?«

»Ja, schon ...« Charly schien nicht zu wissen, worauf Paul hinauswollte.

»Dann frage ich dich: Warum traust du dich, diesen Traum nur wenige Minuten unter der Dusche zu leben, da, wo ihn sonst niemand mitbekommt, und leidest den Rest der Zeit, weil du gar nicht weißt, ob du dich Schauspielerin nennen darfst, oder bist traurig darüber, dass du nur Nebenrollen bekommst und noch nicht da bist, wo du sein möchtest?«

Charly sah ihn immer noch fragend an. »Weil es ... eben so ist?«, fragte sie vorsichtig.

»Oder weil es immer so sein wird, wenn du denkst, dass es so sein wird. Oder dass andere das denken. Kann es vielleicht sein, dass du dir gar nicht zutraust, diese erfolgreiche Schauspielerin zu sein, die zu ihrer Premiere geht, weil es dir viel zu groß erscheint und du es gar nicht für möglich hältst? Zumindest nicht für dich?« Charly bekam feuchte Augen, als spiegelten sich Pauls Worte darin wider und beschrieben den Traum, den sie unbedingt leben wollte, aber im Grunde gar nicht daran glaubte.

»Welchen Vorteil könnte es denn haben, darunter zu leiden, dass sich dein Traum noch nicht erfüllt hat?«

»Ich verstehe nicht ...« Sie sah ihn immer noch ungläubig an. »Keinen natürlich!«

»Doch, den gibt es. Es gibt sogar mehrere«, antwortete Paul ganz ruhig und Charlys Gesichtsausdruck erstarrte.

»Ein Vorteil ist beispielsweise, dass du hinterher nicht enttäuscht sein musst, wenn es nicht klappt«, sprach Paul weiter, »weil du dir dann sagen kannst, es immer gewusst zu haben, und den noch viel größeren Schmerz nicht erleben musst, gescheitert zu sein. Wobei du diesen Schmerz nur für größer *hältst*. Scheitern gehört nämlich zum Leben dazu und insbesondere zur Realisierung deiner Träume. Es ist sogar enorm wichtig, zu scheitern und dazuzulernen, um dich weiterzuentwickeln. Die erfolgreichsten Menschen der Welt haben alle etwas gemeinsam: Sie sind unzählige Male gescheitert. Und sie sind nur deshalb so erfolgreich, weil sie danach nicht wie gelähmt liegen geblieben sind und aufgegeben haben, sondern weil sie aufgestanden sind, aus ihrem Scheitern gelernt haben und drangeblieben sind, bis sie Erfolg hatten. Sie sehen das Gefühl, noch nicht da angelangt zu sein, wo sie sein wollen, nicht als Fehler, sondern nutzen es als Antrieb.«

»Aber ich mache doch weiter!«, rief Charly fast schon beleidigt.

»Ja. Das tust du. Aber du könntest währenddessen auch stolz auf dich sein, wie weit du schon gekommen bist. Stattdessen blickst du die ganze Zeit auf das, was du noch nicht sehen kannst. Und genau das erzeugt Leid. Im schlimmsten Fall hindert es dich sogar daran weiterzumachen. In jedem Fall aber sorgt es für ein schlechtes Gefühl in dir. Wann, denkst du, wirst du eher in deine Kraft kommen und die nötigen Schritte tun und dabei unglaublich überzeugend auf andere wirken? Wenn du alles siehst, was noch nicht passiert ist, oder wenn du stolz auf dich bist und auf alles, was du schon erreicht hast, und anfängst, dein ganzes Potenzial und all die Möglichkeiten zu sehen?« Seine Stimme war wie immer unglaublich sanft, und auch wenn es so wirkte, als würde er Charly verbal gerade gehörig den Kopf waschen, war eines klar: Paul meinte es zu ihrem Besten. Wie Eltern, die ihren Kindern beibringen, dass sie das Fahrradfahren nicht lernen werden, wenn sie davor stehen bleiben und sich und das Fahrrad verfluchen, weil ihnen das Radfahren gerade mächtig schwer vorkommt, oder sie sich darüber aufregen, warum sie nicht schon am Ziel angekommen sind. Sie erklären ihnen, dass sie hinfallen werden und es wehtun wird. Dass sie anfangs sehr langsam sein werden und die Strecke sich immer wieder mal als holprig erweisen wird, bis sie Sicherheit gewinnen, danach in Fahrt kommen und irgendwann dahinbrausen und den Rückenwind hinter sich spüren. Und selbst dann verlieren sie vielleicht hin und wieder das Gleichgewicht und küssen den Beton. Dann gibt es Verletzungen, die wehtun und später wieder verheilen. Aber es wird sie nicht von der Fahrt abhalten.

»Aber wenn ich mir all die Möglichkeiten vor Augen halte, die es gibt, fühle ich mich erst recht schlecht, weil ich noch nichts davon erreicht habe!«, antwortete Charly wie ein trotziges Kind.

»Stimmt. Dann darfst du weiterleiden, weil es dir Sicherheit gibt. Die Sicherheit, nichts dagegen tun zu müssen und trotzdem leiden zu dürfen. Vielleicht übersiehst du dabei aber einige Chancen, weil du zu sehr damit beschäftigt bist, was du nicht willst oder was andere sagen, was du wollen sollst, statt den Fokus darauf zu legen, was du möchtest, und den Weg dahin zu schätzen.« Charly schluckte, aber Paul beruhigte sie. »Im Gegensatz zu dir gibt es aber auch Menschen, die sich ihren Traum überhaupt nie gestatten – nicht einmal unter der Dusche – und die erst gar keine Ausbildung machen oder sich trauen, ihren Traum zu verwirklichen, ja, ihn womöglich nicht einmal zu haben. Vielleicht überlegen sie ihr ganzes Leben lang nicht ein einziges Mal, was sie wirklich wollen, weil sie zu beschäftigt sind, das zu hassen, was sie leben, und immer weiter das tun, was andere von ihnen erwarten. Es ist sicherer für sie zu leiden, als Schritte zu unternehmen, ihr Leben zu verändern. Gar nicht zu reden von der Aufmerksamkeit und dem Mitgefühl, das sie bekommen, wenn sie sich selbst und anderen leidtun, solange sie in ihrem Leid stecken bleiben. Das gebetsmühlenartige Aufzählen aller Dinge, die für sie schieflaufen, kann dabei sehr hilfreich sein: So kann das Unglück auch zu einer Art Glück werden und Befriedigung schaffen, weiterleiden zu dürfen. Niemand hört das gerne, aber sobald wir das begreifen, können wir damit aufhören, unser Leben mit den vielen kleinen selbst ernannten Schwierigkeiten weiter zu beschweren.«

Ich überlegte. Das war in etwa so, als würde man nie mit dem Fahrrad losfahren, weil man beide Hände auf der Bremse hatte – aus Angst davor, eventuell bei der Fahrt zu stürzen. Ohne loszufahren, war es aber gar nicht möglich, weiterzukommen und auch nicht anzukommen – wenn es so etwas überhaupt gab. Schließlich gab es hinter jedem Ziel wieder neue Wege, und das ist gut so, weil wir sonst danach ja vor dem Ende stünden. Sich aber zu entscheiden, gar keine Wege zu entdecken, sondern stehen zu bleiben oder in die Pedale zu treten und gleichzeitig die Bremse anzuziehen, wäre nicht nur nicht sonderlich hilfreich, sondern auch sehr anstrengend. Eine Bremse gedrückt zu halten, kostete auch sehr viel Kraft. Da war es doch zielführender, locker zu lassen und endlich loszuziehen. Und wenn wir das taten – sollten wir dann nicht eher lernen, die Fahrt schon auf den ersten Metern zu genießen und nicht erst in der Zukunft davon zu träumen? Sonst strampelten wir uns ein Leben lang ab, um irgendein Ziel zu erreichen, hinter dem vielleicht bereits das nächste wartete.

»Jetzt sage ich besser nicht, was auf meinem Zettel steht«, meldete sich Clemens. »Ich möchte aber dazusagen, dass ich mir nicht ausgesucht habe, verlassen zu werden. Das ist dann doch etwas anderes, oder etwa nicht? Ich habe mir schließlich nicht ausgesucht, zu leiden!«

»Was steht denn drauf?«, fragte Paul – wie immer ohne Wertung.

Clemens starrte beschämt auf sein Blatt, als traute er sich nicht vorzulesen, was da stand. Vielleicht wollte er es sich in erster Linie aber auch nicht selbst eingestehen.

Unglücklich
zu sein ist
leichter als
Glücklichsein.
Du musst
nichts tun und
darfst trotzdem
leiden.

»Ich bin Clemens ... steht da ... also mein Name. Ich dachte, das wäre dann doch wichtig, für alle, die mich noch nicht kennen«, stammelte er zaghaft. »Ich glaube, ich habe die Frage irgendwie falsch verstanden ...«, fügte er noch als Erklärung hinzu.

»Bestimmt nicht. Nichts ist falsch. Hast du Angst, etwas falsch gemacht zu haben?«, fragte Paul und Clemens nickte verhalten.

»Ich kann dich beruhigen, du kannst gar nichts falsch gemacht haben. Lies ruhig weiter ...«

»Na gut ... also ... da steht noch: Ich bin traurig.«

Paul sah ihn weiter an und nickte noch einmal, aber Clemens sagte nichts mehr. Er hielt stattdessen weiterhin Augenkontakt, als wollte er ohne Worte erklären, warum er nicht mehr weitersprach.

»Und sonst noch?!«, fragte Adrian – die Ungeduld in Person.

»Sonst nichts. Ich bin eben traurig ...«, murmelte Clemens.

»Gott, Cleeemens!!«, rief Adrian. »Das gibt es doch nicht. Natürlich bist du traurig! Aber wie traurig ist es, wenn du denkst, du wärst nichts weiter als traurig?! Das ist doch noch viel trauriger! Da würde ich dich gerne einmal kräftig schütteln, damit du wieder zu dir kommst. Möchtest du wirklich wegen einer Frau so leiden?!«

»Mann, Adrian ... hol vielleicht mal dein Mitgefühl aus dem Rucksack!«, fuhr Charly ihn an. »Oder hast du es zur Empathie in die Seitentasche gesteckt? Kram die doch beide mal wieder hervor! Denkst du nicht, dass es Clemens jetzt noch schlechter geht?! Schließlich hat er Liebeskummer und wir alle wissen doch, wie beschissen sich das anfühlt!«

Ich war sicher, Adrian wusste es nicht. Ich hätte meine Trinkflasche, die ich gerade erst aus meinem Rucksack gezogen hatte, darauf verwettet, dass Adrian in seinem Leben noch nie Liebeskummer gehabt hatte. Ich nahm einen großen Schluck Wasser, um Adrians mangelndes Einfühlungsvermögen damit hinunterzuspülen.

»Stimmungslage: Toast Hawaii«, erwiderte Adrian stattdessen. »Wer die Ananas haben möchte …«

»Ich sage ja, es ist falsch!« Clemens wirkte genauso traurig wie vorher. Es schien, als käme er aus dem Leiden gar nicht mehr heraus. Als wäre das Leid die Ananas, die den ganzen Toast versaute.

»Deine Gefühle können nicht falsch sein. Du fühlst sie ja. Daran ist nichts falsch«, erklärte Paul ganz ruhig. »Vielleicht magst du mal kurz erzählen, warum du traurig bist?«

»Und damit noch tiefer eintauchen, als er ohnehin schon im Leid steckt?«, warf Adrian dazwischen, als wäre *er* der Therapeut.

»Möglicherweise ist das *deine* Angst, Adrian«, antwortete Paul und Adrian war endlich still. »Aber bleiben wir doch vorerst bei dir, Clemens. Du hast aufgeschrieben, dass du traurig bist. Erzähl uns doch mal, warum.«

»Ja … kann ich schon machen … also, wie soll ich das sagen …. ich bin jetzt wahrscheinlich nicht der allerfröhlichste Kerl der Welt … Aber es ging mir davor weder sonderlich gut noch richtig schlecht. Ich war eben ganz zufrieden. Das denke ich zumindest … Jetzt weiß ich es eigentlich gar nicht mehr. War ich es wirklich? Was ist das überhaupt? Im Grunde habe ich mir früher einfach keine Gedanken gemacht, ob ich glücklich bin oder nicht. Aber wer macht das schon? Machen das nicht nur Menschen, die kurz vorm Sterben sind und noch alles rausholen wollen?«

»Du hast die ewig Suchenden vergessen, die ›Kumbaya, my Lord‹ singen, dabei Glückssteine an Kordeln um den Hals tragen und hoffen, dass irgendein Gott oder das gesamte Universum zurücksingt und ihnen verrät, wie sie endlich glücklich sein können. Dummerweise antwortet denen aber nie jemand«, ergänzte Adrian und zog damit die ganze Aufmerksamkeit wieder auf sich. »Das wiederum hat dann stark was von dem Kanarienvogel, über den wir vorher gesprochen haben. Eben nur mit spirituellen Gitterstäben und vielleicht wurde der Käfig ein-, zweimal ausgeräuchert.« Er legte sich dabei die Hand flach auf die Brust und brachte Rebecca damit schallend zum Lachen, die sich davor die meiste Zeit über still verhalten hatte und offenbar kein großes Bedürfnis gehabt hatte, am Gespräch teilzunehmen.

»Ich weiß nicht … Denkst du nicht, dass jeder Mensch glücklich sein möchte, Adrian?«, warf Livia ein. »Esokram hin oder her. Man muss ja auch nicht immer lachend durch die Welt laufen und alles geil finden, aber auf eine Art glücklich sein wollen im Grunde doch alle, oder nicht?«

»Alles geil finden geht schon allein deshalb nicht, weil es zu viele Menschen gibt, die verdammt ungeile Sachen machen …«

»Wie meine Frau, die sich aus dem Staub gemacht hat?«, fragte Clemens trocken.

Beinahe musste ich schon wieder lachen und war froh, dass ich mich zurückhalten konnte. Clemens' Aussage brachte doch einen gewissen Galgenhumor mit sich. Hatte er etwa seinen Humor wieder?

»Ja, nicht so geil«, stimmte ihm Adrian zu. »Aber jetzt auch nicht der Grund, um für immer traurig zu sein.«

Es kann erst *gut werden*,
wenn wir aufhören,
am Schlechten festzuhalten.

WAS SOLLEN BLOß DIE LEUTE SAGEN

Das bedeutet, deine Frau ist gegangen?«, fragte Paul weiter.

»Ja, nach zwölf Jahren fand sie es eine geile Idee, noch einmal neu durchzustarten – und zwar ohne mich. Die Kinder hat sie erst mal mitgenommen. Damit ich gleich mehrere Menschen vermissen kann. Sie meinte jedenfalls, ›sie will sich neu finden‹. Oder ihr Glück ... Verschwiegen hat sie dabei allerdings, dass sie auch diesen Typen gefunden hat – soviel ich weiß, schon vorher. Aber vielleicht gehört das ja zum Findungsprozess dazu.«

»Sie hat also eine neue Beziehung?«, fasste Paul zusammen.

»So sieht's aus. Jetzt heißt es: ›Oli dies, Oli das. Oli sagt blablabla und Oli macht das soundso ...‹ Es muss ziemlich geil sein, ein Oli zu sein. Findet zumindest meine Frau. Anscheinend ist Oli das komplette Gegenteil von mir und ein richtig toller Hengst!«

»Oder ein Horst, weil er dir die Frau ausgespannt hat!«, lehnte sich Adrian aus dem inneren Fenster. Bei seiner Vorgeschichte bewegte er sich auf dünnem Eis mit Föhn. Ob da nicht auch die eine oder andere vergebene Frau dabei gewesen war? Ich glaubte mich zu erinnern. Aber es war trotzdem ungewöhnlich nett für ihn, wie er für Clemens in die Bresche sprang.

»Ich frage mich jedenfalls, warum wir ihn beide liebevoll *Oli* nennen, sobald er zur Sprache kommt, und ich ihn nicht *OleckmichdochamOliver* nennen darf.«

Er *hatte* seinen Humor wieder. Ich war stolz auf Clemens, auch wenn ich ihn noch gar nicht richtig kannte. Aber schließlich waren wir gerade dabei herauszufinden, wer er war. Eines stand fest: Er war, neben traurig, auch ziemlich witzig, was er selbst anscheinend gerade nicht so stark fühlte.

»Um ehrlich zu sein, frage ich mich aber, warum wir überhaupt über ihn reden und nicht über uns«, sagte er dann. »Wenn ich sie darauf anspreche, meint sie nur, wir hätten lange genug versucht zu reden, aber es hätte einfach nichts gebracht.«

»Habt ihr denn geredet?«, wollte Paul wissen.

»Ich weiß nicht so recht. Veronika redet gerne und viel ... ich jetzt weniger. Das heißt aber nicht, dass ich ihr nicht zugehört habe ... Gut, manchmal hab ich das vielleicht auch nicht ... Da habe ich dann auf Durchzug geschaltet. Ich rede eben nicht so gerne. Aber *gar nichts* zu sagen und einfach zu gehen, ist jetzt auch nicht die feine Art, das macht man doch auch nicht! Nicht nach zwölf Jahren – einfach so! Es stimmt nämlich auch nicht, dass ich ihr *nie* zugehört habe.«

»Hat sie dir denn gesagt, was sie wollte?«

»Während der Beziehung?«

»Ja«, bestätigte Paul und Clemens überlegte. »Na ja, sie hat so viel gesagt. Aber mehr so vor sich hin. Gar nicht immer zu mir. Sie hat sich viel darüber beschwert, was alles nicht läuft. Das hatte aber nicht unbedingt immer etwas mit mir zu tun. Sie war unglücklich im Job, hatte Stress mit ein paar Freundinnen ... Irgendwann habe ich den Überblick verloren. Dann war es so, als würde ein Staubsauger irgendwo im Hintergrund laufen, wenn sie sprach. Wenn man sich auf etwas anderes konzentriert, hört man das Geräusch irgendwann nicht mehr.«

»Und worauf hast du dich konzentriert?«

»Ich weiß nicht. Was man halt so tut, wenn man mal frei hat: nicht viel! Ich wollte einfach entspannen. Ich muss mich nicht immer beschäftigen oder ständig rausgehen. Ich glaube, sie wollte das. ›Lass uns mal Tennis probieren! Oder was hältst du von Golf?‹, hat sie gefragt. Ähhh, nichts? Wenn ich mich jeden Tag anstrenge, warum dann auch noch in der Freizeit? Dann meinte sie: ›Aber was sollen bloß die Leute sagen, wenn wir nie etwas unternehmen und immer nur zu Hause sind?‹«

»Und was haben die Leute gesagt?«

»Das musst du Veronika fragen, aber die weiß es, glaub ich, auch nicht so genau. Wenn du mich fragst: nichts! Weil – wer hätte auch was sagen sollen? Wen interessiert denn das überhaupt, wie wir unsere Freizeit verbringen? ... Aber jetzt ratet mal, was Oli macht?!«

»Er golft?«

»Ja, und Tennis spielt er auch. Jetzt hat sie ihren Schlägertyp ... versteht ihr, Schläger ... Typ ...«

»Pointen erklärt man nicht, Clemi«, merkte Adrian Schlaumeier an.

»Aber die Pointe ist doch, dass ich nie ein Hobby wollte, und jetzt werde ich dafür bestraft und sie hat ihres: *OleckmichdochamOliver* ist ihr Hobby!«

»Da hat er dann tatsächlich eingelocht«, scherzte Adrian völlig unpassend. Clemens war schlechte Pointen aber anscheinend gewohnt und redete einfach weiter: »Und wisst ihr, was sie jetzt sagt?! ›Wir müssen ja noch nicht allen erzählen, dass wir jemand Neuen haben. Weil was sollen bloß die Leute sagen?‹ Witzig, weil ... ich habe ja gar niemand Neuen!«

»Sind die denn jetzt glücklich?«

»Wer?«

»Na, die Leute. Macht es sie glücklich, dass deine Frau neuerdings Tennis und Golf spielt und sie nichts von ihrem neuen Partner wissen?«

»Ich verstehe die Frage nicht.«

»Das könnte einen Grund haben: Es ist auch nicht zu verstehen. Weil nämlich völlig egal ist, was die Leute denken ... oder sagen.«

Clemens nickte, sah aber immer noch ratlos drein.

»Hoffen wir mal, dass deine Frau die Beziehung nicht beendet hat, nur damit sie jetzt Tennis oder Golf spielen kann oder um andere Leute glücklich zu machen.«

»Sondern?«

»Was denkst du denn, warum sie wirklich gegangen ist?«, fragte Paul weiter.

»Na, gesagt hat sie, dass sie sich finden will.«

»Und was denkst du, was das genau bedeutet?«

»Dass sie herausfinden möchte, wer sie ist und was sie will, vielleicht?«

»Jedenfalls machen sich jetzt zwei Menschen Gedanken darüber.«

Clemens sah Paul bestürzt an.

»Du und sie. Du scheinst viel darüber nachzudenken, was sie will. Weißt du denn auch, was *du* willst?«

»Oh, das hat sie immer besonders aufgeregt ...«

»Sie hat aufgeregt, dass du darüber nachdenkst, was sie will?«

»Ironischerweise ja. Bevor sie ihrem perfekten Oli begegnet ist, hat sie sich unaufhörlich darüber beschwert, dass ich sie immer entscheiden lasse. Das habe ich nie verstanden. Im Ernst jetzt ...?! Da macht man alles, damit sie endlich glücklich ist, und dann ist sie es wieder nicht!«

»Aber man kann doch auch mit niemandem glücklich sein, der keine eigene Meinung hat!«, rief Charly aufgeregt dazwischen und Philipp schwenkte den Kopf in ihre Richtung. Im selben Moment horchte auch Adrian auf und sogar Rebecca schien sich plötzlich für das Gespräch zu interessieren. Ich hatte das Gefühl, dass gleich mehrere in der Runde hellhörig wurden.

»Das heißt ja nicht, dass man keine eigene Meinung hat!«, rechtfertigte sich Philipp und meinte mit *man* wohl sich selbst. »Vielleicht ist es einem einfach egal und um des lieben Friedens willen lässt man dann die andere Person entscheiden.«

»Nimm es mir nicht übel, Clemens ... aber ...«, Charly sah kurz zu ihm und dann wieder zu Philipp: »... Das nervt!« Sie schlug dabei mit der flachen Hand auf den Holztisch, der daraufhin vibrierte.

»Und wieso nervt das?«, fragte Paul, der wie immer völlig ruhig blieb. Er musste wohl den Stoikern entstammen.

»Weil man mit keinem Blatt im Wind zusammen sein will, das mit jeder feinsten Brise die Meinung wechselt und sich dabei völlig verbiegt. Das ist so fucking unsexy!«, rief Charly, nicht ganz so stoisch.

»Ein Blatt ist unsexy?! Das nenn ich mal Logik ...«, konterte Philipp, der bis dahin ebenfalls die Ruhe in Person gewesen war.

»Ja, das ist es! Da flattert es und flattert es ... es hat einfach keinen Halt und gibt auch keinen ... und dann, flutsch, ist es weg ... Völlig ungreifbar und verdammt noch mal keine Hilfe, wenn man selbst Entscheidungen treffen muss! Es hilft einfach nicht, ständig zu hören: ›Ganz wie du willst, Schatz‹, oder: ›Entscheide du, mir ist alles recht!‹. Ich habe es so satt, dass dir immer alles recht ist und ich wieder selbst entscheiden muss! Wozu habe ich da eine Beziehung?! Dann kann ich ja gleich alleine sein ... Da musste ich auch immer selbst entscheiden und genau so ist es auch geblieben!« Ich erinnerte mich an Charlys Satz, den sie erst kurz zuvor von sich gegeben hatte: ›Und dann gibt es schließlich noch dich!‹ Wie schnell doch Philipp vom Held zum Feind geworden war. Wollte sie nicht eben noch dankbar für ihn sein?

»In der Zeit hast du aber nicht immer die allerbesten Entscheidungen getroffen, Charly«, gab Adrian zu bedenken, der wie immer keine Angst vor Charlys Wut hatte.

»Darum geht es doch überhaupt nicht ...«

»Und worum geht es?«, wollte Paul wissen.

»Na, eigentlich geht es ja um Veronika ...«, warf Adrian noch einmal ein.

»Aber die können wir derzeit nicht befragen, was sie so aufgeregt hat«, übernahm Paul wieder und blickte zu Charly. »Vielleicht kannst du Clemens aber eine Erklärung liefern. Möglicherweise ist die Dynamik zwischen dir und Philipp ja eine ähnliche.«

»Es ist einfach keine Hilfe, wenn er nie etwas entscheidet!«

»Oder du hast nur den Wunsch, immer aus jeder Kleinigkeit einen Streit zu provozieren«, murmelte Philipp.

»Und was wäre so furchtbar an einem Streit?«, hakte Paul nach.

»Na, es ist furchtbar anstrengend.«

»Und warum ist es anstrengend?«

»Weil streiten eben anstrengend ist!«

»Aber ist es nicht auch anstrengend, sich immer für die Wünsche anderer zu verbiegen?«, bohrte Paul weiter. Inzwischen liefen Valentina die Tränen über die Wangen.

»Kann mir bitte jemand erklären, warum *du* jetzt weinst?!«, rief Adrian wütend. »Als würde ich dich keine eigene Meinung haben lassen!« Er schüttelte genervt den Kopf. »Diese Wanderung entpuppt sich ja als ganz schöner Kreuzweg! Alle schieben sich gegenseitig das Kreuz zu! Aber ich lasse mich hier nicht annageln, nur weil du nicht weißt, was du willst!« Er sah Valentina böse an. »Wenn dir jemand sagt: ›Nimm den Weg rechts unten ins Verderben‹, gehst du ihn auch! Aber wer bitte kann da etwas dafür? Ich ja wohl nicht!«

»Hat Valentina etwa gesagt, dass du Schuld daran hast, dass sie traurig ist, Adrian – oder warum kreuzigst du dich gerade selbst?« Pauls Blick verriet, dass die Antwort bereits in der Frage steckte, aber Adrian blieb stumm.

»Eben ...«, schluchzte Valentina. »Das habe ich doch nie gesagt! Pauls Worte vorhin haben mich einfach nur daran erinnert, dass ich irgendwie nie die Kraft habe, zu sagen, was ich wirklich will ... oder es vielleicht gar nicht weiß! Ich glaube, ich hatte nie die Zeit, mir Gedanken darüber zu machen, weil ich mich immer darauf konzentriert habe, was andere wollen. Und ja ... das ist furchtbar ... und anstrengend noch dazu!«

Ich spürte neben Valentinas Traurigkeit auf einmal auch Wut von allen Seiten über die Lichtung wehen. Von jenen, die sich nicht trauten, ihre Meinung zu sagen, und keine Entscheidungen trafen, um es anderen recht zu machen, es damit aber doch nicht taten – und jenen, die ständig entscheiden mussten und sich nach einer anderen Meinung sehnten, weil sie vielleicht gerade selbst nicht wussten, was sie wollten. Hatte ich mich nicht in beiden Situationen schon befunden und war die Wut vielleicht ein Zeichen dafür, dass wir um etwas in uns trauerten? Warum waren wir wütend darüber, wenn sich andere nicht so verhielten, wie wir uns das wünschten? War es vielleicht deshalb, weil es uns an den Schmerz erinnerte, dass wir uns irgendwann genau wie sie verhalten hatten und immer getan hatten, was andere wollten? Womöglich waren wir wütend, weil es diesem Teil von uns ganz und gar nicht gefiel und er sich in unserer Wut äußerte, um sich endlich Gehör zu verschaffen. Machten wir uns nicht wie Clemens' Ex viel zu oft Gedanken, was die Leute über uns oder unser Leben dachten, weil wir selbst nicht so genau wussten, was wir darüber denken sollten, und irgendetwas in uns spürte, dass wir nur das machen, was andere von uns erwarten, und nicht das, was wir im Tiefsten unseres Herzens wollen? War das vielleicht gar nicht Tennis, Golf oder irgendein Oliver – sondern ging es vielmehr darum, sich endlich einzugestehen, schlichtweg mehr vom Leben zu wollen und herauszufinden, was das war?

Was *andere denken?*
Eine Frage,
die mehr
Leben zerstört,
als *die Meinung*
anderer je
zerstören könnte.

GEGEN DEN STROM

Ich stelle mir jedenfalls die Frage, was geschehen wäre, hätte Veronika kommuniziert, dass sie in der Beziehung oder ganz generell nicht mehr glücklich in ihrem Leben war, und herausgefunden hätte, was es denn brauchte, um es wieder zu sein«, sagte Paul und widmete sich wieder Clemens.

»Einen Oli anscheinend«, antwortete er.

»Vielleicht geht es weniger um ihn als darum, sich wieder zu spüren? Kann es sein, dass ihr da etwas gemeinsam habt?«

Ich musste nicken und sah, dass nicht nur Clemens und Veronika dieses Gefühl kannten, sondern gleich mehrere der Anwesenden es schon einmal erlebt hatten – oder zumindest all jene, die es sich eingestanden.

»Eine neue Beziehung kann der Versuch eines Ausbruchs aus dem alten Fahrwasser sein«, fuhr Paul fort. »Das heißt aber nicht, dass wir es in einer bestehenden Beziehung nicht auch schaffen können, uns wieder lebendig zu fühlen. Dazu muss man übrigens auch nicht jedes Hobby teilen. Ihr seid keine siamesischen Zwillinge, die aneinandergewachsen sind. Ihr könnt euch auch getrennt voneinander bewegen. Es kann sogar helfen, damit man auch unabhängig voneinander Neues erlebt und sich dann wieder etwas zu erzählen hat. Trotzdem war es anscheinend Zeit für euch beide, aus der eingeschlafenen Beziehung aufzuwachen, auch wenn ich heraushöre, dass das ganz und gar nicht dein Wunsch war.

Manchmal zwingen uns aber andere oder auch äußere Umstände, aus dem Trott auszubrechen. Es handelt sich dabei um genau diese Veränderung, die außerhalb der Gewohnheit liegt, von der ich ein paar Wochen vor diesem Wochenende gesprochen haben. Sie bringt uns erst mal aus der Fassung, worin aber auch eine enorme Chance liegt. Du kannst nicht beeinflussen, welche Wege deine Ex-Frau wählt, um etwas zu verändern, und ob sie den Drang verspürt auszubrechen, um sich neu zu finden, und jetzt bist du gezwungen, dasselbe zu tun, ohne dass du es entschieden hast. Ich denke, darin steckt ein großer Teil deines Schmerzes. Das alles nicht selbst entschieden zu haben. Womöglich war diese Entwicklung aber ohnehin nicht aufzuhalten. Denn es hätte auch nicht geholfen, dich vollkommen zu verdrehen und mit irgendwelchen Schlägern auf Sportplätzen zu stehen, wenn dir das keine Freude bereitet. Das macht am Ende niemanden glücklich, vor allem dich selbst nicht, und deshalb wäre das auch nicht der Weg gewesen.«

»Sag ich doch«, fühlte sich Clemens bestätigt. »Aber weg ist sie jetzt trotzdem!«

»So oft höre ich: Für eine Beziehung braucht es Kompromisse«, sprach Paul weiter. »Und das halte ich nur bedingt für richtig. Natürlich ist es wichtig, Rücksicht auf die Bedürfnisse anderer zu nehmen und womöglich nicht die Heizung auf sechzehn Grad zu stellen, wenn man weiß, ihr ist gerade kalt. Ihr werdet euch dazu irgendwo in der Mitte treffen und für tropische Temperaturen wickelt sie sich dann vielleicht noch in eine kuschelig-warme Decke, und alle fühlen sich wohl. Ich würde das aber eher als Lösungsfindung und nicht als Kompromiss bezeichnen. Bei Kompromissen verhält es sich nämlich meistens so, dass zumindest eine Person die eigenen Bedürfnisse zurückstellt, beiseiteschiebt oder nicht einmal weiß, welche das sind. Wer sich allerdings daran gewöhnt hat, sich immer zurückzuhalten, dessen Glück gerät ganz schnell aus dem Ruder. Oder sagen wir besser: Es geht unter. Hinter dieser Überanpassung verbirgt sich nämlich sehr oft ein starker Harmoniewunsch, der nicht nur ungesund für einen selbst ist, sondern letztlich auch der Beziehung nicht guttut. Ganz abgesehen davon, dass das ewige Ja-Sagen auf Dauer auch nicht sonderlich attraktiv ist. Kaum etwas ist nerviger, als mit Heiligen eine Beziehung zu führen. Schon allein deshalb, weil es einen selbst in die böse Rolle drängt, und wer will schon zu den Bösen gehören, nur weil andere vorgeben, heilig zu sein?«

»Eben!«, rief Charly laut, und Adrian wollte schon fast einhaken, als Paul bereits weitererklärte. »Aaaber ...«, kam Paul Adrian zuvor, der gerade Luft holte, »... mit allen Mitteln um die eigene Autonomie zu kämpfen und dafür andere ständig anzuprangern – also quasi Krieg in der eigenen Beziehung zu führen, vielleicht letztlich sogar zwanghaft ausbrechen zu müssen –, ist auch nicht förderlich für eine funktionierende Beziehung. Sie zwingt die andere Person nämlich genau in die Position, die man selbst um jeden Preis vermeiden wollte: sich anzupassen. Die Wut stammt jedenfalls sehr oft genau daher, früher schon einmal eine solche Anpassung erlebt zu haben und sie auf gar keinen Fall noch einmal erleben zu wollen. Das führt aber oft dazu, ganz drastisch dagegen anzukämpfen, damit es nicht noch einmal passiert.« Er machte eine kurze Pause. »Charly, erinnerst du dich, als du dich für Konstantin völlig verdreht hast, damit er ja nicht abspringt?«

Sie nickte verhalten.

»Siehst du, genau diese Angst steckt vermutlich auch bei Philipp dahinter, wenn er es dir recht machen möchte ... weil er dich nicht verlieren will«, erklärte Paul weiter. »Und auch Clemens wollte unbedingt vermeiden, dass Veronika ihn verlässt. Letztlich ist aber genau das eingetreten. Du konntest Konstantin damals nicht halten, und auch Veronika ist gegangen. Die Angst davor, nicht mehr geliebt zu werden, wenn wir es anderen nicht recht machen, ist daher kein verlässlicher Schutz, sondern bewirkt nicht selten das komplette Gegenteil und führt oft zu genau diesem gefürchteten Ende.«

Nichts beschwört das Ende so sehr herauf als die Angst davor.

Paul machte eine kurze Gedankenpause. »Für ein Gleichgewicht in der Beziehung empfehle ich euch daher herauszufinden, wer ihr unabhängig von der Erwartung anderer seid und was *ihr* euch wünscht. So werdet ihr viel klarer, und auch eure Entscheidungen sind nicht mehr von Wut, Scham oder der Angst bestimmt, verlassen zu werden. Dann muss sich niemand mehr selbst aufgeben oder andere wegstoßen – aus Sorge, sich zu verlieren. Eine gesunde Beziehung mit sich selbst führt zu gesunden Beziehungen mit anderen – und ganz nebenbei auch zu mehr Lebensfreude, weil ihr herausfindet, was euch wirklich glücklich macht. Und genau dazu sind wir hier.«

»Und wenn sich andere nicht gesund verhalten?«, fragte Livia.

»Dann lernt ihr, euch gut abzugrenzen und nicht um jeden Preis alles mitzumachen, nur weil ihr dem Wunsch hinterherlauft, geliebt zu werden.«

»Aber das bringt mir Veronika dann auch nicht zurück!«, klagte Clemens weiter.

»Also bitte, Clemens – siehst du es denn gar nicht?! Ihr habt doch ohnehin nie zusammengepasst!« Adrian schien genervt zu sein, dass Clemens sich ständig als Opfer sah. »Solange du in den Bahnen deines eigenen Selbstmitleids kraulst und dir dabei immer in die Hosen machst, wird auch niemand anderer in dein vollgepullertes Wasser hüpfen wollen. Niemand will diese trübe Seiche, und klar hüpft sie dann in frisches, neues Gewässer! Kein Mensch hat Lust darauf, immer der Rettungsring zu sein.«

»Oh, dieses Bedürfnis haben sogar ganz viele Menschen«, entgegnete Paul und ich hätte schwören können, er hatte ein paar in dieser Runde im Kopf. »Aber ich gebe dir recht, das wäre keine gute Lösung. Haltet euch selbst über Wasser und krallt euch dabei an niemand anderen. Denn wenn auch dem anderen die Puste ausgeht, geht ihr beide unter.«

»Es ist jedenfalls verdammt kalt! Eiskalt, würde ich sogar sagen. Genau wie sie. Und sie lässt mich einfach ertrinken. Es ist ihr scheißegal, wie es mir geht! Hauptsache, sie klammert sich jetzt an ihren Oli. Wie an so einen aufblasbaren Wal mit Haltegriffen ...«

»Bis auch ihm die Luft ausgeht ...«, ergänzte Adrian.

Ich hielt es für keinen Zufall, dass Paul uns zuvor verraten hatte, dass wir an diesem Wochenende noch zur Hagenbachklamm gelangen würden. Die Klamm lag – wie der Name schon verriet – am wunderschönen Hagenbach, der wiederum direkt in die Donau, dem zweitgrößten Fluss Europas, mündete. Da ich mittlerweile wusste, dass Paul seine Metaphern immer bewusst auswählte, ergab wieder einmal alles Sinn, warum wir uns am Weg zum Fluss befanden. Wohl auch dem inneren.

»Wenn du lernst, ohne die Hilfe anderer im Fluss zu schwimmen, und deine Richtung kennst, dann musst du dich an niemandem festhalten. Dann mag das Wasser kalt sein und du musst vielleicht immer wieder strampeln, um deinen Körper aufzuwärmen, und das mag anstrengend sein, aber du hast es selbst in der Hand. Du kannst dich auch hin und wieder zum Ufer hinbewegen, da, wo das Wasser immer noch klar, aber wärmer ist und der Strom nicht so reißend. Du wirst auch nicht mehr unaufhörlich hinter jemand anderem hinterherschwimmen, weil du erkennst, dass du auf deine Züge und dein Tempo achten musst, um über Wasser zu bleiben, und sie niemand anderer für dich übernehmen kann.« Paul blickte weiter zu Adrian und Charly. »Und ihr müsst auch nicht immer gegen den Strom schwimmen, weil das sehr anstrengend ist und mehr Kraft kostet, als es euch weiterbringt.«

»Ist es nicht scheiße, immer mit dem Strom zu schwimmen?«, entgegnete Adrian. »Da ziehen sie alle mit der Masse mit, geben sich selbst auf und die meisten gehen sowieso unter!«

»Es gibt aber auch Menschen, die denken, immerzu kämpfen zu müssen, nur weil sie nicht gelernt haben, den Lauf des Flusses zu erkennen, und in die gegengesetzte Richtung schwimmen, weil sie diese Richtung für besonders halten. Dabei verwechseln sie vielleicht, dass *besonders anstrengend* nicht *besonders gut* ist. Es ist auch eine Art, sich immer wieder unbewusst dafür zu entscheiden, zu leiden, weil es sich so anfühlt, als wäre das Leben fürchterlich anstrengend – einzig und allein aus Angst, sich dem Fluss hinzugeben. Dabei würde der Strom sie in Leichtigkeit tragen und sie selbst könnten sich viel leichter fühlen. Das ist aber kein Gefühl, das sie kennen oder das sich vertraut anfühlt. Vielmehr beherrscht sie das Gefühl, dass es schwer sein muss, weil sich fallen zu lassen für sie hieße, die Kontrolle zu verlieren, und sie denken, ein Leben lang kämpfen zu müssen. Sie gestatten sich nicht, den Strom für sich zu nutzen.« Charly und Adrian waren verdächtig ruhig.

»Ob ihr euch nun zu sehr an andere klammert und damit selbst nicht mehr vorankommt oder mit Händen und Füßen dagegenstrampelt, um ja nicht mit dem Strom zu schwimmen – in beiden Fällen vergesst ihr, auf eure eigene Kraft zu vertrauen und die des Flusses zu nutzen.« Paul sah wieder zu Clemens. »Wenn du beschließt, vom dunklen Boden aufzutauchen, dich wieder auf den Fluss einzulassen, und damit lernst, aus eigener Kraft in deinem

Tempo zu schwimmen, erkennst du, dass niemand anderer dich ertrinken lässt, weil das gar nicht möglich ist, wenn du selbst schwimmen kannst. Und damit ändert sich auch deine Wirkung auf andere, möglicherweise auch auf Veronika. Denn wie denkst du, nimmt sie jemanden wahr, der aufgehört hat, sich selbst zu bewegen, und sich stattdessen an sie dranhängt, um nicht unterzugehen? Stell dir deine alte Version vor, die sich, wenn sie sich nicht gerade an Veronika geklammert hat, mit ganzer Kraft auf ihre Züge eingestellt hat: auf jedes Tempo, jedes Kraulen, jede Bewegung nach vorne oder hinten. Was auch immer ihr Plan war, du hast getan, was sie tat, du hast dich angeheftet, um sie nur ja nicht aufzuhalten und ihr nicht im Weg zu sein. Du wolltest ihr Auftrieb geben, aber hast sie letztlich damit heruntergezogen. Vor allem aber warst du dir selbst im Weg und hast vergessen, was dich oben hält ... was *du* brauchst, um in Schwung zu kommen ... wie deine eigene Bewegung aussieht, in der du dich spüren kannst.« Paul sah Clemens ermutigend an. »Stell dir nun die folgende Version von dir vor: Du gleitest wieder aus eigener Kraft auf dem Wasser, ruhig und gelassen, und genießt den Fluss in vollen Zügen. Wer wird attraktiver wirken, ohne attraktiv sein zu wollen? Die abgestrampelte Version, die sich an andere hängt, um nicht zu ersaufen, oder diese neue, die ganz bei sich ist und Freude daran hat, auf dem Wasser zu gleiten? Diese eigene Kraft ist unglaublich anziehend auf andere.« Clemens blickte auf, als Paul gleich beschwichtigte: »Ich möchte dir damit keine Hoffnung machen, dass Veronika dadurch zu dir zurückkrault. Diese Hoffnung brauchst du dann aber auch gar nicht mehr. Denn auch an sie würdest du dich nur klammern. Vielleicht verspürst du sogar selbst schon bald gar keinen Wunsch mehr nach eurer Beziehung, weil du keine Stütze mehr benötigst. Oder ihr findet euch mitten am Fluss wieder. Vielleicht kommt es aber auch ganz anders und Veronika ist längst weitergezogen und du fühlst dich zu einer anderen Frau hingezogen, die aus eigener Kraft im Fluss neben dir schwimmt. Tief drinnen weißt du dann, dass alles gut ist, weil du niemanden brauchst, um dich über Wasser zu halten, und du einfach genießt, was die Strömung bereithält. So absurd das im Moment auch für dich klingen mag – es wird nicht mehr so wichtig sein. Es geht nämlich gar nicht darum, dir Veronika zurückzubringen – sondern um dich. Denn wen du im Moment am allermeisten vermisst, bist du selbst.«

Wer seine *Sicht*
auf andere richtet,
verliert sich selbst
aus den Augen.

Vielleicht
ist *der Mensch,*
den du am
meisten vermisst,
niemand anderer
als *du selbst.*

ORANGENKAMPF

Clemens starrte nachdenklich vor sich hin. Pauls Worte schienen etwas in ihm bewegt zu haben. Ob er gedanklich ein paar Runden in neuen Gewässern drehte? Als Paul wieder zu seinem Rucksack griff, befürchtete ich, dass wir schon wieder etwas aufschreiben mussten, obwohl wir doch noch gar nicht geklärt hatten, was auf allen Zetteln und Karten stand. Meine Gehirnwindungen hatten sich bisher jedenfalls dermaßen ausgepowert, dass ich nicht sicher war, ob sie noch tanzen oder doch lieber einfach stillhalten und nur noch zuhören wollten. Umso erleichterter war ich, als Paul keine weiteren Zettel oder Karten hervorzog, sondern stattdessen eine Orange, ein in Küchenrolle eingewickeltes Messer und zwei rote Boxhandschuhe. An dieser Stelle wären andere Menschen möglicherweise völlig verwundert gewesen, aber mich überraschte gar nichts mehr. Ich hoffte nur, nicht in einen Ring steigen zu müssen, weil ich das anstrengend gefunden hätte, und wünschte mir insgeheim, dass die roten Handschuhe nicht für mich bestimmt waren. Mittlerweile war klar, warum Paul den größten Rucksack von uns allen mitgebracht hatte. Das alles diente selbstverständlich nur dazu, um uns vor Aufgaben zu stellen, die uns weiterbrachten.

»Müssen wir unser eigenes Essen erlegen?«, fragte Adrian, der es liebte, Fragen zu stellen. »Und wenn ja, wird das schwierig mit diesem stumpfen Messer.« Er beobachtete Paul aufmerksam beim

Auspacken der Küchenrolle. Und Adrian hatte recht – es schien tatsächlich eher ein Buttermesser als ein Jagdmesser zu sein. Die Klinge sah ganz und gar nicht scharf aus und verursachte wohl größere Schmerzen, wenn sie einem auf den Zeh fiel, als dass sie als Waffe zu verwenden war. Als friedliebender Mensch fand ich das eine gute Sache. So musste niemand zu Schaden kommen. »Oder erboxen wir uns unser Essen?« Adrian blickte auf die Boxhandschuhe.

»Der Hirsch würde wohl eher dich zu Ragout verarbeiten, Adrian!«, lachte Charly. »Probier es erst gar nicht. Es wird außerdem Zeit, dass du anfängst, mehr Gemüse zu essen!«

»Ich mach ja nur Spaß. Was machen wir denn jetzt mit dem ganzen Kram? Eine Orange wird uns jedenfalls nicht alle satt machen.«

»Um 14 Uhr könnt ihr euch in der Waldschenke stärken. Die hier ist für Clemens.« Paul reichte die Orange zusammen mit dem Messer und den Boxhandschuhen zum anderen Tisch hinüber und Valentina schob die Gegenstände langsam vor Adrians Augen weiter zu Clemens. Natürlich war ihr Adrian dabei nicht behilflich.

»Äh, und was soll ich jetzt damit?«, fragte Clemens verwirrt.

»Magst du mal die Boxhandschuhe anziehen?«, erwiderte Paul, als machte es Sinn.

»Wenn das jemanden glücklich macht ...«, stammelte er, während er zuerst mit der rechten Hand in den Boxhandschuh fuhr und mit der linken daran zog. Er fühlte sich sichtlich nicht besonders wohl. Trotzdem tat er, was Paul ihm aufgetragen hatte, und schob danach auch die linke Hand in den Handschuh, was sich als etwas schwieriger herausstellte, weil er dazu mit dem rechten, doch sehr großen Handschuh nachhelfen musste. Letztendlich klappte es aber und nun saß er mit zwei roten Boxhandschuhen mit uns am Tisch. Das Messer und die Orange lagen vor ihm und Clemens sah nach wie vor nicht glücklich aus.

»Als wäre meine Situation nicht schon lächerlich genug ...«, sagte er und lächelte gezwungen. Er schien gar nicht gespannt zu sein, was als Nächstes kam.

»Findest du? Vielleicht steckt ja eine Erkenntnis darin«, antwortete Paul vielversprechend.

»In einem Handschuh?« Clemens sah ihn fragend an und wollte schon fast wieder einen davon ausziehen – wahrscheinlich, weil er einen kleinen Zettel mit einer Botschaft darin vermutete. Aber Paul winkte ab.

»Wie fühlt es sich denn an?«, fragte er stattdessen.

»Was genau?«

»Die Boxhandschuhe zu tragen.«

Clemens überlegte. »Ich weiß nicht, ganz gut ... ziemlich warm.«

»War dir vorher kalt?«

»Nein, nicht wirklich. Aber sie sind recht schön gepolstert ... und warm eben.«

»Du fühlst dich also ganz wohl darin?«

»Solange ich nicht boxen muss ... ja, warum nicht.«

»Du trägst Boxhandschuhe, möchtest aber nicht boxen?«, fragte Paul und Clemens wusste immer noch nicht, worauf er hinauswollte. Seine Spannung hielt sich allerdings in Grenzen. Er schien eher genervt.

»Ich habe mir nicht ausgesucht, diese dummen Boxhandschuhe anzuziehen«, sagte er wie ein trotziger Junge.

»Hast du nicht?«, fragte Paul wieder.

»Nein, hab ich nicht! Du hast gesagt, ich soll sie anziehen!« Clemens schüttelte den Kopf. »Weiß denn irgendjemand, was er will?! Warum verlangen immer alle irgendwelche Dinge von mir und sind dann unzufrieden! Egal, was man macht, nie ist es irgendwem recht!«, warf er noch verärgert hinterher.

»Ich frage nur .... Jetzt hast du sie ja schon an.«

Clemens war sein Unmut anzusehen und Wut schien langsam in ihm aufzusteigen. Er schluckte sie aber gleich wieder hinunter, als müsse er sich zusammenreißen. Paul nickte nur.

»Pass auf, dass dir Clemens keine verpasst! Schließlich hat er jetzt Boxhandschuhe an«, witzelte Adrian und sah zu Paul hinüber.

»Ach, das glaube ich nicht«, erwiderte der ganz ruhig.

»Wieso nicht?«

»Clemens ist nicht der Typ, der um sich schlägt.«

»Stimmt, der verletzt sich lieber selbst«, fügte Adrian spitz hinzu.

»Siehst du die Orange vor dir?«, fragte Paul und sah dabei wieder zu Clemens.

»Ja, ich bin ja nicht blind.«

Zwischen Sarkasmus, Wut und Genervtheit entdeckte ich auch eine Ungläubigkeit, was zum Teufel Paul nur von ihm wollte.

»Versuch doch mal, sie zu öffnen.«

»Öffnen ... wie schälen?«, fragte er und wirkte ratlos.

»Ja, genau.«

»Wie soll das denn gehen?!« Clemens griff mit dem rechten Boxhandschuh nach der Orange und versuchte, sie zu greifen. Stattdessen rollte sie ein Stück weiter über den Tisch Richtung Adrian. Der rollte sie wieder zu ihm zurück. »Gar nicht so einfach, oder?!«, meinte er noch und grinste schadenfroh. Clemens hingegen packte mittlerweile der Ehrgeiz. Er klopfte zweimal dumpf mit dem rechten Boxhandschuh auf die Orange und griff sie wieder auf. Danach starrte er sie an, als würde er hoffen, dass sie ihm verriet, was er als Nächstes tun sollte. Man konnte Clemens nicht vorwerfen, dass er nicht bemüht war, eine Lösung zu finden, auch wenn er noch recht ahnungslos wirkte, wie die aussehen konnte. Ein paar Momente später griff er mit dem linken Handschuh von oben auf die Orange und fuhr über die Oberfläche.

»Du sollst sie nicht streicheln, sondern schälen …«, lachte Adrian, der scheinbar großen Spaß dabei hatte, Clemens beim Kampf mit der Orange zu beobachten, den Clemens offensichtlich friedlich führen wollte.

»Witzbold … mach das mal besser!« Clemens fing an, mit beiden Boxhandschuhen die Orange in die entgegengesetzte Richtung zu drehen, als wäre sie ein Rubikwürfel. Er drehte mit ganzer Kraft, bis sie ihm schließlich entglitt, mit einem Satz eineinhalb Meter am Ende der Tischkante vorbeisprang und ein Stück weiter vorne am Boden landete.

»Scheißding!! Was soll das denn überhaupt?!« Es war so weit: Jetzt war Clemens frustriert. »Warum wollen immer alle, dass ich irgendwelche unlösbaren Aufgaben für sie löse?«

Das erinnerte mich an meinen Ex-Freund, der stundenlang damit zubringen konnte, zu versuchen, den Rubikwürfel zu lösen, aber dem das Rätsel, das Geschirr in die Spülmaschine zu stellen, völlig unlösbar erschien. Im nächsten Moment sprang Valentina von der Bank auf, bückte sich und reichte Clemens die Orange. Gleich darauf schubste Adrian das Messer näher zu ihm hinüber. »Hier. Probier es mal damit.« Zumindest bot Adrian zum ersten Mal einen ernst zu nehmenden Rat an.

»Und wie soll das bitte funktionieren?«, maulte Clemens, gab aber dennoch nicht auf. Stattdessen begann er wild mit dem Messer herumzuhantieren, während sich sein ganzer Gesichtsausdruck dabei zusehends verkrampfte. Er schien alles daranzusetzen, dass ihm die Orange nicht wieder aus der Hand glitt. Diesmal fiel ihm allerdings das Messer herunter.

»2 : 0 für die Orange!«, kommentierte Adrian jetzt wieder weniger hilfreich und lachte erneut. Clemens, auf der anderen Seite, war überhaupt nicht zum Lachen zumute. Dafür nahm er seine Aufgabe viel zu ernst. Ich fand seinen Einsatz jedenfalls bemerkenswert –

den Frust, der sich zu den quer liegenden Stirnfalten dazugesellte, allerdings auch.

»Ich hasse mein Leben! Ich mag doch Orangen nicht mal! Und dann quäl ich mich noch damit herum, als hätte ich nicht ohnehin schon genügend Probleme!«

Da war es wieder, das Leid. Als natürliche Folge auf den Frust, der ihm nicht zu verdenken war. Mich nervte die Orange mittlerweile aber auch. Kein Mensch wollte die mit Boxhandschuhen schälen. Wirklich niemand. Und natürlich fragte ich mich, worauf Paul damit hinauswollte.

»Macht dich die Orange sauer?«, ließ Adrian schon wieder einen seiner Scherze los – diesmal mit Wortwitz, aber wie immer ohne Rücksicht darauf zu nehmen, ob Clemens bereit dafür war.

Er war es nicht.

»Jaaa, verdammt!«, schrie er. Mehr ein leises Schreien. Wie es schien, war Clemens nie wirklich laut.

»Dabei kann die Orange gar nichts dafür«, sagte Paul ruhig.

Der Kampf, den du führst,
hat weniger mit denen zu tun,
gegen die du kämpfst,
als mit den Gedanken in dir.

NEIN, ICH MÖCHTE DEN MÜLL NICHT

Ich kann sie einfach nicht öffnen … tut mir leid«, riss sich Clemens sichtlich wieder zusammen und legte die Orange auf dem Tisch ab. Die Boxhandschuhe behielt er aber immer noch an.

Paul nickte. »Und wie fühlt es sich an?«, wollte er wissen.

»Was genau?«

»Dass du sie nicht öffnen konntest.«

»Wie es sich anfühlt zu scheitern, möchtest du wissen?«

»Es fühlt sich also nach Scheitern an. Gibt es denn einen Grund, dich zu entschuldigen?«

»Na ja, ich bin es schließlich gewohnt, mich für Dinge zu entschuldigen, die ich eigentlich ohnehin nie tun wollte«, antwortete Clemens. Mittlerweile liebte ich seinen Humor.

»Ist dir aufgefallen, dass ich nie gesagt habe, dass du die Handschuhe anziehen sollst? Meine Frage war, ob du sie anziehen *möchtest.*«

»Aber das war doch trotzdem eine Aufforderung! Sonst hättest du sie ja auch nicht hingelegt. Das ist immer dasselbe! Genau wie mir Veronika immer den Müllsack zur Tür gestellt hat und meinte: ›*Möchtest du* den Müll nachher noch runterbringen?‹ Ich wollte es kein einziges Mal, aber es war ihr scheißegal, ob ich es wollte … *sie* wollte es!«

»Und hast du es getan?«

»Den Müll runtergebracht? Ja! Natürlich habe ich es getan. Sonst hätte ich mir den ganzen Abend etwas anhören können. Ich sag es euch ... Manchmal finde ich Beziehungen gar nicht einfach! Oder um ehrlich zu sein: Ich finde sie tatsächlich unglaublich anstrengend! Ich wollte so viele Dinge nicht, die Veronika wollte. Und da spreche ich gar nicht nur davon, den Müll runterzubringen – obwohl der mein Leben auch nicht zerstört hätte, wäre er mal einen halben Tag stehen geblieben. Es war ein Müllsack, keine selbstauslösende Bombe! Ich wollte aber auch nicht jedes Wochenende Ausflüge nach Timbuktu machen, nur weil wir dann anderen erzählen konnten, wie schön es in Timbuktu war, obwohl es überhaupt nicht schön dort war! Wenn es nach mir gegangen wäre, hätte ich auch keine Mietautos für teures Geld in jedem Urlaub buchen wollen, um mehr im Auto als am Strand zu sitzen! Und ich wollte auch keine achtzig Menschen jedes Wochenende bei uns im Wohnzimmer oder auf der Terrasse sitzen haben, damit wir uns unterhalten können. Gut, vielleicht waren es keine achtzig, sondern acht. Aber die mindestens! Und für meinen Geschmack waren das acht zu viel! Also jedes Mal, wenn sie freitags meinte: ›Wollen wir Kira oder Clara oder Annabella und ihre Familien nicht zum Wochenende einladen?‹, dachte ich: *Nein, verdammt noch mal, das will ich nicht!* Und haben wir es trotzdem gemacht? Natürlich haben wir!«

»Und was hättest *du* gerne gemacht?«

»Um ehrlich zu sein, gar nichts! Warum müssen immer alle ständig etwas machen? Wie wäre es mal mit sitzen? Und dabei einfach von der Terrasse auf den Garten starren und gemütlich einen Kaffee trinken. Möglicherweise die Zeitung lesen, manchmal auch ein Buch. Und zwischendurch: einfach nur sein.«

»Und hast du das mal vorgeschlagen?«

»Zu sein?« Er lachte. »Das hätte ihr nicht gefallen. Das ist Veronika zu wenig.«

»Aber dir hätte es gefallen.«

»Ja ... aber wen interessiert das schon.«

»Dich sollte es interessieren.«

Paul machte eine Pause. »Wer sind denn nun alle?«, fragte er nach einer Weile.

»Bitte?«

»Du hast vorher davon gesprochen, dass *alle* irgendwelche unlösbaren Aufgaben an dich stellen. Wer sind denn *alle*?«

»Ach, alle eben. Im Grunde war das doch immer schon so ... Veronika ... natürlich auch mein intelligenzbefreiter Chef, der – egal, wie tief die Latte des Verstandes auch hängt – es immer noch jeden Tag schafft, bequem darunter durchzulaufen und etwas einzufordern ... und dann noch meine Familie, die nichts kümmert, aber trotzdem immer was braucht ... Ich bin eben der Depp vom Dienst!«

»Und was wollen die alle?«

»Also Veronika hat sich ja jetzt erübrigt ... Mein Chef ist leider geblieben, der will mir hauptberuflich vor allem auf die Nerven gehen, weil er eben auch ständig irgendeinen Müll möchte ... und zwar nicht, weil es etwas bringen würde oder er auch nur irgendeine Ahnung hat von dem, was er sagt, sondern einfach, weil er gerne andere tyrannisiert. In dem Fall wäre das ich! Und dann noch meine Familie ... genauso nervenaufreibend!«, er schüttelte den Kopf und winkte ab.

»Wie darf ich mir das vorstellen?«, hakte Paul nach.

»Ach, mein Bruder war schon wahnsinnig anstrengend, als wir noch Kinder waren. Er stand immer im Mittelpunkt, weil er sich genau dahin gerückt hat. ›Psssst, Florian übt gerade Gitarre.‹ Oder: ›Florian ist wütend, weil er kein Schlagzeug zu Weihnachten bekommen hat! Wir fahren ihm schnell eines holen.‹ ›Oje, Florian war drei Wochen lang nicht in der Schule. Den armen Bub belastet anscheinend etwas! Was könnte das sein?! Machen wir uns bitte alle Gedanken darüber, was Florian glücklich machen könnte, damit es ihm wieder gut geht! Wir machen uns nämlich langsam wirklich Sorgen um Florian.‹« Clemens verdrehte die Augen.

»Scheint viel Rummel um Florian gewesen zu sein. Wie ist es dir damit gegangen, mit dem ganzen Wirbel um deinen Bruder?«

»Na, wie soll es mir schon gegangen sein? Ich habe mich ruhig verhalten, wenn Florian wütend war. Ich war mucksmäuschenstill, wenn Florian sich ausschlafen musste … Ich war brav, wenn er schlimm war. Ich habe mich zurückgezogen, damit mehr Platz für ihn war … Ich habe praktisch immer funktioniert – und das nur deshalb, weil er immer alles kaputt gemacht hat! Und ich … ich war eben der brave Bub und habe gute Noten nach Hause gebracht, um niemandem mehr zur Last zu fallen und nicht das nächste Problemkind zu sein.«

»Weil Florian diese Rolle bereits übernommen hat?«

»Kann sein …«

»Oder um endlich auch ein wenig Beachtung zu bekommen? Hast du dich vielleicht deshalb besonders angestrengt, der gute Sohn zu sein?«

Clemens sah Paul mit geweiteten Pupillen an. »Ich hätte mir die Mühe jedenfalls sparen können«, sagte er dann. »Meine Mutter hat sich irgendwann neu verliebt und hat es vorgezogen, uns bei unserem Vater zu lassen. Möglicherweise war ihr Florian zu anstrengend und ich … ach, ich habe ihr nie so richtig am Herzen gelegen, glaube ich. Vielleicht war ich ihr einfach egal. Jedenfalls hat sie das Sorgerecht meinem Vater überlassen und hat mit ihrem neuen Mann eine neue Familie gegründet. Alles neu macht der Mai! Es war Mai, als sie gegangen ist.«

»Wie gut ich das kenne! Genau wie mein Vater!«, rief Charly. Ich fragte mich, ob es ihr half, zumindest nicht allein damit zu sein.

»Du warst also nicht brav genug?«, richtete Paul wieder die Frage an Clemens.

»Äh … bitte? Was meinst du?«

»Ich frage mich, ob du das nachher gedacht hast. Dass du dich vielleicht nicht genug angestrengt hast, dass sie bleibt.«

Clemens fühlte sich unwohl, das war ihm anzusehen, und es war wohl ein Zeichen dafür, dass es etwas in ihm bewegte.

»Du weißt, dass du nicht schuld bist, dass sie gegangen ist, oder?«, fragte Paul sanft, und Clemens war plötzlich wie erstarrt. Paul ließ ihm einen Augenblick, um das Gesagte zu verdauen.

»Du hättest auch Nein sagen können, als ich dich gefragt habe, ob du die Boxhandschuhe anziehen möchtest«, sagte er nach einer Weile und sah Clemens dabei tief in die Augen. »Oder kann es sein, dass du die Boxhandschuhe schon gewohnt bist, weil du gelernt hast, jeden Tag in den Ring zu steigen, um darum zu kämpfen, endlich geliebt zu werden, weil sich seit damals alles wie ein Kampf anfühlt?«

Clemens Augen wässerten sich langsam. Er sagte aber immer noch nichts.

»Die Angst, wieder so verletzt zu werden wie damals, kann uns ganz schön auf Trab halten«, fuhr Paul fort. »Kennst du diese Boxer, die im Ring stehen und immer auf den Zehen trippeln, um sich auf ihren Gegner einzustellen? Vielleicht hast du dir zum Schutz auch irgendwann Boxhandschuhe angezogen … Im übertragenen Sinn, natürlich. Du musstest dich schützen und dich in Watte packen, damit dir niemand mehr so wehtun kann. Ich denke, du kanntest die Boxhandschuhe bereits, bevor ich sie dir gereicht habe. Und auch die vielen Anforderungen, die du zu erfüllen versuchst oder auch selbst an dich stellst, um andere Menschen nie wieder so zu verletzen, dass sie gehen. Wie deine Mutter damals. Oder Veronika heute.«

Clemens versuchte, etwas zu sagen, seine Stimme brach dabei aber ein. » ... mag sein«, sagte er dann so leise, dass ihn kaum noch jemand hören konnte.

»Ist die unlösbare Aufgabe, die alle an dich stellen, vielleicht, Nein zu sagen?«, fragte Paul weiter. »Die unzähligen Jas haben schließlich auch nicht dazu geführt, dass sie bleiben.«

Clemens schwieg und es schien, als hätte Paul trotz der roten Boxhandschuhe, die sich Clemens schützend vor sein Herz hielt, mitten hinein getroffen. Nicht um ihn zu verletzen, sondern um dem alten Schmerz Raum zu geben, damit er sich lösen konnte.

»Die Orange steht zum einen für Veronika und all ihre Erwartungen an dich«, erklärte Paul. »Zum anderen steht sie aber auch für dich selbst und deine Gefühle, die du von dir abgespalten hast, und die Anteile in dir, die du momentan nicht fühlen kannst. Du versuchst, sie mit den Boxhandschuhen zu schützen, dringst aber nicht zu ihnen vor. Stattdessen bemühst du dich, die Wünsche anderer zu erfüllen. Vielleicht fühlt es sich auch an, als würden sie dir alle entgleiten. Wer dir aber am allermeisten dabei entgleitet, bist du selbst – und deine eigenen Wünsche. Jedes Mal, wenn dir die Orange aus den Händen fällt, fühlst du dich verloren. Aber vor allem deshalb, weil du dich selbst verloren hast oder dir Teile von dir entglitten sind.«

»Ja ... das ist wahr. Ich fühle einfach nichts mehr«, antwortete Clemens. »Da sind keine Wünsche mehr in mir. Ich glaub, ich weiß eigentlich gar nicht, was ich will.« Sein Blick war genauso traurig, wie er es auf seinen Zettel geschrieben hatte.

»Siehst du, und genau deshalb bist du Veronika begegnet. Wir ziehen immer Menschen in unser Leben, die jene Anteile haben, die wir selbst unterdrücken. Veronika hat dir gezeigt, wie man seine Wünsche artikuliert und Entscheidungen trifft. Sie hat für dich entschieden.

Und sie hat von dir verlangt, dass du es auch tust. Letztlich hat sie dir sogar gezeigt, wie man sich trennt. Ebenfalls eine Entscheidung, für sich einzustehen, was sich besonders hart für dich anfühlt.«

Er blickte in die Runde. »Immer dann, wenn wir nicht entscheiden, entscheidet jemand anderer für uns.« Paul stoppte bei Clemens. »Und jedes Mal, wenn dich jemand ablehnt, hast du dich wahrscheinlich viel früher bereits selbst abgelehnt.« Er sah wieder zu uns allen. »Warum, denkt ihr, werden meistens ›die Netten‹ zurückgewiesen?«, fragte er und zeichnete mit seinen Fingern Gänsefüßchen zu *den Netten* in die Luft. Niemand antwortete ihm. »›Die Netten‹ – also all jene, die sich immer anpassen, weil sie es allen recht machen wollen – haben übersehen, dass sie sich vielleicht schon lange Zeit selbst nicht mehr mögen und deshalb unbedingt von anderen gemocht werden wollen. Das ist aber eine Entscheidung gegen sich selbst«, sprach er weiter. »Andere spüren, wenn wir uns nicht mögen, und irgendwann schließen sie sich dann an.« Er blickte noch einmal durch die Runde. »Wer sich selbst genug ist, fühlt sich auch dann nicht abgelehnt, wenn andere sie nicht annehmen können.«

Ich hielt es für keinen Zufall, dass Clemens genau in diesem Moment seine roten Boxhandschuhe auszog. Vermutlich waren sie ihm zu heiß geworden. Vielleicht spürte er aber auch, dass er sich nicht länger schützen wollte, weil er letztendlich ohnehin verletzt wurde. Verletzte er sich womöglich immer selbst, wenn er seine eigenen Bedürfnisse missachtete?

»Wenn wir uns verletzlich zeigen, werden wir auch für andere wieder greifbarer«, sprach Paul weiter. »Ohne den vermeintlichen Schutz berühren wir dann andere wirklich und wir spüren auch wieder, wenn uns jemand oder etwas berührt.«

»Aber so bekommen wir eben auch immer wieder eine auf die Fresse. Das ist dann auch spürbar!«, antwortete Clemens, der anscheinend immer noch im Ring stand.

»Sich nackt zu machen oder verletzlich zu zeigen und sich dabei zu öffnen, bedeutet nicht, dass wir automatisch jedem Menschen beide Wangen hinhalten, damit sie uns verletzen können. Wir können auch Stopp sagen, den Kampf beenden und müssen nicht jeden Müll annehmen, den sie uns anbieten. Ein Stopp kann sein, endlich klar Nein zu sagen. Das lernen wir immer dann, wenn wir wieder in Kontakt mit uns selbst sind und wieder unsere eigenen Bedürfnisse fühlen. Wir sind dann auch nicht mehr andauernd beschäftigt damit, es anderen recht zu machen, sondern spüren wieder, wann es sich nach einem Nein anfühlt. Trennungen verursachen Schmerz. Aber wenn wir uns über andere definieren und unseren eigenen Wert nicht mehr spüren, ist die Verletzung besonders groß, weil der Selbstwert leidet.«

Paul sah hinüber zum Wald und wieder zu uns. »Die Natur zeigt uns die Balance zwischen Geben und Nehmen und dass beides ein Teil des Ganzen ist. Zu viel zu geben stellt ein Ungleichgewicht her. Egal in welchem Bereich, es lässt eure Seele wackeln. Es macht euch traurig oder wütend, vielleicht auch leer und erschöpft. Wann immer ihr diese Gefühle fühlt, fragt euch, wo ihr zu viel gebt und euch selbst dabei vergesst. Vielleicht gebt ihr zu viel in der Arbeit, für die Familie, in der Beziehung, in Freundschaften, und ihr selbst bittet nie um etwas – weil ihr denkt, es nicht verdient zu haben. Irgendetwas in euch weiß aber, dass das nicht richtig ist, und deshalb fühlt ihr euch müde, gestresst oder einsam. Und das ist okay. Aber ihr könnt aufhören, die Bestätigung anderer zu suchen, indem ihr gemocht werden wollt und alles dafür tut. Ihr könnt aufhören, aus den falschen Gründen zu geben und noch mehr zu geben, bis ihr euch leer fühlt. Ihr müsst euch nicht aufgeben, um gut zu sein. Ihr *seid* gut. Wenn ihr das erkennt, gebt ihr aus vollem Herzen, dann, wenn es sich richtig anfühlt. Aber nicht, um geliebt zu werden. Ihr macht euch dann nicht mehr abhängig davon, was zurückkommt.«

»Die Ansprüche aller anderen erfüllen – ungesünder als Rauchen! Du musst aufhören, immer allen gefallen zu wollen, Clemens. Das ist genauso großer Müll und richtig schädlich«, ergänzte Adrian in gewohntem Adrian-Stil.

Paul lächelte und sprach weiter: »Apropos *gefallen wollen* … Was kümmert es den Baum da drüben, ob er euch gefällt? Würdet ihr ihn bitten, Kirschen zu tragen? Er würde es weder tun noch sich infrage stellen, nur weil ihr es von ihm verlangt. Seine Aufgabe ist es, zu wachsen und zu blühen, genau so, wie er gedacht ist. In keiner anderen Farbe, mit keiner anderen Rinde und keinen anderen Blüten oder Früchten. Er könnte auch nicht plötzlich fliegen, nur weil irgendjemand um die Ecke biegt und sich das von ihm wünscht. Er verdreht sich nicht, sondern streckt sich nach der Sonne und schämt sich nicht zu sein, wie er ist. Der Baum ist der Baum, und wenn ein anderer Baum neben ihm wächst, dann ist das schön. Dann blühen sie gemeinsam, und manchmal welken ihre Blätter auch, aber der eine verändert sich nicht durch den anderen. Er stellt sich nicht infrage und er will es dem anderen Baum auch nicht recht machen, weil das nicht seine Aufgabe ist. Bäume versorgen sich im Ökosystem gegenseitig. Fehlen einem die Nährstoffe, die er gerade braucht, versorgen ihn die anderen, damit er sich erholen kann. Aber niemals ohne sich weiterhin selbst zu versorgen und dabei draufzugehen. Der Baum filtert die Schadstoffe über seine Wurzeln und lässt sich nicht einfach so mit Müll überschütten. Er sorgt dafür, dass der Müll nicht gänzlich zu ihm durchsickert, damit es ihm gut geht. Der Baum erzählt sich auch keine Geschichte darüber, wie er zu sein hat oder was er tun muss, um anderen zu gefallen. Der Baum ist der Baum, und das genügt.«

»Den Baum erkennt man an seinen Früchten, das sagt man doch auch«, sagte Charly lächelnd.

»Und was sollen meine Früchte sein?«, fragte Clemens immer noch skeptisch.

»Na alles, was du in deinem Leben schon erreicht hast, wahrscheinlich«, antwortete sie ihm, vielleicht auch sich selbst.

»Was ich erreicht habe? Gilt auch überleben?«

Du musst den Müll *anderer* *nicht* annehmen.

Immer dann,
wenn du nicht
entscheidest,
entscheidet
jemand anderer
für dich.

ZUM EXIT BITTE HIER LANG

Ironie ist, wenn du nach der Lösung suchst, aber selbst Teil des Problems bist«, sagte Adrian ironisch.

»Was soll ich denn machen? Ist doch so ...«, antwortete Clemens.

»Wie denn? Dass du es allen recht machst und dich selbst dabei aufgibst oder dass du Teil des Problems bist?«

Clemens legte den Kopf schief zur Seite und ich war nicht sicher, ob es sich um ein ›Ach komm, du weißt schon, was ich meine‹ oder ein stilles Eingeständnis handelte.

»Sei einfach der Baum. Fang an, die Schadstoffe rauszufiltern, und sorg für dich!«, wiederholte Adrian noch einmal.

»So einfach ist das aber nicht, da stimme ich Clemens zu«, warf Livia ein und Rebecca verdrehte die Augen. »Er hat doch noch gar nichts dazu gesagt«, sagte sie dann genervt, hatte aber auch irgendwie recht damit.

»Ja ... aber es ist wirklich furchtbar anstrengend, den ganzen Dreck aus dem Leben zu filtern! Ich meine, ich fühl das so!«, platzte es daraufhin aus Livia heraus. »Ich kenne den Schmerz, verlassen worden zu sein, so gut, und dann mit all den Problemen alleine dazustehen und nicht mehr zu wissen, was man fühlen soll! Was soll man da auch fühlen außer Wut?«

»Was macht dich denn so wütend?«, wandte sich Paul nun Livia zu.

»Die Frage ist doch eher, was mich *nicht* wütend macht! Aber wahrscheinlich ist es auch Zeit für die Wut. Wohin ich sehe, sehe ich derzeit wütende Menschen. Die Wut kämpft sich gerade direkt aus der Mitte der Gesellschaft. Da schlängelt sie sich durch und reißt endlich ihr Maul auf. Und zwar zu Recht!«

»Und was sagt sie, die Wut?«

»Oh, so vieles! All das, was längst gesagt hätte werden sollen. Was wir doch tief drinnen alle schon so lange fühlen. Ich denke, es macht uns wütend. Und so geht es mir auch: Ich bin wütend! Und das hat so viele Gründe – vermutlich mehr, als ich in Worte fassen kann.«

»Versuch es doch mal ...«, forderte Paul sie auf.

»Na ja ... Ich bin wütend darüber, wie wir seit Jahrzehnten ... ach, was sag ich ... Jahrhunderten mit dieser Erde umgehen und sie zerstören, bis sie es eben nicht mehr filtern kann! Ich bin wütend darüber, wie Frauen kleingehalten werden, ohne ihnen endlich dieselben Rechte zu geben wie Männern oder allen Menschen! Warum haben wir nicht einfach alle dieselben Rechte – völlig unabhängig von Geschlecht, Herkunft, Hautfarbe oder Sexualität – weil absolut niemand das Recht hat, sich höherzustellen oder andere herabzusetzen! Und wir sollten meinen, wir hätten das alles langsam kapiert, aber das ist noch lange nicht der Fall! Ich bin wütend über eine Gesellschaft, die uns einreden will, was gut für uns ist! Dass wir gefälligst perfekt zu sein haben und auch als Alleinerziehende zusehen sollen, wie wir zurechtkommen. Ohne Unterstützung. Auf Kosten unserer Kinder! Ich bin wütend, wie man uns eingeredet hat, zu sein! Lieb und brav und nur ja nicht anecken ... dass wir schweigen und es ertragen sollen, weil die ganze Industrie davon profitiert, wenn wir unglücklich sind! Immer ein bisschen unglücklich. Denn das verkauft sich gut! Damit lässt sich Geld verdienen. So hören wir nicht auf, zu konsumieren, damit wir uns irgendwann leisten können, glücklich zu sein. Ich habe es einfach satt, mir von irgendjemandem einreden zu lassen, wie wir Frauen funktionieren sollen! Und am allerwenigsten von denen, die sich mächtig fühlen, aber doch selbst heillos überfordert sind. Und alles nur, weil wir diese Leistungsgesellschaft sind, die immer mehr und noch mehr und noch mehr von mehr will!«

»Ich fühl das alles so!«, rief Charly und warf Livia ein inneres High Five zu.

»Ja, weil du auch dauerwütend bist!«, fand Adrian, und Philipp sagte nichts.

»Genau! Aber doch wohl zu Recht!«, erwiderte Charly. »Die ganze Scheiße, die wir Frauen ertragen müssen, die würde kein Mann auch nur einen Nachmittag aushalten. Es gibt einen Grund, warum die Natur uns die Geburt überlässt. Frauen halten einfach mehr aus! Nur komisch, dass Männer so oft den Ton angeben.«

»Ähh ... wie bitte?« Philipp sah Charly ungläubig an.

»Siehst du, und das ist dir auch nicht recht!«, ergänzte Adrian.

»Verdammt, Adrian! Es ist Zeit, dass wir Frauen unsere Stimme nutzen!«, rief Charly. »Sowohl privat als auch in allen anderen Bereichen! Man hat uns lange genug nicht zu Wort kommen lassen. Deine unpassenden Witzchen machen das auch nicht besser. Willst du wirklich ein Leben lang dieser machoide Macker sein, der sich nicht dafür interessiert, wie die Welt wirklich aussieht? Ich weiß, du meinst das nicht böse. Aber du machst dir zu wenig Gedanken darüber, und damit schadest du uns Frauen und der Welt auch!«

Es schien ganz so, als hätten Livia und Charly sehr viel gemeinsam und teilten sich dieselbe Wut, obwohl Livia doch eigentlich Valentinas Freundin war. Die sagte aber nichts.

»Ach, Adrian«, begann Livia und grinste ihn an. »Wäre Valentina nicht mit dir zusammen, wärst du genau mein Beuteschema. Immer ein bisschen zu wenig Ahnung, aber viel zu viel Meinung. Deshalb steht hier auf meinem weißen Zettel auch: Livia. Geschieden. Mutter der tollsten Tochter der Welt von ungefähr dem idiotischsten Vater der Welt. Learning: kein gutes Händchen für Männer. Weder in der Vergangenheit noch jetzt. Aber hey, immerhin – das scheint meine Konstante im Leben zu sein: kein gutes Händchen für Männer zu haben. Ist auch ein Talent!« Sie blickte von ihrem Zettel auf und wieder zu Adrian: »Und dann himmelt ein Teil von mir euch trotzdem an, weil ich mich nach einer starken Schulter sehne, um endlich mal durchatmen zu können. Ich meine das gar nicht sarkastisch. Ich habe sie mir gewünscht, diese starke Schulter – bis ich draufgekommen bin, dass ich umfalle, wenn ich mich mal anlehnen möchte … weil er nämlich nicht mehr da ist und auch nie wirklich da war! Ich habe es so satt, die Verlassene zu sein und in dieser unsicheren Welt mit der ganzen Scheiße und dieser unfassbaren Verantwortung alleine dazusitzen. Versteht mich nicht falsch – ich habe nichts gegen Männer! Ich liebe sie sogar. Aber ich habe etwas gegen Arschlöcher! Und die gibt es nun mal auch. Und eines davon habe ich geheiratet, weil mir die Gesellschaft eingeredet hat, dass ich glücklich sein werde, wenn ich heirate. Dass eine Frau so etwas tut, weil … ja, warum eigentlich? Das weiß niemand so genau. Aber alle lieben die Story und das Kleid! Als brave Frau findet man einen mutigen Helden und dann schreitet man vor den Altar und alles wird gut. Jetzt ratet mal, wie das ausgegangen ist? Nichts ist gut geworden! Der Mann hatte nicht nur eine schwache Schulter, sondern auch ein Rückgrat wie Wackelpudding und ist dann irgendwann einfach davongewackelt. Danach ist er gleich zur Nächsten gewackelt, um dort sein Glück zu suchen. Bravo! Ob die Erzengel in der Kirche, in der wir uns die ewige Liebe geschworen haben, ein Halleluja für ihn übrig haben? Ich denke nicht! Und statt geheilt zu sein von der Scheiße, was mache ich?!

Ich ziehe los und such mir die nächsten Idioten. Ihr habt richtig gehört, Mehrzahl! Einer war mir anscheinend nicht genug.«

»Läuft wohl nicht so auf Tinder?«, stichelte Adrian frech. Bestimmt kannte er schon ein paar Storys, da Valentina und Livia Freundinnen waren und Männer dann sehr oft auch ihre Gespräche mitbekamen. Ob sie nun wollten oder nicht.

»Oh mein Gott, Tinder! Die virtuelle Hölle, wie ich sie auch nenne ...«, stieß Charly hervor und Philipp sah sie fragend an. »*Vor* dir natürlich ... da kannten wir uns noch nicht«, erklärte sie kurz. »Aber es ist das reinste Gruselkabinett! Da grinst einem entweder ein Michael mit dem irren Blick eines Serienmörders entgegen, bei dem man direkt Gänsehaut bekommt und man sich auch gleich selbst eine Schaufel im Baumarkt besorgen könnte, um sich im Garten zu vergraben ... Oder ein Jürgen greift sich an sein Gemächt, als wäre er so stolz darauf wie ein zweijähriger Junge, der zum ersten Mal allein pullert. Zwischendurch schummelt sich irgendein Typ dazwischen, der das Foto einer aufgehenden Sonne im Profil zeigt und dazu noch ein paar Weisheiten von Wandtattoos abgeschrieben hat und sich deshalb für ähnlich erleuchtet wie Buddha höchstpersönlich hält ... uuund natürlich sämtliche Typen, die vor Motorrädern und fetten Autos stehen – weil: Wow, jetzt hast du mich aber! Du bist ja richtig cool! ... Irgendwann hatte ich auch einen mit nacktem Oberkörper und Reiterstiefeln, weil *casually riding his horse*, oder wie? Ach ja, und dann natürlich noch die lässigen Ich-hab-meine-Hand-in-der-Tasche-Fotos, weil ich nicht weiß, wohin mit mir – die gibt es auch noch. Die meiste Zeit möchte man einfach nur heulen oder beschämt wegschauen. Mein Finger hat jedenfalls schon wehgetan vom vielen Wegwischen!«

Livia lachte laut. »Du hast die Duckface-Typen vergessen, die ein bis zehn Kussmundfotos auf ihr Profil stellen, dir zwischendurch noch eine verführerische Kusshand zuwerfen und Kuscheln und Schmusen als ihre Lieblingsaktivität angeben.«

Charly nickte und rollte mit den Augen.

»Immerhin ... ein rundes Konzept«, sagte ich.

»Da schäme ich mich gleich für meine Artgenossen«, Adrian beutelte es. Kuschelig fand er anscheinend abstoßend. »Aber hey, es muss doch auch normale Typen dort geben ... Ich war ja früher auch da!«.

»Ist das etwa dein Beispiel für *normal*?«, fragte Charly grinsend. »Wir wissen, wie vielen Frauen du dort das Herz gebrochen hast!«

»Tja, *normal* ... was war das noch gleich?«, höhnte Livia mit sarkastischem Unterton. »Immer wenn ich denke: So, das ist jetzt aber endlich mal ein *normaler* Typ, stellt er sich als völlige Baustelle heraus. Oder vielmehr so etwas wie eine Sommerbaustelle auf der Autobahn. Kennt ihr die? Bei denen alle darauf warten, dass sie endlich repariert und fertiggestellt werden, weil sie einfach alle aufhalten ... aber dann rein gar nichts passiert. Es gibt eben Menschen, die *haben* Probleme, und es gibt Menschen, die *sind* das Problem! Ich verstehe einfach nicht, warum ich immer zielsicher entweder an Scheißtypen oder Hilfsbedürftige gerate. Entweder ich muss sie retten oder sie verhalten sich so beschissen, dass ich dann *mich* retten muss ... Wobei mir das meistens erst dann gelingt, wenn sie wieder weg sind. Und zwar nicht, weil ich sie weggeschickt habe, sondern weil sie gegangen sind. Selbstverständlich ohne sich zu verabschieden! Als hätte ich irgend so ein Exit-Zeichen auf der Stirn stehen! *Kommen Sie, kommen Sie ... lassen Sie sich eine Zeit lang verwöhnen und dann Tschüss mit ü und Ciao mit au! Zum Exit bitte hier lang. Livia empfängt Sie gerne!*«

Jetzt musste ich lachen. »›*Verabschiedet* Sie gerne‹, meinst du wohl?«, fragte Adrian nach.

»Nein, ich empfange sie. Und sie nehmen den Notausgang.«

Du solltest im Leben mindestens einen *Menschen* retten. Es ist okay, wenn *du* dieser Mensch bist.

DAS LEBEN IST KEIN STREICHELZOO

Du verwöhnst sie also?«, fragte Paul.

»Na ja, schon. Das macht man doch so am Anfang, oder nicht?«

»Am Anfang?«, fragte Adrian, der wohl immer verwöhnt werden wollte.

»Na, in der Verliebtheitsphase ...«

»Ach so, die! Die ist völlig für die Katz. Alles nur Hormone! Da sind wir Männer noch streichelweich und Frauen zuckersüß.« Adrian war fest von seiner Theorie überzeugt.

»Bis dann was passiert?«, wollte Livia wissen.

»Na, bis der Alltag sich einschleicht und alle wieder ganz sie selbst sind ... und zu nerven anfangen.«

»Ist das so?«, fragte Valentina zwar beleidigt, warf ihm aber einen, wie ich fand, viel zu netten Blick zu.

»Geben sich die Männer am Anfang denn auch umgekehrt Mühe?«, richtete Paul seine Frage wieder an Livia und sie überlegte. »Ja, doch. Schon irgendwie.«

»Wie sieht dieses *Irgendwie* denn aus?«

»Ja genau? Oder ist es vielleicht mehr das absolute Minimum, weil deine Ansprüche so gering sind?«, fragte Charly. »So war das nämlich bei mir früher.«

Ich spürte auch mich nicken.

»Ich weiß nicht. Beim Kennenlernen bin ich meistens diejenige, die erst einmal abwartet. Da hänge ich noch gar nicht so drinnen und ... ja, ich würde schon sagen, dass sie sich da noch richtig Mühe geben. In dem Stadium sind sie total gesprächig und wollen mich unbedingt kennenlernen und treffen.« Es hörte sich an, als handle es sich um Krebs und ginge dabei ums Überleben.

»Na logisch, sie wollen dich ja ins Bett kriegen«, antwortete Adrian belustigt. »Ist aber auch eine Art von Mühe geben und sich kennenlernen.«

»Bitte, Adrian ... nicht alle Männer sind so wie du!«, fuhr ihn Charly an.

»Ach, und woher willst du das so genau wissen?«

»Weil ich einen an meiner Seite habe, der nicht so ist!«

»Und der wollte nicht mit dir schlafen?! Das ist ja nichts Böses! Alles, was ich sage, ist, dass das unser Antrieb ist.«

»Ach so, und niemals Liebe, oder wie?«, fragte Charly und griff sich an den Kopf, um ihrem Ärger Ausdruck zu verleihen.

»Wenn du so naiv sein möchtest, dann bitte schön.«

»Was heißt denn bitte *naiv*?«

»Na, für wie naiv hältst du dich? Wie soll ich jemanden lieben, den ich noch gar nicht kenne? Natürlich möchte ich erst mal mit ihr ins Bett. Darum geht's ja! Außerdem kaufe ich doch nicht die Katze im Sack! Das muss doch auch passen, hilft ja nichts. Und wenn sich dann irgendwann später vielleicht Liebe daraus entwickelt, okay. Aber wir alle wissen, dass das nicht immer passiert! Auch dann nicht, wenn ihr Frauen euch das immer einredet.«

»Ich kann immer noch nicht glauben, dass du diesen Löwen bändigen konntest, Valentina! Mein vollster Respekt«, sagte Charly und warf Valentina ein wertschätzendes Kopfnicken zu.

»Mich hat gar niemand gebändigt!«, entrüstete sich Adrian stattdessen. »Wir sind ja nicht im Zoo! Würde Valentina mich bändigen, wäre sie gleich wieder ganz allein in der Sahara, weil ich mich aus dem Staub machen würde. Mich kann man nicht bändigen! Das Leben ist eine freie Wildbahn, ihr Lieben, und mit Sicherheit kein Streichelzoo!«

»Entspann dich mal, du stolze Raubkatze! Ich meinte, dass du jetzt nicht mehr unzähligen Antilopen hinterherläufst, um sie zu erlegen, sondern jetzt endlich sesshaft geworden bist.«

»Sesshaft ... wie das schon klingt! Als säße man fest. Wie in der Falle!« Adrians Entrüstung wurde nicht gerade weniger.

»Fühlt es sich denn so an? Wie eine Falle?«, fragte Paul.

»Na ja. Dieses ganze Liebesgedöns ist doch eine einzige Falle. Alle machen sich vor, dass wir für Beziehungen geschaffen sind. Aber schaut euch mal die Löwen in ihrem natürlichen Lebensraum an! Die hocken auch nicht jahrelang mit einer einzigen Löwin zusammen, lassen sich von ihr tyrannisieren und heulen, wenn sie irgendwann keine Lust mehr auf sie hat.« Er sah zu Clemens hinüber. »Wann sind wir nur solche Hauskater geworden?!«

Ich konnte nicht glauben, dass Adrian meine Raubkatzengedanken über ihn wirklich ausgesprochen hatte. Es gefiel ihm tatsächlich ganz und gar nicht, der kuschelige Kater zu sein. Das Raubtier in ihm war wohl trotz Beziehung immer noch deutlich spürbar.

»Für dich war ich doch nur am Anfang interessant, als du mich noch nicht haben konntest«, sagte Valentina leise, als müsse sie sich die Wahrheit eingestehen. »Manchmal frage ich mich, ob wir heute überhaupt noch zusammen wären, wenn ich dir damals nicht die kalte Schulter gezeigt hätte. Das hat doch nur deinen Jagdinstinkt geschürt! Du wolltest die Beute erlegen. Und als du mich erlegt hast, bin ich dir langweilig geworden. Danach warst du satt und hattest irgendwann auch mich satt.«

»Das würde ich so niemals behaupten«, kokettierte Adrian und schenkte ihr ein Lächeln.

»Und wie dann?«

»Ihr könnt mir doch hier nicht einreden, dass der Anfang nicht auch für euch das Aufregendste ist! Es ist eben einfach die beste Zeit, wenn man sich noch nicht kennt und gar nicht weiß, was passiert. Wenn da noch so viel Raum für Fantasie ist, wie es sein wird und was als Nächstes geschieht. Und ja – auch wenn man noch wild durch die Gegend bumst … Muss ja auch mal jemand sagen, wie es ist! Und nicht so verblümt wie in euren romantischen Schinken, wo die Männer bis zum Sankt-Nimmerleins-Tag auf die Öffnung der Knospe eurer Blüte warten und euch schon davor ihre ewige Liebe schwören. Wer verdammt noch mal macht so was? Keiner! Daher kommt aber dann der ganze Mist, dass ihr auf Typen reinfallt, die nicht mehr wollen, als ihre Samen zu verstreuen, um dann zur nächsten Blüte zu ziehen. Wenn ihr so naiv seid, dann ist euch auch nicht zu helfen!«

»Wir wollen deine Hilfe auch gar nicht!«, explodierte Charly nun.

»Und da, schon wieder! Ihr wünscht euch diese starke Schulter, und wenn man euch Hilfe anbietet, könnt ihr sie auch nicht annehmen. Oder sie ist euch nicht gut genug, weil ihr euch das alles wieder mal ganz anders vorgestellt habt. In eurem hübschen Kopf malt ihr euch nämlich immerzu aus, wie wir Männer zu funktionieren haben. Aber kein einziger Mann funktioniert nun mal wirklich so! Es sei denn, er verbiegt sich für euch. Und wer will das schon? Wenn ich mich verbiegen will, mach ich Ballett! Und nein, darauf hab ich keine Lust! Hört doch einfach mal auf, uns ständig verändern zu wollen! Dann müsst ihr auch nicht mehr so wütend sein. Diese Wut kommt doch vor allem daher, dass ihr uns anfangs an allererste Stelle setzt und euch dabei selbst vergesst. Niemand hat das je von euch verlangt, aber hinterher beklagt ihr euch und seid wütend darüber, dass ihr vom Siegertreppchen gefallen seid! Dabei habt ihr euch doch ganz allein herabgesetzt!«

»Als ob es immer ums Gewinnen gehen würde ...«, schnauzte Charly.

»Schon gut, Zornröschen! Das hab ich auch nie behauptet. Aber bei dem ganzen Tamtam, das ihr um das Kennenlernen veranstaltet, weil ihr es für ach so romantisch haltet, gebt ihr vor, eine ganz andere Person zu sein, als ihr tatsächlich seid – nur um uns zu gefallen! Ich weiß auch nicht, vielleicht macht ihr das alles ja gar nicht absichtlich, aber es kann doch kein Zufall sein, dass am Anfang immer alles totaaal unkompliziert ist und jede Frau das vollste Verständnis für quasi jeden Mist hat, später aber umgekehrt einfach alles zum Problem wird. Da stört euch plötzlich, wie wir gehen, was wir sagen, wie wir sitzen. Nichts ist euch mehr recht und an allem haben natürlich wir Schuld! Als wären wir für euer Leben verantwortlich oder dafür, dass ihr euch am Anfang so verstellt und völlig aufgegeben habt. Und wisst ihr was?! Diese ewigen Extreme nerven irgendwann! Dann gebt doch einfach nicht vor, eine süße Erdbeere zu sein, wenn ihr eigentlich eine ziemlich saure Limette seid! Sauer auf uns, obwohl ihr in Wahrheit sauer auf euch und euer Leben seid! Wer trägt denn dafür die Verantwortung? Doch nicht die unschuldigen Auberginen wie wir. Das sind ganz liebenswerte Nachtschattengewächse, die einfach nur am Ast baumeln und ihre Ruhe haben wollen, bis sie irgendwann reif sind und gepflückt werden wollen!«

»Auberginen, ernsthaft ...?!«, stöhnte Charly und bemühte sich, nicht lachen zu müssen. »Dieses unreife junge Gemüse ist übrigens total bitter und roh einfach ungenießbar, wusstest du das?«

»Weil es so viel Freude macht, in eine saure Limette zu beißen, oder wie?«

Ich musste zugeben, der verbale Schlagabtausch zwischen Charly und Adrian war immer wieder ein Genuss. Immer wenn die Stimmung zum Kochen war, servierten sie den nächsten Gang mit frischen Erkenntnissen, die mich nicht nur zum Lachen, sondern uns alle auch irgendwie weiterbrachten.

»Apropos beißen«, fiel Charly ein, »ich hätte die Orange übrigens mit den Zähnen geöffnet, das wollte ich vorher schon sagen.« Charly sah dabei stolz in Pauls Richtung.

»Das wundert mich nicht!«, rief Adrian, noch bevor Paul reagieren konnte. »So wütend, wie du bist! Das ist nämlich ganz schön verbissen! Da wir nun von Paul wissen, dass die Orange für uns selbst steht, liegt es auf der Hand, dass du dich damit nur selbst verletzt.«

Ich war beeindruckt, wie Adrian es immer wieder schaffte, trotz all der Frechheiten, die er so von sich gab, auch ein paar Weisheiten dazwischenzuschmettern. Wie ein Koch, der noch ein paar Gewürze hinzuwirft, um das Ergebnis geschmacklich abzurunden. Charly schmeckte das Süppchen zwar nicht. Aber sie wusste auch, dass genau diese Kombination ihrer Freundschaft die richtige Würze verlieh.

»Ich denke, dass du auch wütend bist, Adrian. Vielleicht äußert sich das nur anders bei dir«, ergriff Paul wieder den Weisheitslöffel. »Mich würde aber auch sehr interessieren, warum der Anfang von Beziehungen wirklich so spannend für dich ist«, fragte er noch.

»Na, habe ich doch gerade erklärt, da hat wohl jemand nicht gut aufgepasst!«, antwortete Adrian mit einem schelmischen Grinser, aber wieder streichelweich.

»Doch, doch … ich habe gut aufgepasst. Ich denke nur, dass etwas ganz anderes dahintersteckt.«

SEI,
WER *du*
BIST,
NICHT,
WER DU
denkst,
SEIN ZU
MÜSSEN.

GUTEN TACH, HERR SCHMERZ

Und was soll das sein?«, fragte Adrian. Die Skepsis war ihm deutlich anzumerken, die Neugierde gewann aber.

»Du hast einige Punkte genannt, die ich sehr treffend fand«, antwortete Paul. »Es ist tatsächlich so, dass sich viele Menschen nicht ganz zeigen, wenn sie andere kennenlernen, weil sie Angst haben, dass sie nicht so geliebt werden könnten, wie sie wirklich sind.« Er sah Adrian dabei an. Dessen Blick blieb fragend.

»Sag ich doch«, antwortete er.

»Kann es sein, dass das bei dir genauso ist?«, fragte Paul und blieb hartnäckig.

»Bitte?«

»Valentina und du – ihr habt beide erzählt, wie sehr du in der Eroberungsphase um sie gekämpft hast.«

»Ja, und?! Was hat das denn jetzt damit zu tun? Ich bin ja wohl nicht der Erste, der um eine Frau kämpft!«

»Nein, das habe ich auch nicht gesagt. Und du bist auch nicht allein mit deiner Meinung, dass diese Phase für viele Menschen besonders spannend ist. Das hat aber auch einen Grund. Vielleicht einen, der dir so noch nicht bewusst war.«

In Adrians Gesicht breitete sich eine ganze Armee von Fragezeichen aus, die bereit für den Kampf zu sein schien. Er verkrampfte sich förmlich – sein ganzer Körper war deutlich unter Spannung – und es war nicht die gute, aufregende Spannung, von der er in der Kennenlernphase gesprochen hatte.

»Es gibt sogar gleich mehrere Gründe dafür«, erklärte Paul. »Wir Menschen sind äußerst geübt darin, nach dem vermeintlich großen Glück Ausschau zu halten ... ja förmlich danach zu streben. Manche finden sogar ihre große Leidenschaft darin, ständig einem Ziel hinterherzujagen. Ihr innerer Antrieb ist der Gedanke: ›*Wenn* das passiert, *dann* bin ich glücklich. Und ich bin erst dann glücklich oder wertvoll, wenn ich es allen anderen bewiesen habe.‹« Er sah hinüber zu Charly. »›Oder wenn ich soundso viele Likes habe, wenn mein Ex-Freund endlich sieht, was er alles an mir verloren hat, oder wenn ich eine erfolgreiche Schauspielerin bin.‹ Dieses *Wenn-dann-Spiel* ist allerdings sehr gefährlich, weil es euch im Hier und Jetzt nie wirklich glücklich sein lässt, und selbst wenn ihr etwas davon erreicht habt, seid ihr gedanklich vielleicht schon beim nächsten Ziel.« Sein Blick schweifte zurück zu Adrian. »Andere empfinden den Kampf um Ziele oder Menschen aber auch als Möglichkeit, ihren Selbstwert zu beweisen und zu zeigen, wie besonders sie sind. In der Eroberungsphase gibt es noch nichts zu verlieren«, sprach Paul weiter und sah Adrian dabei tief in die Seele. »Da geht es um nichts. Und genau dieses Nichts ist das Spannende. Es hält dich fern von der Erwartung, von der du denkst, sie erfüllen zu müssen, sobald es ernst wird. Mit *ernst* meine ich, wenn sich das Kennenlernen dann tatsächlich zu einer Partnerschaft entwickelt und nicht mehr nur lose und ganz ohne Verpflichtungen ist wie davor, wenn noch nicht klar ist, was daraus entsteht – sondern wenn es darum geht, dich nackt zu zeigen. Und das meine ich nicht körperlich, sondern emotional. Mit all deinen Schwächen. Oder jenen, die du für Schwächen hältst. Ich vermute, die möchtest du nicht so gern zeigen, weil sie dich angreifbar und verletzlich machen. Den kuscheligen Kater kann man leicht verletzen. Der Löwe aber würde andere fressen. Genau wie dich vielleicht irgendwann einmal das Gefühl in dir beinahe aufgefressen hat, dass du dich nicht sicher fühlen darfst, und es so stark war, dass du dich schwach gefühlt hast. Vielleicht hast du damals beschlossen, nie mehr schwach sein zu wollen, sondern eben stark. Wie ein Löwe, der sich mächtig und unbesiegbar fühlt, wenn er auf der Jagd ist, weil *er* bestimmt, wer die Beute ist. Du selbst willst auf gar keinen Fall zur Beute werden. Niemand soll dich erlegen, denn ich denke, du möchtest nie wieder unterlegen sein. Wie damals, als du noch klein warst und dich wie ein Opfer gefühlt hast.«

»Aber wer möchte denn bitte schön unterlegen sein?!«, fragte Adrian aufgebracht.

»Vielleicht ist es ein Irrglaube, und dich verletzlich zu zeigen, wäre nicht das, wofür du es hältst.«

Paul schien Adrians Interesse geweckt zu haben.

»Und was wäre es dann?«

»Ich kann mir vorstellen, dass du es für eine Schwäche hältst, wenn du dich verletzlich zeigst und du Angst vor dem Schmerz hast. Vielleicht auch davor, ihn wieder fühlen zu müssen. Vielleicht haben Valentina und du etwas gemeinsam. Nur hat sie sich – anders als du – nicht für die Rolle der unbesiegbar Starken entschieden, sondern dafür, es dir und anderen recht zu machen, um sicherzugehen, von allen geliebt zu werden. Es könnte ihre Methode sein, um sich nicht abgelehnt zu fühlen. Das ist natürlich schwer umsetzbar, denn niemand kann von allen geliebt werden. Und niemand kann es allen recht machen. Aber möglicherweise ist der Wunsch von euch beiden im Ursprung derselbe. Ich weiß noch zu wenig über Valentina, aber das könnte der Fall sein. Vielleicht habt ihr beide große Angst davor, nicht so angenommen zu werden, wie ihr seid. Aber statt euch dann genau so zu zeigen, lähmt euch die Angst vor Ablehnung und ihr versucht sie loszuwerden. Dass Valentina sich dich als Partner ausgesucht hat, halte ich für keinen Zufall.« Paul blickte zu ihr hinüber. »Kommt dir die Nichtverfügbarkeit von Adrian vielleicht irgendwoher bekannt vor, Valentina? Was meinst du, ist dir dieses Gefühl vertraut?«

»Ja, sehr gut sogar. Aus meiner Familie. Ich hatte immer das Gefühl, vollkommen allein zu sein.«

»Aber ich bin doch hier«, entgegnete Adrian.

»Du bist da. Und ich vermute mal, sehr oft auch nicht, weil du mit Sicherheit sehr beschäftigt bist«, schätzte Paul. »Aber selbst wenn du da bist, bist du vielleicht oft weit weg. Ich meine innerlich. Also emotional schwer erreichbar, weil du Menschen lieber auf Distanz hältst. Denn würden sie dir zu nahe kommen, könnten sie durchschauen, dass du gar nicht so hart bist und du Angst hast, daran zu zerbrechen. Stattdessen machst du dich lieber lustig über Emotionen, statt sie zuzulassen. Der Humor ist deine Schutzwaffe oder deine Orangenschale ... ganz wie man es betrachten möchte. Irgendwann hast du gelernt, dass die Leute deinen Humor lieben, dafür hast du dich möglicherweise geliebt gefühlt, und deshalb schlüpfst du jetzt immer wieder in diese Rolle. So kann dein Selbstwert nicht beschädigt werden, wie er vielleicht früher schon einmal beschädigt wurde, und du versuchst nun um jeden Preis zu verhindern, dass das noch einmal passiert. Wie Valentina auch, nur in umgekehrter Form.«

»Ja, ich gebe mir wirklich Mühe, an ihn ranzukommen«, klagte Valentina. »Aber er entgleitet mir immer wieder. Genau wie diese Orange, die Clemens versucht hat zu öffnen.«

Paul nickte. »Da, wo Adrian sich verschließt, reißt du dir förmlich ein Bein für ihn aus. Adrian aber empfindet das als Hindernis.« Er blickte wieder zu ihm: »Ihre Hingabe steht dir im Weg.

Sie nervt dich sogar! ... Weil sie dich an deine Verletzlichkeit erinnert, die du für schwach hältst und daher mimst du den Starken.«

Adrian hörte gebannt zu. Er starrte Paul beinahe ein Loch in den Bauch, als befände sich das ganze Geheimnis darin. So gesprächig, wie er sonst war, blieb er diesmal stumm und Paul sprach weiter: »Sobald du Sicherheit in einer Beziehung spürst und du überzeugt bist, dass sie bleibt, kommt tief drinnen die Angst, Valentina oder andere könnten den wahren Adrian erkennen. Einen, der nicht immer eloquent und witzig, stark, erfolgreich und so großartig ist, wie du dich darum bemühst, diese Rolle perfekt zu spielen. Du vergisst dabei, dass du ein Mensch bist wie alle anderen auch, kein Schauspieler, der seiner Rolle entsprechen muss. Und dass all deine Stärken, aber eben auch deine Schwächen zu dir gehören. Auch wenn du sie noch völlig ablehnst. Dieses Bild von dir und die Rolle des starken Adrian lässt sich nicht Tag und Nacht aufrechterhalten. Das könnte der Grund sein, warum du so lange Single warst und warum eine Beziehung für dich, aber auch für viele andere so anstrengend ist. Zu beweisen, wie großartig man ist, kostet viel Kraft. Dabei wäre es gut zu sehen, dass du – genau wie du bist – liebenswert bist. Tief drinnen glaubst du das vermutlich noch nicht.«

»Ich bin doch kein Schauspieler!«, sagte Adrian sichtlich beleidigt. »Das überlasse ich Charly, schließlich ist es ihr Beruf!« Er versuchte, sich wieder einmal geschickt aus der Affäre zu ziehen.

»In gewisser Weise spielen wir alle unsere Rollen, bis wir begreifen, dass das gar nicht notwendig ist«, beschwichtigte ihn Paul. »Es hat nur gerade gepasst, deshalb habe ich es erwähnt. Das betrifft selbstverständlich nicht nur dich.«

»Ja, okay, aber ganz ehrlich, wenn schon eine Rolle, dann doch lieber die des Starken! Schau dir doch Clemens an, wie der leidet. Wer will das denn?!«

»Du auf gar keinen Fall.«

»Niemand will das!«

»Manchmal bringt uns der Schmerz aber genau zum Kern. Da, wo wir begreifen, worum wir eigentlich trauern. Diesen Schmerz wegzudrücken, ist keine gute Sache.«

»Darin zu baden aber auch nicht!«

»Sich ihn anzuschauen, wäre die Lösung«, hielt Paul diese auch schon bereit.

»Guten Tach, Herr Schmerz, was gibt's? Warum so laut?«, scherzte Adrian im Abwehrmodus. »So, oder wie?«

»Ja, warum nicht.«

»Ich glaube nicht, dass wir Freunde werden – ich und der Herr Schmerz.«

»Müsst ihr auch nicht. Aber wenn du ihn ständig wegschickst, wird er zu deinem Feind. Dann greift er dich aus dem Hinterhalt an und rennt dir die Tür ein. Das ist mit der Wut übrigens nicht anders.« Paul drehte sich weiter zu Charly und Livia.

»Aber Clemens scheint seinem Kumpel, dem Herrn Schmerz, ordentlich viel Aufmerksamkeit zu schenken. Wie so einem liebesbedürftigen Trottel ... also ich meine den Herrn Schmerz ... und wir sehen ja, wie es Clemens damit geht.« Adrian sah zu ihm hinüber. »Im Job bringt dir das übrigens auch nichts, wenn ich das mal so sagen darf. Wir haben quasi denselben Chef, und mich lässt er machen und auf dir trampelt er ständig rum. Das halte ich für keinen Zufall.« Adrian wandte sich wieder Paul zu. »Wie hast du vorher so schön gesagt? Die Netten werden oft zurückgewiesen. Das ist doch so! Kaum bist du zu nett, scheißen sie dich an! Und was machen die Netten? Sie entschuldigen sich auch noch dafür, dass es stinkt!«

»Also, dass wir denselben Chef haben, kann man so jetzt nicht direkt sagen, Adrian. Er ist *mein* Chef und ihr seid beide in der Geschäftsführung«, erwiderte Clemens.

»Na ja, streng genommen berichte ich auch an ihn.«

»Streng genommen machst du, was du willst. Und er ist ein Arschloch, das nach unten tritt. Da bist du nun mal nicht in seinem Trittfeld.«

»Die Frage ist, ob man als netter Mensch nicht immer irgendwie unten ist und es überhaupt je in die Geschäftsführung schafft?«, überlegte Adrian.

»Das heißt, du hältst dich selbst für keinen netten Menschen?«, fragte Paul nach.

»Nein. Will ich jetzt aber auch nicht sein! Nett ist doch bekanntlich die kleine Schwester von scheiße. Und meistens sehr erfolglos.«

»Danke, Adrian!«, rief Clemens und lachte.

»Siehst du?! Ich war gerade scheiße, und das scheint dir bekannt vorzukommen. Du lachst nämlich! Damit scheinst du dich also wohlzufühlen. Hast du dich etwa daran gewöhnt, dass dich andere scheiße behandeln? Jetzt sag noch mal jemand, das wäre eine gute Sache! So bringt man es doch nicht weiter im Leben!«

»Weiter, weiter ... Warum müssen immer alle weiter?«, beschwerte sich Clemens. »Als ob da oben die Luft besser wäre. Die ist doch so dünn, dass man kaum noch atmen kann vor lauter Stress, und du umgibst dich, wie du gerade selbst gesagt hast, mit Arschlöchern. Das muss man wollen!«

»Muss man nicht, erleichtert aber einiges.«

»Und was?«

»Man verdient sehr gut. Und man kann seine Aggressionen an Menschen auslassen, die es sich gefallen lassen.«

»Adrian!«, rief Charly aufgebracht.

»Doch nicht ich! Möllner, der Idiot. Der hat es auf Clemens abgesehen. Aber doch nur, weil er weiß, dass er es mit ihm machen kann. Und dass er niemals auch nur einen Ton zurückfeuern würde. Da darf er sich dann auch nicht wundern.«

»Was steht denn eigentlich auf deinem Zettel, Adrian?«, fragte Paul weiter.

»Ach so …«, er hob ihn auf und stockte. »Eigentlich hast du mich vorher schon ganz gut skizziert«, sagte er ungewohnt verhalten in Charlys Richtung und grinste. Ich war gespannt, was jetzt kam. »Also, na ja …«, stammelte er. Zum ersten Mal hatte ich das Gefühl, dass Adrian etwas unangenehm war. Er war sich wohl nicht mehr ganz sicher, wer er war, oder zumindest damit, was auf seinem Blatt stand.

»Lass raus!«, forderte ihn Charly auf.

»Also da steht: Adrian. Ziemlich geiler Typ. Zielstrebig, erfolgreich, intelligent, witzig, lösungsorientiert.« Er sah erhobenen Hauptes wieder in die Runde, als müsse er seine Unsicherheit mit Selbstdarstellung überspielen. »Geiler Typ eben!«, bestätigte er sich am Ende selbst noch einmal. »Tatsache ist, ich denke mir bei den meisten Menschen: Wenn ich du wäre, wäre ich lieber ich. Was ich damit sagen möchte, ist: Ich bin gerne ich.«

Er sah zurück in die Runde: »Was denn?! Die ganze Welt spricht immer davon, dass wir uns selbst lieben sollen, und wenn dann mal jemand weiß, wer er ist und was er kann, ist es auch nicht richtig, oder wie?«, rechtfertigte Adrian sich, obwohl niemand etwas gesagt hatte.

**Die Frage ist,
welche Rolle wir uns
ausgesucht haben, um nicht
verletzt zu werden.**

Du bist erst
dann frei,
wenn du
niemanden mehr
beeindrucken
musst.

BÖSES MÄDCHEN

Dieses Selbstbewusstsein hätte ich auch gerne«, unterbrach Livia die unangenehme Stille. »Ich glaube allerdings, dass ich sehr viel mehr mit Clemens gemeinsam habe«, seufzte sie.

Adrian legte demonstrativ seinen Arm um Valentina, als wollte er sich auf ihr abstützen. Es schien, als wäre er seit Langem einmal froh, dass die Aufmerksamkeit nicht mehr auf ihn gerichtet war.

»Ich bin gefühlt auch immer für alle der Fußabtreter«, sprach Livia weiter und blickte hinunter ins Gras, das nach dem Sommer auch schon mal bessere Zeiten erlebt hatte. Zumindest gab es hier auf der Lichtung kaum Matsch. »Meine Familie liegt sich zum Beispiel immer wieder gegenseitig in den Haaren. Ich versuche dann zu schlichten ... und was passiert?! Letztendlich bin *ich* dann schuld und alle sind böse auf mich! Das muss man sich mal vorstellen ...!«

»Und wie stellen wir uns das vor?«, fragte Paul.

»Na ja ... ich bin eigentlich total behütet aufgewachsen. So viel zu der Theorie, dass man nur ein verkorkstes Leben haben kann, wenn man eine verkorkste Kindheit hatte. Also ich hatte eine Bilderbuchkindheit mit Ausflügen ins Grüne, liebenden Eltern, einer älteren Schwester, mit der ich mich zwar hin und wieder gestritten habe, aber mit der ich mich auch immer total verbunden gefühlt habe ... Wir waren jedenfalls immer ein Team, und das sind wir heute noch!«

»Wie bei mir!«, rief Charly. »Geschwister nerven zwar manchmal gehörig, aber man liebt sie trotzdem.« Clemens warf Charly einen fragenden Blick zu. Er schien ihr nicht ganz recht zu geben.

»Jedenfalls war alles gut«, sprach Livia weiter. »Ich war das Nesthäkchen ... Papas Liebling – also das rede ich mir zumindest ein. Und trotzdem kriege ich seit meinem Vater keinen Typ mehr dazu, dass er mich liebt ... oder bleibt.«

»Da hast du mir aber schon mal was voraus«, scherzte Charly. »Bei mir ist nicht mal der geblieben.«

»Oh nein, das tut mir leid, das wollte ich damit nicht sagen ...«, antwortete Livia und Charly winkte ab, obwohl ich wusste, dass es gar nicht so leicht für sie war, wie sie in dem Moment tat.

»Aber es zeigt doch noch einmal mehr, wie völlig verdreht das bei mir ist!«, versuchte Livia zu erklären. »Meine Eltern haben nämlich, seit ich denken kann, eine Vorzeigeehe geführt und führen sie immer noch. Ich meine so eine, die sich Millionen Menschen da draußen wünschen! Sie sind füreinander da, gehen durch dick und dünn ... Meine Mutter gibt den Ton an, obwohl mein Vater denkt, dass er ihn angibt. Ganz normal eben!« Sie lachte. »Ich habe das Beste vorgelebt bekommen und bei mir läuft es beschissen. Da stimmt doch etwas nicht!«

»Ich dachte, deine Familie liegt sich ständig in den Haaren?«, hakte Paul ein.

»Ach so, nein, nicht meine Eltern. Aber meine Mutter hat immer wieder Streit mit ihrem Bruder und seiner Familie. Da gibt es so viel Hass und Neid und ich verstehe die meiste Zeit überhaupt nicht, warum. Anscheinend nimmt mein Onkel meiner Oma einiges übel, meine Mutter verteidigt sie dann und ach, ich erspare euch die Details!«

»Klingt wie die reinste Soap! Dass Menschen nichts Besseres zu tun haben, als sich ständig zu streiten«, murmelte Clemens und Philipp nickte.

»Und was machst du?«, fragte Paul Livia.

»Ich versuche zu schlichten. Ich verstehe einfach nicht, warum sie nicht alle Ruhe geben können! Das geht einfach nicht in meinen Kopf! Und dann spreche ich entweder mit meinem Onkel oder meiner Oma und dann wieder mit meiner Mutter und schlussendlich ist immer irgendjemand beleidigt und böse auf mich. Verrückt!«

»Das heißt, du hast 99 Probleme und 98 gehören nicht zu dir?«, fragte Paul trocken und alle mussten lachen.

»Da kenne ich noch so eine Kandidatin«, meinte Adrian und sah dabei Valentina an, die sofort rot anlief, schnell einen Schluck aus ihrer Trinkflasche nahm und hinter der großen Öffnung verschwand.

Ich hingegen fragte mich, ob es sich dabei nicht um ein weitverbreitetes Phänomen handelte und sich die Probleme dadurch für alle potenzierten.

»Und was passiert dann?«, fragte Paul weiter.

»Ich versuche, ihnen zu erklären, dass es nichts bringt, wenn sie sich streiten. Und dass ich auch nichts dafür kann. Dann ziehe ich mich irgendwann zurück.«

»Und warum denkst du, dass es deine Aufgabe wäre, ihre Probleme zu lösen? Hast du denn keine eigenen Probleme, weil du dich immer um andere kümmerst?«, fragte Paul provokant und brachte Livia damit zum Lachen.

»Doch, eigentlich habe ich sogar jede Menge davon«, antwortete sie einsichtig.

»Siehst du, dann solltest du damit aufhören. Die Sache mit der Harmoniesucht ist nämlich die, dass ihr euch dabei immer für die Stimmung aller anderen verantwortlich fühlt. Ganz egal ob in der Beziehung, der Familie, in Freundschaften oder auch im Job – ihr spürt jede noch so kleine oder größere Unstimmigkeit, die in der Luft liegt, und denkt, es wäre eure Aufgabe, sie zu bereinigen.

Sich dafür verantwortlich zu fühlen, liegt aber auch unglaublich nah an dem Gefühl, sich schuldig zu fühlen. Denn das ist das eigentliche Gefühl dahinter. Du hältst dabei deine Nase in so viele Angelegenheiten anderer, dass du sie dir dabei blutig schlägst. Und die Konsequenz daraus ist, dass du dich letztendlich selbst vernachlässigst und gar nicht mehr gut um dich kümmerst.«

»Oh ja ...«, stöhnte Livia. »Da ist leider was dran!«

»Welche Rolle denkst du denn, dass du dabei einnimmst?«

Sie überlegte für einen Moment. »Mhm, ich denke, ich möchte immer die Probleme aller anderen lösen. Wozu macht mich das ... zu einer Erlöserin?«, sagte sie und musste lachen.

»Da wären wir wieder beim großen Anspruch, heilig zu sein.« Paul lächelte. »Es könnte aber auch die Rolle der Retterin sein. Genau wie bei den Kerlen, die du kennenlernst, von denen du dir eigentlich wünschst, dass sie *dich* retten. Aber im Grunde sollte niemand irgendjemanden retten. Also wenn es ums Überleben geht, dann natürlich – aber nicht in einer Beziehung. Da ist es weder notwendig noch gesund. Ich kann dir das daher nicht empfehlen. Eines solltest du dir immer wieder vor Augen halten: Du kannst auch ein guter Mensch sein, ohne es ständig beweisen zu müssen.«

Livia nickte nachdenklich.

»Wenn du andere vor dich stellst, zeigst du ihnen aber, dass es in Ordnung ist, dich nach hinten zu stellen.«

Er machte eine kurze Pause. »Macht es dich denn wütend?«, fragte er weiter.

»Ja, ich denke schon!«, sagte sie wie aus der Pistole geschossen.

»Das wundert mich nicht. Es muss furchtbar anstrengend sein, die liebevolle Tochter, die perfekte Mutter, die erfolgreiche Karrierefrau, die verständnisvolle Freundin oder die streitschlichtende Livia zu sein, die immer für alle da ist. Erkennst du dich denn in einer dieser Rollen?«

99
PROBLEME
UND
98
GEHÖREN
NICHT
zu dir.

»Um ehrlich zu sein, in allen! Ich habe auch das Gefühl, immer alle gleichzeitig erfüllen zu müssen! Sämtliche Rollen, die von mir erwartet werden. Das beginnt doch bereits mit den Erwartungen unserer Gesellschaft! Die redet einem ja schon ein schlechtes Gewissen ein, wenn man Mutter ist und arbeitet. Selbst wenn man, wie ich, quasi alleinerziehend ist, weil auf den Vater kein Verlass ist. Ach ja, und dann geht es munter weiter – wie mit der Absage für den Hortplatz von Ella, weil sie zu wenig Personal haben und ich darum kämpfen muss! Aber wer bitte schön kann sich schon ein eigenes Kindermädchen leisten, außer man sitzt selbst in der Regierung und wird von unseren Steuergeldern bezahlt? Dann ja! Ich allerdings müsste ohne diesen beschissenen Hortplatz meinen Job kündigen und zu Hause bleiben und könnte mir dafür meine Karriere in den Arsch schieben, für die ich so hart gekämpft habe! Härter als Männer das je tun mussten, die dieses Problem erst gar nicht haben oder nicht einmal kennen, weil es eben meistens die Frauen sind, die dann zu Hause bleiben müssen. Schon allein deshalb, weil Männer immer noch mehr verdienen! Das ist so eine elende Ungerechtigkeit und ein Kampf, den ich so müde bin zu kämpfen! Manchmal habe ich das Gefühl, es zerreißt mich förmlich dabei, wenn ich versuche, mein Muttersein und die Karriere unter einen Hut zu bringen. Ich halte mich für eine starke Frau, aber das ist doch kaum schaffbar! Und neben all dem Stress versuchen wir dann auch noch alle irgendwelchen Idealen zu entsprechen und uns nicht völlig gehen zu lassen und abends vier Tüten Chips zu verdrücken, weil uns das Gefühl überkommt, nach dem ganzen Frustessen noch weniger Chancen am Datingmarkt zu haben. Oder ist das etwa kein Druck für euch?« Sie sah zu uns Frauen, und alle bis auf Rebecca nickten. »Wenn ich mir ansehe, welche Bilder Männer den ganzen Tag auf sozialen Medien von Frauen dargestellt bekommen, wird mir auch ganz ohne Chips übel!

Was sind das nur für unrealistische Bilder?! Und ja, ich weiß, dass es falsch ist, dieses Gefühl zu haben, aber ich habe es nun mal! Da ist es und frisst mich von innen auf! Und dann mache ich mir erst recht eine Packung Chips auf, um mich zu beruhigen. Und fuck, ja, so ist es nun mal: Herzlich willkommen im echten Leben! Da, wo keine modelgleiche Frau mit zwei Kindern an jeder Hand wie eine Gazelle gemeinsam mit ihrem Traummann über einen Traumstrand springt und ihr die Leichtigkeit aus dem wohlgeformten Allerwertesten strahlt! Das Gegenteil ist der Fall! Ich fühle mich schwer! Und bei mir strahlt rein gar nichts, außer Karies beim Zahnarzt im Röntgen. Aber das ist auch schon alles!«

»Ein ganz schön großer Druck«, meinte Paul am Punkt.

»Ja. Es ist so anstrengend, eine Frau zu sein, und es bleibt so wenig Zeit für mich und das, was *ich* möchte, weil ich gefühlt drölfmillionen Klischees bedienen muss. Dinge, die andere wollen! Aber ich vielleicht selbst gar nicht möchte. Manchmal weiß ich auch gar nicht mehr, was das ist. Warum will ich denn zum Beispiel so sehr eine funktionierende Beziehung oder diese Bilderbuchfamilie und bekomme sie nicht? Warum sehne ich mich im tiefsten Inneren danach, von der Projektmanagerin zur Teamleiterin befördert zu werden, wie es bei meinem männlichen Kollegen gerade geschehen ist, weil er ungebunden, kinderlos und eben ein Mann ist? Manchmal wäre ich auch gern dieser Unterflieger, der es – aus was weiß ich welchen Gründen – in die Chefetage gebracht hat, und würde einfach ein paar Kunden feuern, oder noch besser: Ich würde auf den ganzen Mist pfeifen und mich selbstständig machen. Aber ratet mal, wer das ohne Hort nie schaffen wird?!«

»Da kann man schon mal wütend werden«, antwortete Paul verständnisvoll. »Noch schlimmer wäre es aber, wenn du gar nicht wütend wärst. Und die Frage, die ich mir stelle, lautet: Wem zeigst du diese Wut? Deinen Eltern und deiner Familie anscheinend schon mal nicht. Da bist du die brave Livia, stimmt's?«

»So ist es.«

»Zeigst du sie denn den Männern, die du kennenlernst?«

»Charly macht das definitiv!«, schoss Philipp dazwischen, was recht ungewöhnlich für ihn war.

»Ja, aber auch erst bei dir! Davor hab ich mich das nie getraut.«

»Soll ich denn jetzt dankbar dafür sein?«, fragte er und schüttelte den Kopf.

»Ja, irgendwie schon. Da siehst du mal, wie sehr ich dir vertraue!«

»Also komm, Charly, da gibt es schönere Arten, seine Liebe zu zeigen ...«

»Wie sieht das bei dir aus?«, richtete Paul seine Frage wieder an Livia.

»Ich glaube nicht, dass ich mich traue, meine Wut rauszulassen. Also, hier mit euch vielleicht ein bisschen. Das ist hier gewissermaßen eine geschützte Zone. Bei meinen Freundinnen auch manchmal, aber eher gemäßigt.«

»Wie sieht denn gemäßigte Wut aus? Denkst du, dass es die gibt? Oder handelt es sich dabei nicht eher um Kontrolle?«

»Ja, wahrscheinlich schon. Wirklich ausrasten kann ich nur alleine mit mir. Also wenn Ella schläft oder bei ihrem Vater ist.«

»Weil du dann nicht funktionieren musst und ganz du selbst sein kannst?«

»Ja, das könnte sein. Wenn ich Männer kennenlerne und mich etwas wütend macht – was durchaus häufig passiert –, dann stichle ich ein wenig. Aber meistens schlucke ich es dann wieder runter. Ich sage in Wahrheit nicht mal Nein zu ihnen, wenn mich die Red Flags schon förmlich umgeweht haben. Ich liege dann zwar schon am Boden, halte aber immer noch ihre roten Flaggen fest, obwohl ich mich nicht mal mehr bewegen kann. Irgendwie bin ich dann wie gelähmt ... Mein Mund bewegt sich zwar und ich beklage mich und stichle oder nörgle, aber es geschieht nichts.«

»Keine Konsequenzen, also. Du bleibst.«

»Genau.«

»Du bleibst trotz der Wut, die irgendwo in dir gefangen steckt, und schaffst es nicht, klar deine Meinung zu sagen, damit sich etwas ändern kann, oder um Konsequenzen zu ziehen, wenn sich nichts ändert?«

»Genau.« Livia sah wieder beschämt auf den Boden, auch wenn Paul mit Sicherheit keine Scham, sondern eine Erkenntnis in ihr auslösen wollte. Aber auch die konnte bekanntlich schmerzhaft sein.

»Denkst du, dass dich diese Männer dann ernst nehmen? Oder denken sie sich dann irgendwann, dass ohnehin nichts passiert und sie sich weiterhin so benehmen können? Vielleicht auch nur unbewusst?«

Livia richtete ihren Blick wieder hoch. »Mist, so war mir das noch gar nicht bewusst!«

»Du richtest die Wut also vor allem gegen dich. Und nutzt sie nicht, um dich abzugrenzen.«

»Sieht ganz so aus.«

»Durftest du denn früher wütend sein?«

»Als Kind, meinst du?«

Paul nickte.

»Nicht wirklich. Es war alles sehr ruhig und kontrolliert bei uns zu Hause. Ich erinnere mich, dass ich zwar von Natur aus ein recht impulsives Kind war, aber meine Mutter immer, wenn ich wütend wurde, meinte: ›Die anderen schauen schon alle!‹ Wenn ich dann um mich geschaut habe, hatte ich das Gefühl, alle starren mich an und ich wäre ein böses Mädchen.«

»Da haben wir sie wieder: *die anderen.* Was denkst du, was du als Kind daraufhin gedacht hast?«

»Ich weiß es nicht … wahrscheinlich, dass ich auf keinen Fall wieder wütend werden darf. Ach, und ich erinnere mich auch, dass mein Vater immer meinte: ›Livia, du musst wissen, die Buben haben Angst vor dir, wenn du so laut bist! Du bist doch so ein liebes Mädchen! Du brauchst dich nicht immer so aufzuregen.‹«

»Brauchtest du also nicht …«, wiederholte Paul. »Oder durftest du nicht, weil man dir eingeredet hat, dass dich niemand mehr liebt, wenn du wütend bist?«

Livia liefen die Tränen über ihre Wangen, die mittlerweile purpurrot leuchteten. Ich vermutete, dass sie zudem auch noch ganz warm waren. Als wollte die Wut aus ihrer Haut fahren, aber die Scham war größer und gewann.

Du *musst* *dich* nicht zusammenreißen, um *liebenswert* zu sein.

WENN DU
andere
VOR DICH
STELLST,
LEHRST
DU SIE,
DASS ES OKAY
IST, DICH
nach hinten
ZU STELLEN.

LOSTERIA WUTVERBOT

Bei mir war es ganz genauso! Bei uns war auch Wutverbot zu Hause!«, rief Charly und ließ ihrer Wut freien Lauf. »Was waren das denn für Zeiten damals, dass man uns als Kinder verboten hat, wütend zu sein, weil es sich anscheinend nicht gehörte? Das macht mich erst recht wieder wütend! Das ist doch der Grund, warum ich heute nicht damit umgehen kann!«

»Ja. Es ist wichtig, Kindern das Gefühl zu geben, dass sie auch dann noch geliebt werden, wenn sie wütend oder ›schwierig‹ sind.« Paul malte dabei wieder Gänsefüßchen in die Luft. »Als ›schwierig‹ bezeichnen Eltern ihre Kinder ohnehin meistens nur, wenn es für sie selbst auf irgendeine Art und Weise schwierig ist, selbst ihre Wut auszudrücken, und sie von ihnen den Spiegel vorgehalten bekommen. Es kann sein, dass sie ihre eigene Wut gar nicht leben können oder ihr keinen Raum geben. Im Grunde hätten sie von euch lernen können. So aber habt ihr gelernt, dass es euch nicht zusteht, wütend zu sein, und habt es für euch als ›schlechtes‹ Gefühl abgespeichert, das ihr nicht haben dürft, weil ihr denkt, dann nicht liebenswert zu sein. Was dann aber passiert, ist, dass die Wut ja nicht einfach verschwindet, wenn ihr sie wegsperrt. Das ist wie mit dem Schmerz auch: Sie wird nur noch größer, wenn ihr sie unterdrückt, und überfällt euch dann förmlich. Gleichzeitig lehnt ihr euch aber dafür ab, weil ihr die Wut als etwas Schlechtes empfindet.«

»Ist sie denn etwas Gutes?«, fragte Livia, der ein Leben lang etwas anderes eingeredet worden war.

»Wenn ihr sie nicht wegdrückt und sie dadurch nicht mehr an allen Seiten aus euch herauswill und euch dadurch kontrolliert: ja. Dann ist die Wut durchaus etwas Gutes und ihr könnt lernen, ihr einen angemessenen Raum zu geben, ihr zuzuhören, warum sie überhaupt da ist und was hinter ihr steckt. Dann hat die Wut sogar eine sehr befreiende Kraft, die einiges für euch verändern kann. Aber dazu möchte ich am Ende dieses Wochenendes noch einmal genauer eingehen.«

»Okay, ich bin gespannt«, sagte Livia und überlegte noch einmal. »Dann hätte ich noch eine Frage, Paul.«

»Ja, bitte?«

»Kannst du mir vielleicht sagen, warum es so scheiße bei mir mit den Männern läuft? Ich kann es mir einfach nicht erklären! Niemand hat mir diesen Mist vorgelebt. Von der Bilderbuchehe meiner Eltern zu meiner Katastrophenscheidung ist es doch eher ungewöhnlich? Ich verstehe es einfach nicht!«

»Ich muss sagen, ich bin immer ein wenig skeptisch, wenn Menschen mir erzählen, wie wundervoll oder behütet ihre Kindheit oder die Ehe ihrer Eltern war. Manchmal reden wir uns das auch ein, weil Dinge zu Hause unter den Teppich gekehrt wurden und uns heute gar nicht bewusst ist, dass es eben doch Probleme gab. Die perfekte Kindheit, Beziehung oder Ehe gibt es nicht, weil das Leben eben nicht perfekt ist. Nun ist es aber so, dass wir als Kinder unsere Eltern oftmals auf ein Podest stellen und denken, sie wären heilig. Und manchmal fällt es uns auch als Erwachsene noch schwer, uns einzugestehen, dass unsere Eltern eben doch auch Fehler gemacht haben oder nicht alles so perfekt war, wie sie oder wir dachten. Auch Eltern sind Menschen und machen Fehler. Niemand ist perfekt. Sie haben vermutlich ihr Bestes gegeben, das heißt aber nicht, dass alles gut und richtig war. Und dann gibt es natürlich noch die harten

Fälle wie beispielsweise häusliche Gewalt; wenn Kinder von ihren Eltern geschlagen wurden und die Kinder es später kaum über die Lippen bringen können, zu sagen: ›Das war scheiße! Das hättest du verdammt noch mal besser machen können!‹ Und wenn sie es schon nicht ihnen sagen können, dann können sie es sich oftmals nicht einmal selbst eingestehen, was schon reichen würde. Nicht immer müssen so schwerwiegende Dinge passiert sein, aber sie können sich trotzdem schmerzhaft angefühlt haben. Es geht dabei gar nicht darum, Eltern anzuprangern, aber es ist heilsam, sie zumindest in die Verantwortung zu bringen, und vor allem ist es wichtig, sich nicht schuldig zu fühlen und im schlechtesten Fall vielleicht sogar noch selbst die Schuld für ihre Fehler zu übernehmen.« Paul blickte in die Runde und Valentina stiegen die Tränen in die Augen. Hier gab es offensichtlich ein dunkles Geheimnis aus ihrer Vergangenheit.

»Es ist okay, sich klarzumachen, dass vielleicht einiges ganz und gar nicht gut war und dass es wehgetan hat«, sprach Paul weiter und schenkte Valentina ein mitfühlendes Lächeln. »Und wichtig ist vor allem, sich darüber klar zu werden, dass – nur weil Fehler passiert sind – nicht *ihr* der Fehler seid. Kinder denken das häufig. Jetzt seid ihr aber keine Kinder mehr und dürft euch eingestehen, dass auch eure Eltern Fehler gemacht haben. Vermutlich waren auch deine nicht fehlerlos. Kann das sein?« Paul sah wieder zu Livia hinüber.

»Na ja, fehlerlos wahrscheinlich nicht, aber doch schon recht nah an perfekt.«

»Denkst du das wirklich? Nicht, dass ich es dir absprechen möchte, aber wenn ich das so sagen darf, ist nichts und niemand im Leben perfekt. Der Anspruch ist so hoch, dass er wahnsinnigen Druck erzeugt. In dir und wahrscheinlich auch in anderen. Kann es sein, dass du gerne den perfekten Partner hättest, weil du denkst, dass damals alles perfekt war und die Realität dich nicht glücklich macht, weil es diese Perfektion schlicht und einfach nicht gibt?« Livia sah Paul mit großen Augen an, sagte aber vorerst nichts. »Vielleicht suchst du dir letztlich aber immer Partner aus, die nicht mit dir auf Augenhöhe sind, weil du gern die Kontrolle behalten möchtest. Gewissermaßen suchst du dir dann Patienten aus, an denen du herumdokterst, bis sie dir weglaufen, weil niemand daran erinnert werden möchte, dass er nicht ganz richtig ist und repariert werden muss. Das tut dem Selbstwert nicht sonderlich gut. Weder ihrem noch deinem. Dein tiefster Wunsch ist wahrscheinlich diese starke Schulter, von der du heute schon gesprochen hast, aber möglicherweise macht sie dir gleichzeitig Angst«, sprach Paul weiter. »Vielleicht hast du deinen Vater als diesen starken Mann empfunden und zu Hause als Nesthäkchen wurde dir viel abgenommen. Es kann sein, dass du dadurch nicht gelernt hast, deinen eigenen Weg zu gehen, sondern den deiner Eltern. Das könnte eine gewisse Art von Abhängigkeit in dir erzeugt haben, die du in Partnerschaften eventuell wiederholst. Vielleicht hast du dadurch irgendwann angenommen, dass Liebe Abhängigkeit bedeutet, und in die begibst du dich immer wieder, und zwar, weil du dir entweder einen sehr dominanten Partner suchst, der über dich bestimmt, oder einen sehr schwachen, den du retten kannst, denn auch hier entsteht eine Abhängigkeit.«

Livia nickte schon wieder. »Oh Gott, ja! Genau zwischen diesen Extremen pendle ich immer hin und her und mir ist schon ganz schwindlig.«

»Dann versuch, wieder in *deine* Mitte zurückzupendeln. Wenn du dich nämlich darauf konzentrierst, dann musst du niemanden mehr retten oder einen Partner auswählen, der dich durch seine dominante Rolle in die Abhängigkeit bringt – oder wie gesagt: du dich selbst, weil du dir genau einen solchen aussuchst.«

»Das hört sich so verrückt an, dass es stimmen könnte!« Sie lachte und dachte kurz nach. »Aber das heißt auch, dass ich es selbst in der Hand habe, wenn ich mein Beuteschema und die Männerwahl überdenke«, sagte sie dann.

»So ist es! Lektionen im Leben wiederholen sich, bis sie gelernt sind. Jetzt, wo du das weißt, kannst du dich anders entscheiden. Rate mal, wie dein Leben dann verlaufen wird?«

»Anders? Anders wäre gut!«, rief Livia.

»Genau«, antwortete Paul. »Du wirst überrascht sein, wie sich alles fügt, wenn du die Kontrolle aufgibst und Verantwortung für dich übernimmst. Wenn du etwas änderst, ändert sich auch die Welt da draußen für dich.«

»Das wäre doch mal eine Wendung nach meinem Geschmack! Alles in allem hoffe ich jedenfalls, dass es nicht doch Karma ist«, lachte sie. »Während der Schulzeit, als ich noch ganz jung war, hatte ich nämlich diesen wirklich liebevollen Freund. Er war so zuvorkommend und richtig gut zu mir ... und was habe ich gemacht? Ich habe ihn abserviert! Vielleicht bestraft mich jetzt das Leben dafür«, scherzte sie weiter, aber ich befürchtete, dass sie auch einen Funken Wahrheit darin sah.

»Wie soll das Leben dich bitte bestrafen?«, fragte Adrian gleich. »Das übernehmt ihr schon alle selbst! Wie war das noch mal mit Verantwortung übernehmen?« Er schüttelte den Kopf. »Da entscheidet ihr euch, ständig in dasselbe kalte, leer stehende Lokal zu gehen und immer wieder dasselbe fade Gericht zu bestellen, und dann beklagt ihr euch beim Leben, dass es euch nicht schmeckt und es euch dort überhaupt nicht gefällt. Willkommen in der Losteria des Lebens! Für alle, die sich lost fühlen – ihr habt es euch vielleicht genau so ausgesucht!«

In der Losteria des Lebens
ist es einsam und kalt.

»Na ja, ich verstehe es einfach nicht«, entgegnete Livia und fühlte sich gar nicht angegriffen. »Ich bin erfolgreich im Job. Ich weiß, was ich kann ... aber sobald ein Mann in mein Leben tritt, verliere ich jegliches Vertrauen in mich. Als müsste ich ständig beweisen, dass ich es wert bin. Das ist doch fürchterlich. Ich hasse das! Und ja, dann fühlt es sich lost an.«

»Vielleicht solltest du wissen, wer du bist«, sagte Paul.

»Bitte?«, fragte Livia nach.

»Du meintest, dass du im Job weißt, was du *kannst*. Wenn du weißt, wer du *bist* und was du *willst*, dann stellst du dich nicht mehr infrage. Auch dann nicht, wenn du mal etwas nicht kannst. Was übrigens völlig normal ist. Es befreit dich von dem Druck, immer alles schaffen zu müssen.«

Livia starrte Paul beeindruckt an.

»Es wundert mich übrigens nicht, dass der gute Kerl in der Schule nicht lange interessant für dich war«, fügte Paul noch hinzu, und auch Charly wurde jetzt hellhörig.

»Ach ja ... und warum nicht?«, fragte Livia neugierig.

»Weil du dich nicht abhängig von ihm gefühlt hast, und das war dir nicht spannend genug. Erinnerst du dich an deine Überzeugung, Liebe wäre Abhängigkeit?«

»Verdammt ... ja!«, sie stockte kurz. »Ich glaube es fühlt sich wirklich erst immer dann spannend an, wenn es kompliziert ist oder ich mich klein fühle.«

»Siehst du. Aber damit hast du auch gleich die Lösung.«

»Jetzt bin ich aber gespannt ...«

»Du darfst dich auch gut fühlen, wenn du stark und unabhängig bist. Es darf auch unkompliziert und leicht sein. Das, was du dann vielleicht als langweilig empfindest, tut dir in Wahrheit wirklich gut.«

»Boom!«, sagte Charly, die sich mit Livia offensichtlich ein ähnliches Muster teilte.

LEKTIONEN
IM LEBEN
wiederholen
SICH,
BIS SIE
gelernt SIND.

PLAN BYE UND IDIOTENRADAR

»Noch nie etwas vom Idiotenradar gehört?«, meldete sich diesmal Rebecca und blickte bedeutungsvoll zu Livia. »Es ist doch ganz einfach mit den Typen – oder eigentlich ganz generell mit Menschen: Es gilt erst mal die Arschlochvermutung«, sie sah Livia immer noch mit vollkommen ernster Miene an. Wir mussten alle lachen. Rebecca aber blieb weiterhin ernst: »Trauen solltest du in erster Linie dir selbst und sonst niemandem, bis dir andere genügend Gründe geliefert haben, dass du ihnen auch wirklich trauen kannst. Das Gesetz lautet: Wenn ich Plan B bin, bist du Plan Bye! Eine simple Regel, die alles gleich viel einfacher macht, wenn man sie nur einhält.«

Schon wieder mussten alle lachen. Ich hingegen war so beeindruckt von der Klarheit, die Rebecca an den Tag legte, dass ich ganz still dasaß und darauf wartete, dass sie weitersprach.

»Ich kann im Übrigen dieses ganze Tamtam um Beziehungen sowieso nicht verstehen«, meinte sie weiter. »Warum suchst du so dringend jemanden, der dich liebt, wählst dann aber jedes Mal Typen aus, die dich gar nicht wollen? Das ist jetzt auch nicht ganz logisch, oder?! Da läuft doch was falsch!« Sie sah Livia dabei beinahe schon vorwurfsvoll in die Augen und ihre eigenen wirkten an dieser Stelle noch ein wenig dunkler als sonst.

»Äh ja ... sag ich doch. Das ist mir doch schon bewusst!«, rechtfertigte sich Livia.

»Aber ändern willst du es auch nicht?«

»Sicher. Ich wusste bisher eben nur nicht, wie!«

»Ich sag dir, wie! Typen stehen drauf, wenn du *dich* als Priorität siehst und nicht sie. Die wollen gar nicht, dass du sie so umschwärmst. Sie stellen sich dann nämlich mit großer Wahrscheinlichkeit selbst infrage. Also du kannst ihnen schon immer wieder mal den kleinen Finger reichen ... okay ... aber doch nie die ganze Hand! Die hast du vor allem dafür, dass du dir holst, was *du* brauchst! Du musst dir selbst die Nächste sein, verstehst du?! So sieht Nächstenliebe aus! Und wenn die Kerle dann keine Priorität in dir sehen, dann winkst du ihnen mit freundlichen Mittelfingern.«

Livia hing fasziniert an Rebeccas Lippen. Die beiden schienen das komplette Gegenteil voneinander zu sein. Aber gleichzeitig drängte sich mir die Frage auf: Wer war schon wie Rebecca? Sie schien so ungemein selbstbewusst zu sein, dass sie damit mal eben locker aus der Hüfte den Rest der Welt überzeugte. Und zwar, indem sie sich schlicht und einfach überhaupt nicht um die Meinung anderer kümmerte. Ich fragte mich, ob sie wirklich so cool war, wie sie wirkte, oder ob da noch etwas in ihr schlummerte, das sie nicht rausließ. Andererseits, musste es immer etwas geben? Vielleicht war sie auch einfach nur völlig bei sich und brachte das Selbstbewusstsein mit, das den meisten von uns fehlte.

»Ich feiere dich so sehr!«, rief Charly und lächelte bewundernd in Rebeccas Richtung.

»Knallhart, die Gute. Die weiß, was sie will!«, flüsterte mir Lukas von der Seite zu.

»Kann man wohl sagen«, flüsterte ich zurück und war immer noch fasziniert. Ob sie immer schon so gewesen war? Von Rebecca konnte man etwas lernen, da war ich mir sicher.

»Mit freundlichen Mittelfingern winken, das wär's!«, lachte Livia. »Oh, und entschuldige, habe ich dich jetzt unterbrochen?«

»Wenn du was lernen willst, dann hör auf, dich ständig für dich zu entschuldigen! Wie gut möchtest du denn noch sein, Mutter Teresa? Willst du diese ganzen Männer retten, damit sie dann mit einer anderen Frau glücklich werden, weil absolut niemand mit Mutter Teresa Sex haben will? Das solltest du wissen. Also hör auf mit dem Scheiß! Wenn du unbedingt jemanden retten willst, dann fang mit dem Planeten an, aber doch bitte nicht irgendwelche dahergelaufenen Typen, deren Changemanagerin du dann bist. Bekommst du denn Kohle dafür?«

Livia sah sie perplex an.

»Als Changemanagerin, meine ich«, erklärte Rebecca und wartete erst gar keine Antwort ab. »Natürlich nicht! Deshalb hör auf damit! Weißt du nämlich, wo der Hund begraben liegt? Du willst ihnen unbedingt gefallen. Und weißt du, wem du unbedingt gefallen solltest? D I R! Und zwar nur dir! Und ich sag dir auch, warum: Je weniger es dich schert, ob du ihnen gefällst, desto mehr rennen sie dir hinterher! Dann hast du diese Anziehung auf sie, die ihnen den Kopf verdreht. Das ist nämlich das Einzige, was du verdrehen solltest. Von mir aus auch deinen Arsch – im Bett –, weil du Spaß daran hast, aber niemals dich selbst für irgendwelche Kerle!« Livia nickte wie ein Roboter, den Rebecca gerade neu programmiert hatte. TütTütTüt ... neues Leben starten: Jetzt. Reset. Eingabe okay.

»Also wann immer dir jemand in Zukunft sagt, dass er dich nicht möchte ... vielleicht auch etwas nicht gut an dir findet ... oder dich ganz generell nicht wie eine Göttin behandelt, die du von Natur aus bist, sagst du dir oder am besten auch gleich ihm: ›Deine Meinung langweilt mich! Bye. Der Nächste, bitte!‹« Sie machte eine kurze, eindrucksvolle Pause, bevor sie weitersprach: »Weil, du erinnerst dich: Sie stehen dann Schlange und *du* suchst aus! Du musst dich auch gar nicht anstrengen. Sich anstrengen ist nämlich anstrengend! Das vergessen die meisten.« Rebecca beugte sich vor und schwenkte den Kopf zu Clemens. »Und was ich *dir* sagen kann«, fuhr sie fort. »Ich dachte eine Zeit lang, ich wäre tot.« Plötzlich starrten alle in ihre Richtung. Spätestens jetzt hatte sie zweifelsohne die ungeteilte Aufmerksamkeit. »Dabei war ich nur verheiratet«, ergänzte sie. »Seit ich es nicht mehr bin, lebe ich mein bestes Leben! Wer sagt denn, dass es ein Fluch ist, dass sie dich verlassen hat, und nicht das größte Geschenk überhaupt?!« Clemens blieb der Mund offen stehen.

»Du bist verdammt noch mal die Geilste, Rebecca. Ehrlich!« Livia schien die Umprogrammierung zu genießen.

»Ich weiß, danke«, sagte Rebecca und lächelte. Sie meinte es nicht einmal im Scherz. Sie wusste es einfach und war nicht darauf angewiesen, dass andere es auch erkannten.

Kurz darauf lächelte auch Paul. Niemand wusste aber so recht, wie sein Lächeln zu deuten war. »Möchtest du uns denn vorlesen, was auf deinem Zettel steht, Rebecca?«, sagte er dann. »Du hast mich sehr neugierig gemacht.«

»Klar, kann ich machen«, antwortete sie und öffnete den Zettel, den sie zu einer dünnen Röhre zusammengerollt hatte und nun auseinanderzog. Danach begann sie zu lesen: »Ich bin weniger Klischee und mehr, als ihnen lieb ist. Lieb möchte ich aber auch nicht sein. Ich bin stark und auch mal schwach. Für manche Furcht einflößend und eine Bitch, die sich nimmt, was sie will, und macht, was ihr gefällt! Ich bin hungrig nach dem Leben, habe Kleingeister satt und ich kotze bei großen Erwartungen, denn sie sind mir zu kleinkariert. Ich bin leidenschaftlich und still, aufbrausend und in mich gekehrt. Ich bin nicht schwer, nur weil andere es leicht haben wollen, und auch nicht leicht, weil es schwer für sie ist. Ich bin viel. Weil weniger zu wenig ist. Ich bin alles, worauf ich Lust habe. Und nichts, was sich in Worte fassen lässt.«

»Dafür hast du es aber sehr gut in Worte gefasst«, antwortete Paul nach einer kurzen Pause. »Du sprichst hier wirklich schön alle Gegensätze an und auch die Tatsache, dass sie nebeneinander sein dürfen. Das finde ich eine wunderbare und auch sehr wichtige Botschaft. Alle Gegensätze ergeben als Teile ein Ganzes, und so ist es auch in uns. Es ist großartig, dass du dich nicht beschränkst, Rebecca. Erst wenn wir alles zulassen und nichts ablehnen, sondern – ganz im Gegenteil – alles als Teil von uns betrachten, können wir ein erfülltes Leben führen. Wir können dann aufhören, es allen anderen recht machen zu wollen, weil wir uns selbst als ganz erachten und keine Anerkennung von außen brauchen.«

»Es ist nicht so, dass ich früher nicht auch dachte, ich müsste die Erwartungen aller anderen erfüllen«, erklärte Rebecca. »Aber wenn dir alles genommen wird, dann fragst du dich plötzlich: Wer bin *ich*? Wer ist diese Frau ohne ihn? Ich war so sehr seine Frau, dass ich vergessen habe, wer *ich* war. Ich habe die falsche Person an erste Stelle gesetzt und mich völlig vergessen. Aber irgendwann bin ich drauf gekommen, dass das nicht der Weg sein kann. Dass ich es ihm ohnehin nie recht machen konnte und auch anderen nicht. Ich wollte nicht mehr gut sein. Denn es sind die Guten, die das Böse tolerieren. Das habe ich auch getan und ich habe mich so sehr vermisst. Da habe ich beschlossen: Fuck it! Dann kann ich gleich mein Ding machen und alles, was *mich* glücklich macht! Seitdem fühle ich mich um so vieles leichter und ich liebe mein Leben! Damals, sozusagen am absoluten Tiefpunkt meines Lebens, als ich genau wie Clemens dachte, es ginge nicht mehr weiter, weil jemand anderes mich aus seinem Leben gekickt hat wie einen ausgedienten Ball, aus dem die Luft raus war, hatte ich das Gefühl, er hätte mir die Luft zum Atmen genommen.« Sie sah wieder zu Paul. »Ich bin drauf gekommen, dass ich, wie du schon erwähnt hast, immer dachte, *ihn* zu vermissen, aber irgendwo in mir ist die Frau Stück für Stück verkümmert, die ich einmal war. Und da ist mir bewusst geworden: Ich habe nicht ihn, ich habe *mich* vermisst! Und dann habe ich angefangen, mir Fragen zu stellen. ›Ist das nicht traurig?‹, habe ich damals zu mir selbst gesagt. ›Dass du versucht hast, ihn glücklich zu machen, und es dir ohnehin nie gelungen ist? Dass du ein ganzes, verdammtes Leben lang versuchst, *andere* glücklich zu machen, aber du dich nie gefragt hast, ob du es bist? Glücklich? Zufrieden? Irgendetwas, das sich gut anfühlt?‹« Rebecca blickte weiter zu Clemens. »Ich gebe dir recht. Davor habe ich mir diese Fragen auch nie gestellt. *Glücklich, was ist das überhaupt*?, dachte ich. *Und steht mir das eigentlich zu?* Ich habe zu dem Zeitpunkt überhaupt erst gemerkt, wie traurig ich schon ein ganzes Leben lang war. Und ich war es vor allem deshalb, weil ich andere glücklich machen wollte. Immer andere! Nur nie mich. Und wisst ihr, wen das überhaupt nicht interessiert hat? Genau: die anderen! Die werden nämlich nicht glücklicher, wenn man versucht, sie glücklich zu machen, und dabei selbst unglücklich ist. Ich habe denselben Kampf wie du geführt. Mit denselben Boxhandschuhen. Aber verletzt habe ich mich immer nur selbst damit.« Livia nickte, als Rebecca weitersprach. »Dann bin ich drauf gekommen, dass das Leben genau wie Tetris funktioniert. Wenn du reinpasst, verschwindest du. Wenn du es allen recht machst, machst du es allen recht. Nur *dir* nicht. Ich habe die ganze Zeit darauf gewartet, dass jemand anderes meinen Wert erkennt. Aber das hat er nicht. Damals nicht. Heute nicht. Egal, wie sehr ich mich auch angestrengt habe. Er war vielleicht ein schöner Zufall in meinem Leben. Oder ein ganz schrecklicher ... Wer weiß das schon. Es tut mir nicht leid, dass ich ihn getroffen habe, es tut mir leid, dass ich *mich* mittendrin verloren habe. Lehrreich war es auf jeden Fall. Denn eines habe ich gelernt: Ich habe mehr verdient! Und ich kann selbst dafür sorgen, dass mir das Glück wieder zufällt. Und die Liebe. All das, was ich verdient habe, hängt doch nicht von einem anderen Menschen ab, sondern einzig und allein von mir und den Entscheidungen, die ich treffe! Und dann, mit einem Mal, hat es *klick* gemacht. Von einer Sekunde auf die andere. Damals habe ich es gespürt. Dieses Vertrauen in mich und das Leben. Dass alles gut sein darf, und etwas in mir hat ganz klar und deutlich gerufen.« Sie blickte in die Runde.

Charly sah Rebecca so neugierig an, als konnte sie es kaum aushalten, das Geheimnis endlich zu erfahren.

»Fuck it! Alles in mir hat ›Fuck it‹ gerufen! Fuck it, ich will es nicht mehr allen recht machen! Fuck it, ich muss mich nicht ständig irgendjemandem beweisen! Fuck it, ich habe Liebe verdient, ohne sie verdienen zu müssen! Fuck it, ich muss mich für gar nichts rechtfertigen, niemandem gefallen, keine anderen Probleme lösen, mich nicht verbiegen, niemanden erobern, und einfach – fuck it noch mal – keine Erwartungen von anderen Leuten erfüllen! Das war er. Mein *Fuck it*-Moment. Und es hat sich angefühlt, als wäre plötzlich etwas in mir aufgebrochen und hätte Platz gemacht. Für mich. Ich habe mich plötzlich unendlich frei gefühlt. Dann habe ich mich gefragt: Ist Fuck it ein Gefühl? Und ich bin drauf gekommen: Nein, es ist die Antwort!«

Wir lachten alle. Aber gleichzeitig waren wir auch unglaublich berührt von Rebeccas Worten. Sie hatten eine faszinierende Wirkung. Ich konnte das Fuck it regelrecht spüren, wie es uns alle bewegte. Und auch etwas *in uns* bewegte.

Fuck it, du musst es nicht allen recht machen. Nur dir.

Das Leben
ist wie Tetris.
Wenn du
reinpasst,
verschwindest
du.

GELEGTE EIER

Es scheint, als hätte dieses Fuck it etwas in dir ausgelöst«, meinte Paul.

»Ja, das hat es definitiv! Es ist zu meiner Lebenseinstellung geworden. Und das heißt nicht, dass mir alles egal ist. Das ist definitiv nicht so. Ich liebe noch immer. Nur nicht alle! Und vor allem nicht jeden mehr als mich. Und manchmal kommen auch neue Menschen dazu, die ich liebe. Aber ich mache mich nicht mehr davon abhängig, ob sie mich lieben können. Vor allem dann nicht, wenn sie entscheiden, es nicht mehr zu tun. Es verändert mich nicht mehr. Ich bleibe immer noch die, die ich bin. Ich wähle sorgfältig aus, wen ich in mein Leben lasse, und ich beobachte, wer mir guttut. Vor allem aber weiß ich, was ich will. Weil es mein Leben ist und nicht das der anderen!«

»Das ist eine großartige Einstellung und genau die, um die es sich auch hier an diesem Wochenende dreht. Es ist außerdem so ein gutes Beispiel dafür, dass wir uns manchmal erst verlieren müssen, um uns neu zu finden. Denn euer Weg beginnt da, wo ihr aufhört so zu sein, wie euch andere haben wollen. Sobald ihr das erkennt, müsst ihr euch nicht mehr verbiegen.« Paul sah zuerst zu Clemens, Livia und dann zu Charly. »Solange ihr aber noch denkt, andere überzeugen zu müssen, gut genug zu sein, seid ihr es wahrscheinlich selbst, die noch nicht ganz davon überzeugt sind. Oder zumindest ein Teil von euch ist es noch nicht. Wenn ihr aber euren Wert kennt, müsst ihr ihn niemandem mehr beweisen.«

»Genau so ist es«, stimmte Rebecca zu. »Letztens hat ein Typ zu mir gesagt: ›Du bist eine herzlose Bitch‹, und wisst ihr, was? Ich dachte nur: *Ja klar siehst du das so! Und das hat nichts mit mir, sondern nur mit dir zu tun!* In Wahrheit ist es einfach nur nicht nach seinem Kopf gegangen und nur weil ich bei mir geblieben bin und es ihm nicht recht war, wollte er mir deshalb ein schlechtes Gewissen einreden. Muss ich mich deswegen schlecht fühlen? Natürlich nicht! Er wollte mir doch nur weismachen, dass etwas falsch mit mir ist! Tja, mein Lieber! Falsch gedacht! Das Einzige, was hier falsch ist, ist deine Erwartung! Und die lautet, dass alles nach deinem Willen zu laufen hat. Wenn das ›herzlos‹ für dich ist, dann – hell yeah – bin ich es gerne! In dem Fall ist mein Herz wohl wie ein Magnum Vanille Karamell ohne Zucker. Ich muss nicht extrasüß sein, um dich glücklich zu machen, weil das weder für dich noch für mich gesund ist! Da bin ich lieber außen knackig für Kerle wie dich, die sich gar keine Mühe machen, den Kern zu entdecken. Dann entgeht dir eben mein – mit süß-salzigem Karamell durchzogenes – Inneres, denn das ist ganz allein für Menschen bestimmt, die es verdient haben, in den Genuss davon zu kommen. Also ein frostiges Bye für dich, mein Lieber!«

Wir mussten alle lachen. Auch Paul, der gleich darauf wieder in seinem Rucksack kramte. Rebeccas Vergleich schien alle hungrig gemacht zu haben. Vielleicht auch danach, ganz knackig wir selbst zu sein und niemand anderen von unserer Süße überzeugen zu müssen. »Bevor wir uns endgültig zum Mittagessen aufmachen, möchte ich euch noch etwas zeigen« , erklärte uns Paul.

»Hoffentlich so ein Magnum Vanille Karamell!«, flüsterte mir Lukas von der Seite zu und nur ich konnte ihn hören.

»Bist du denn selbst nicht süß genug?«, zog ich ihn auf.

»Doch, aber wenn das so weitergeht, werde ich noch zum Bullen und kaue bald am Gras von der Lichtung.« Als hätte Paul ihn gehört, hielt er auch schon die Lösung bereit: »Ich möchte jetzt eine kleine Übung mit euch machen, und danach werden wir in der Waldschenke einkehren. Ihr wisst ja, sie ist nur ein paar Minuten von hier entfernt, es dauert also nicht mehr lange. Anschließend werden wir dann weiter nach Kirchbach wandern, wo wir, wie in meiner E-Mail bereits angekündigt, auch übernachten werden. Und morgen geht es von da aus dann zur Hagenbachklamm.« Während Paul sprach, zog er einen schwarzen Karton aus seinem Rucksack, der wie eine sehr edle Geschenkbox aussah. Es fehlte nur noch eine goldene Schleife drum herum. Als er die Box feierlich öffnete, befanden sich zwölf weiße Eier darin, die fein säuberlich zwischen den Rillen in Schaumstoffreihen geschlichtet waren. Ich fragte mich, ob er sie eigenhändig in die Box gelegt hatte und was Paul mit den Eiern wollte.

»Das sind ja traurige Ostern ... noch dazu mitten im Oktober«, scherzte Adrian und spielte darauf an, dass die Eier nicht bunt waren. »Bewerfen wir uns jetzt mit rohen Eiern?«

»Sind sie denn roh?«, fragte Livia.

Paul erklärte erst einmal gar nichts – auch nicht, was er vorhatte. »Ihr werdet es noch herausfinden«, sagte er stattdessen.

»Zunehmen werden wir an diesem Wochenende wohl nicht, das steht schon mal fest«, murmelte Lukas vor sich hin. Seine Magnum-Erwartung wurde offensichtlich spätestens mit den rohen Eiern enttäuscht.

Paul nahm währenddessen die Schachtel, stand auf und legte sorgfältig ein Ei nach dem anderen auf die verdorrte Wiese gleich hinter der Bank, auf der Livia, Charly und Philipp saßen. Er ließ nur etwa zwanzig Zentimeter Platz zwischen den Eiern und etwa genauso viel zur Bank hin. Charly drehte sich zu ihm um. »Und jetzt?«, fragte sie.

»Jetzt gehen wir los«, antwortete Paul.

»Wie denn, und was ist mit den Eiern??«, fragte Philipp und die Fragezeichen waren ihm ins Gesicht geschrieben.

»Die liegen da.«

»Äh ja. Das sehe ich! Aber sollen wir die mitnehmen, oder wie?«

»Wollt ihr sie denn mitnehmen?«

»Ich weiß nicht, was willst du denn, dass wir mit ihnen machen?«, fragte er und auch Livia und Charly sahen vollkommen ahnungslos drein.

Paul sagte wieder nichts dazu und packte die leere Box in seinen Rucksack. Danach stand er auf und deutete uns allen an, ebenfalls unsere Sachen einzupacken. »Seid ihr denn noch gar nicht hungrig?«, fragte er und verwirrte uns nun alle damit.

»Doch«, meinte Lukas als Erster und alle fingen an, ihre Zettel, Karten und Trinkflaschen wieder in ihren Rucksäcken zu verstauen. »Ach ja ... und Philipp ...«, sagte Paul in seine Richtung, »bevor du deinen Zettel wegpackst, sag uns doch noch schnell, was draufsteht!«

Philipp wirkte überrascht und auch ein wenig verstört. »Ach so, na ja ... Ich muss sagen, ich fand das gar nicht so einfach! Mir ist nicht besonders viel eingefallen.«

»Das ist okay«, beruhigte ihn Paul. »Magst du uns trotzdem verraten, was du draufgeschrieben hast?«

»Äh ... ja, gut ...«, er sah unsicher zu Paul, traute sich dann aber doch: »Ich bin Philipp«, las er ab. »Ich denke, ich bin ziemlich unkompliziert und eigentlich ein guter Mensch. Ich versuche zumindest einer zu sein.« Er sah hoch. »Das war's. Mehr ist mir nicht eingefallen.«

»Eigentlich?«, fragte Paul nach, während er aufstand.

»Bitte?«

»Du hast geschrieben, dass du *eigentlich* ein guter Mensch bist. Ganz abgesehen davon, was du denkst, was ein guter Mensch ist – wer oder was steht dir denn dabei im Weg?«

Philipp wirkte nur noch verwirrter.

»Ich denke: ich!«, lachte Charly.

»Na ja, nur dann, wenn du wieder mal Streit suchst«, antwortete Philipp.

»Bist du denn dann *kein* guter Mensch?«, fragte Paul nach.

»Wann, dann?«

»Wenn ihr nicht einer Meinung seid?«

»In Charlys Augen wahrscheinlich nicht.«

»Bist du sicher? Oder eher in deinen?«

»Ich weiß nicht, ich gebe mir jedenfalls Mühe.«

»Womit?«

»Na, ihren Ansprüchen gerecht zu werden!«

»Und gelingt es dir?«

»Ich schaffe es ja nicht einmal selbst, meinen Ansprüchen gerecht zu werden!«, rief Charly belustigt. Es schien, als würden ihr die Streits weit weniger zusetzen als Philipp. Mittlerweile waren alle anderen aufgestanden. Nur Livia, Charly und Philipp saßen noch, weil sie nicht so recht wussten, wie sie mit den zahlreichen Eiern, die vor ihren Füßen auf der Wiese lagen, aufstehen sollten.

»Kommt!«, sagte Paul und sie sahen zuerst sich und danach Paul fragend an.

»Wie denn?! Dann machen wir sie ja kaputt?«, rief Philipp eingeschüchtert.

»Sind die roh oder gekocht?«, wollte Charly dafür wissen. »Weil schmutzig möchte ich mich jetzt auch nicht machen! Ich stell mir Schöneres vor, als auf glitschige Eier zu treten und dabei vielleicht auch noch auszurutschen.«

Paul sah sie nur an und sagte nichts.

»Na gut, das ist mir zu blöd!«, rief Charly kurzerhand, hob beide Beine über die Bank und sprang auf. Dabei schubste sie zwei Eier mit der Spitze ihres Wanderschuhs vorsichtig weg. »Hey, jetzt liegen noch mehr bei mir!«, motzte Philipp, der immer noch saß, aber Charly neugierig beobachtete. Mittlerweile war auch Livia aufgestanden und balancierte kurz mit beiden Beinen auf der Wiese zwischen den Eiern, bis sie das Gleichgewicht verlor und plötzlich auf eines trat. Die Schale zersplitterte und das Ei, das – wie sich herausstellte – ausgeblasen war, lag nun leer und flach gedrückt vor ihr auf dem Boden. »Ach so«, sagte sie und machte einen Satz zu einem freien Fleck gleich daneben. »Das tut mir leid!«, entschuldigte sie sich sofort.

»Wie viele Stunden wird das jetzt dauern?«, fragte Adrian genervt. »Ich bin nämlich hungrig! Jetzt lasst die Scheißeier eben Eier sein und kommt endlich! Wenn Paul sie dahin gelegt hat, ist er selbst schuld. Soll er sich um sie kümmern! Schließlich sind es seine Eier. Es ist ja jetzt nicht so, als lägen da Handgranaten, die unter euch explodieren, also stellt euch nicht so an!« Adrian regte sich in vollem Bewusstsein auf, dass auch Paul ihn hören konnte. Es schien ihm aber völlig egal zu sein.

Livia und Charly antworteten zwar nicht, balancierten aber auf ihren Zehenspitzen zügig um die Eier herum. Im nächsten Moment bückte sich Livia und hob ein Ei auf. »Oh, das hier scheint ein hart gekochtes zu sein«, sagte sie fasziniert, während sie es in ihrer Hand begutachtete und mitnahm. »Jetzt komm doch schon, Philipp!«, rief Charly, die den Eierparcours mittlerweile bravourös gemeistert hatte und sich über die Wiese zu den anderen durch all die Eier hindurchgeschlängelt hatte.

»Ja, ja«, maulte er und setzte beide Schuhe vorsichtig auf die Wiese. Als er aufstand, rutschte er allerdings mit dem linken Fuß ab und trat sogleich auf das erste Ei. »Wähhh ...«, rief er frustriert und: »Na toll!«, während das Ei unter ihm zwischen dem Profil seiner Sohle glibberig hervorquoll und er versuchte, es von seiner Schuhsohle abzustreifen. »Das hier war natürlich roh!«, beschwerte er sich und schüttelte verärgert den Kopf. Danach stand er zwischen all den

Eiern und überlegte. »Dann eben anders!!«, sagte er schließlich, hob ein Ei nach dem anderen auf und sammelte sie vor seinem Bauch in seiner Jacke ein, die er wie ein Tragetuch aufgefaltet hielt. »Die sind ja wirklich alle verschieden!«, rief er beeindruckt. »Scheint, als wären es rohe, gekochte und ausgeblasene Eier! Jedenfalls sind sie unterschiedlich schwer!«

»Und warum nimmst du die jetzt mit?!«, fragte Charly ungläubig. »Was willst du denn bitte mit denen machen?«

»Weiß ich nicht. Aber zerstören wollte ich sie eben auch nicht«, antwortete er.

»Du weißt schon, dass das meine Eier sind?«, sagte Paul daraufhin, und Philipp erstarrte direkt. Es schien, als würde er sich schämen, zumindest wirkte er plötzlich so, als stünde *SCHULD* in Großbuchstaben auf seiner Stirn geschrieben.

»Aaaaber ... was hätte ich denn sonst tun sollen?«, sagte er kleinlaut.

»Ich mache nur Spaß«, antwortete Paul und sah uns alle an, als wir wieder als gesamte Truppe vor ihm standen. »Aber zwischen all den Eiern versteckt sich eben auch eine Erkenntnis. Wofür, denkt ihr, könnten die Eier denn stehen?«

»Dafür, dass hier etwas faul ist?«, fragte Adrian belustigt.

»Haha, ja vielleicht ... Und woran könnte denn etwas faul sein?«, fragte Paul weiter.

»An der Meinung mancher Menschen, die einem jeden Mist vor die Füße werfen, der aber gehörig zum Himmel stinkt«, scherzte Lukas und Paul lächelte.

»Auch gut. Ja, dafür könnten sie auch stehen. Aber tatsächlich waren damit die Erwartungen anderer gemeint.«

Philipp riss die Augen auf und sah hinunter zu all den Eiern, die er in seiner Jacke gehortet hatte. »Oh scheiße, warum wundert mich das jetzt nicht?!«, sagte er dann und musste grinsen.

»Ich schaffe es offensichtlich immer wieder, alle Erwartungen an mich zu reißen.«

»Ja, du scheinst einige mit dir herumzuschleppen«, antwortete Paul und blickte auf all die Eier in Philipps Jacke. »Ich fand es interessant, dass du sie alle aufgehoben und mitgenommen hast. Als wolltest du sie nicht zerstören.«

»Ja …«, antwortete Philipp nachdenklich.

»Als du auf eine Erwartung getreten bist, hat es sich anscheinend gar nicht gut angefühlt. Du hast versucht, sie abzustreifen, und hattest noch dazu ein schlechtes Gewissen, weil du sie zerstört hast. Aber statt weiterzugehen und deinen Weg zu finden, hast du auch noch alle anderen aufgesammelt und zu dir genommen.« Philipp nickte verhalten.

»Oder du, Livia«, erklärte Paul weiter. »Als du eine hohle Erwartung zerstört hast und sie unter dir zersplittert ist, hast du dich sofort dafür entschuldigt. Du hast dir dann all die anderen Erwartungen angesehen und gleich eine weitere mitgenommen. Sie hat dich so fasziniert, dass du sie aufgegriffen, ja sogar bewundert und eingesteckt hast. Danach bist du um all die Erwartungen getänzelt, damit du keine weiteren zerstörst.« Er blickte weiter zu Charly. »Dich haben die Erwartungen von Anfang an genervt. Du wolltest dich nicht damit ›schmutzig machen‹, wie du es genannt hast, und hast sie gleich darauf weiter zu Philipp geschubst. Trotzdem hast du sie aber nicht alle beiseitegeschoben, sondern bist ganz vorsichtig um sie herumgegangen.« Paul sah wieder zu uns allen. »Tatsache ist: Die Erwartungen anderer stehen euch im Weg. Sie halten euch auf. Seht euch an, wie viel schneller die anderen ohne vorangekommen sind und wie sehr ihr euch mit den Eiern aufgehalten habt. Ihr wolltet wissen, was in oder hinter ihnen steckt, habt sie begutachtet und zu euch genommen, wolltet sie nicht zerstören, seid ausgewichen und trotzdem darüber gestolpert. Nicht anders verhält es sich mit Erwartungen, die nichts mit euch zu tun haben, weil sie zu anderen gehören. Ihr seht aber trotzdem oft nicht einfach über sie hinweg oder räumt sie aus dem Weg und geht einfach weiter. Wie oft beißt ihr euch im Leben auf die Zunge, sagt nichts und lauft dabei auf rohen Eiern, nur um andere nicht zu verletzen, und wie oft brecht ihr dabei ein?«

»Ich hab ja gesagt, lasst die Scheißeier einfach da liegen!«, lachte Adrian schelmisch.

»Und darin steckt sogar sehr viel Weisheit. Genau wie du gesagt hast, sind einige Erwartungen faul ... manche wiederum sind hohl, andere bleiben an euch kleben und ihr habt Mühe, sie wieder abzustreifen. Und alle sind unterschiedlich schwer.« Er sah Adrian an, der stolz zu sein schien. »Ich frage mich aber, wie *du* mit der Situation umgegangen wärst?«, warf Paul ein. »Du meintest, die anderen sollten sich nicht um die Eier kümmern, schließlich seien sie meine und nicht ihre – womit du recht hattest. Du hast ihnen auch erklärt, dass sie keine Gefahr in ihnen sehen sollen und sie nicht größer oder gefährlicher machen sollten, als sie sind. Das war sehr klug.« Adrian lächelte wieder selbstgefällig. »Die Frage, die ich mir allerdings stelle, ist, ob du genauso gelassen gewesen wärst, wenn du inmitten der Eier gestanden hättest. Hätten sie dich dann vielleicht so genervt, dass du dich genauso lange mit ihnen aufgehalten hättest, weil du sie gern zerstört hättest, oder wärst du einfach aus Trotz sitzen geblieben?« Adrian sagte nichts, was, wie wir nun bereits wussten, immer eine stille Zustimmung war. »Der Ärger über die Eier oder die Starre hätten dich jedenfalls auch viel Kraft gekostet und blockiert.«

»Und was wäre der richtige Weg gewesen?«, fragte ich.

»Euch nicht mit den Erwartungen anderer und ihren gelegten Eiern aufzuhalten, sondern sie sanft aus dem Weg zu räumen, beiseitezuschieben und weiter euren Weg zu gehen. Egal, ob ihr ihnen zu viel Aufmerksamkeit gebt und Angst davor habt, sie zu zerstören, oder ob ihr euch über sie ärgert, vielleicht sogar wie erstarrt vor ihnen stehen bleibt und gar nichts macht – ihr gebt den Eiern damit zu viel Aufmerksamkeit und sie hindern euch an eurem Weg.«

Ich war beeindruckt. Pauls Worte hallten innerlich in mir nach. Seine Eiergeschichte hinterließ mich nachdenklich.

»Jedenfalls sollten sie euch jetzt nicht länger aufhalten. Ich schlage daher vor, wir machen uns nun endlich auf zur Waldschenke! Du kannst mir jetzt die Eier zurückgeben, Philipp.«

Philipp sah zu den Eiern hinunter und zögerte kurz, als könnte es sich um eine Falle handeln, ging dann aber langsam auf Paul zu, der seinen Rucksack wieder vom Rücken ließ, die Box hervorholte und jedes einzelne Ei aus Philipps Trage wieder in seiner Box verstaute und zurück in den Rucksack packte. »Jetzt hast du die Hände frei und musst nicht ständig aufpassen, ob du sie alle tragen kannst, über sie stolperst, darauf ausrutscht oder etwas zerbricht. Das wird deinen Weg um einiges erleichtern.«

Du bist so viel mehr als
die Vorstellung anderer.
Stolpere nicht über die Erwartungen,
die dir andere in den Weg legen.

Dein Weg
beginnt da,
wo du *aufhörst*,
so zu sein,
wie andere
dich haben
wollen.

ICH BIN SYMPATHISCH, DU ARSCHLOCH

Wenig später gelangten wir durch den Märchenwald wieder zurück zur Waldschenke, und diesmal kehrten wir zur allgemeinen Erleichterung auch dort ein. Es stellte sich nämlich heraus, dass nicht nur Lukas hungrig gewesen war. Und auch die Toilettenpause erwies sich als hervorragende Idee, nachdem ich bei all den Geschichten, die wir auf der Lichtung erfahren hatten, immer wieder aufgeregt an meiner Trinkflasche gezogen hatte, weil es mich irgendwie beruhigte. Als wir uns wenig später in der gemütlichen Holzstube herrlich dampfende Gerichte einverleibten und im Rücken das Feuer des Kamins knisterte, wurde mir einmal mehr bewusst, wie dankbar ich für dieses Wochenende war. Wir bestellten Wein, tranken aber nicht zu viel, um einen klaren Kopf für den weiteren Weg zu behalten, und unterhielten uns prächtig. Als ich aus dem Fenster sah, grasten dort ein paar Pferde entspannt auf der Wiese. Ich fragte mich, ob sie sich, genau wie die Bäume, auch keine Gedanken über die Erwartung anderer machten, sondern sich voll und ganz auf sich und den Moment konzentrierten. Als Livia von dem Typen zu erzählen begann, den sie kürzlich kennengelernt hatte und der sie wieder einmal zu enttäuschen schien, weil er nur dann anrief und sie traf, wenn es ihm gerade passte, wurde mir bewusst, dass wir doch immer die Wahl hatten. Genau wie Paul uns bereits letztes Jahr am See erzählt hatte, lag es an uns, wem wir unsere wertvolle Zeit und Aufmerksamkeit schenkten, und an diesem Wochenende begriff ich, dass es gar nicht darum ging, was andere wollten, sondern viel mehr um uns selbst – wer wir waren und was wir brauchten, um glücklich zu sein. Viel zu oft hielten wir uns mit Menschen und Dingen auf, die uns nicht guttaten, und versperrten uns dabei für alles, was wir wirklich wollten. Schließlich lag es in unserer Hand, auf welcher Wiese wir grasten, und wir konnten uns jederzeit entscheiden, ein angenehmeres Plätzchen aufzusuchen und unsere Gesellschaft zu wechseln, wenn sie nicht geschätzt wurde oder wir keine guten Gefühle dabei hatten. Denn taten wir das nicht, dann vermutlich aus den falschen Gründen: Um von anderen geliebt zu werden, obwohl wir uns in dem Moment vielleicht selbst vergessen hatten. Die Gesellschaft an diesem Wochenende erwies sich, trotz einiger plumper Adrian-Sprüche, als durchwegs angenehm. Niemals hätte ich zu diesem Zeitpunkt gedacht, dass uns noch allen der Atem stocken würde und jede Menge Tränen fließen würden.

»Das Problem ist, dass du dich vielleicht schon dann für Männer interessierst, wenn sie dir nur einen Hauch von Interesse zeigen, ohne zu hinterfragen, ob du sie überhaupt selbst interessant findest«, sagte Lukas plötzlich in Livias Richtung. »Weil – wie interessant kann jemand sein, der sich nur ein *bisschen* für dich interessiert?«

»Da haben wir wieder die Spannung«, erklärte Paul noch. »Kann es sein, dass du ihn bisher so spannend gefunden hast, weil du dich abhängig davon machst, ob er sich meldet oder nicht?

Vielleicht auch davon, wie er sich am Ende entscheidet? Du hast ja bereits erzählt, dass es so wirkt, als ob er noch andere Frauen treffen würde und gar nicht wirklich frei ist.«

»Ach bitte, wie langweilig ist das denn?!«, rief Rebecca und gähnte demonstrativ. »Langweilt er dich denn auch so wie mich? Merkst du nicht, dass du auf der Ersatzbank sitzt und darauf wartest, dass sich der Typ dafür entscheidet, dich ins Spiel zu holen? Ich für meinen Teil denke aber, dass du für immer dort hocken bleiben wirst. Und selbst wenn er sich für dich entscheidet, glaubst du wirklich, er wird dann kein Player mehr sein und nicht dasselbe Spiel mit dir weiterspielen?!« Sie sah Livia skeptisch an. »Ich werde nie verstehen, warum Menschen um andere buhlen. Gratuliere, du bist dann mit einem Mann zusammen, der zumindest daran gedacht hat, eine andere besser zu finden als dich. Wer will so jemanden?«

»Er meinte letztens, dass er gar nicht versteht, warum ich so unlocker bin«, erklärte Livia. »Und dass er mich wirklich sehr mag, aber dass ich ihm so einen Druck mache, wäre ihm nicht sonderlich sympathisch.« Sie verzog die Mundwinkel und es war nicht ganz klar, ob sie ihn oder sich in dem Moment nicht mochte.

»Nicht sonderlich sympathisch?!«, rief Rebecca. »Ernsthaft?! Und was hast du geantwortet? Ich sag dir, was du ihm hättest sagen sollen: ›ICH BIN SYMPATHISCH, DU ARSCHLOCH! Der Einzige, der hier nicht sympathisch ist, bist du – und deine Unfähigkeit, dich zu entscheiden! Aber weißt du was, dann mach ich mich mal ganz locker und entscheide gleich für uns beide! Wer mich nicht will, der kann mich mal!‹« Mittlerweile war sie in Rage. Ich fand es interessant, dass dieser Typ Rebecca anscheinend wütender machte als Livia. Sollte es nicht umgekehrt sein? Sie nahm es jedoch anscheinend einfach hin.

Ich bin *sympathisch*, du Arschloch!

»Es ist echt an der Zeit, mal deine Standards upzudaten, Livia! Nicht immer nur dein Handy, sondern auch deine Ansprüche!«, rügte sie Rebecca.

»Darf ich dich nächstes Mal mitnehmen, wenn ich ihn treffe? Oder wir verkabeln mich und du soufflierst mir ins Ohr.« Livia schien Rebeccas Worte gut gebrauchen zu können.

»Natürlich darfst du das *nicht*!«, antwortete sie jedoch verärgert und Livia sah sie entgeistert an. »Weil du ihn nämlich nie wieder treffen wirst! Gott, wir haben hier echt noch einiges zu lernen ...« Mit *wir* meinte sie wohl Livia und ihren Unwillen zu sehen, wer nicht gut für sie war.

»Ich schätze mal, dafür sind wir hier«, antwortete Lukas, der Livia damit in Schutz nahm. »Ach, ich bin so froh, dass du mitgekommen bist!«, sagte Livia stattdessen dankbar und lächelte in Rebeccas Richtung.

»Du sollst nicht ihn oder mich bewundern, sondern *dich*!«, antwortete Rebecca, die streng blieb, und Livia lachte, auch wenn die Rüge offensichtlich sehr ernst gemeint gewesen war. Rebecca schüttelte nur den Kopf, schenkte Livia am Ende aber doch noch ein klitzekleines Lächeln.

Paul hingegen ging erst gar nicht näher auf die Konversation ein. Aus Erfahrung wusste ich, dass er den großen Showdown vermutlich bereits vorbereitet hatte und es bestimmt nur eine Frage der Zeit war, bis er uns allen aufschlüsseln würde, warum wir uns verhielten, wie wir uns eben verhielten, und damit alle Erkenntnisse und das damit verbundene Wachstum in uns vorantreiben würde. Mit all seinen Fragen, die er zwischendurch stellte, brachte er uns bereits liebevoll zu jenen wunden Punkten, die noch heilen durften, weil jede Geschichte der anderen auch etwas in uns bewegte. So durften wir gemeinsam all die Schritte gehen, die es noch brauchte, um uns von da weiterzubewegen, wo wir vielleicht bisher erstarrt stehen geblieben waren. Ich liebte seine Art, die vollkommen ohne Vorwurf oder erhobenen Zeigefinger auskam und uns dennoch einfühlsam den Weg aufzeigte. Als hätte er meine Gedanken hören können, sah er mich gerade in dem Moment an, als meine Nachspeise serviert wurde und die Kellnerin den Teller vor und die Tasse Kaffee neben mir abstellte. Es schien fast so, als hätte sie die Wahl getroffen, dass nun ich an der Reihe war.

»Andrea!«, sagte Paul und ich horchte auf, als wäre es eine Überraschung, dass ich auch noch drankommen würde. »Du hast mir schon vor dem Wochenende erzählt, dass du die Welt wieder mit einem Buch an dieser Wanderung teilhaben lassen wirst. Aber davor wollen wir natürlich als Erste erfahren, was du auf deinen weißen Zettel geschrieben hast.« Er schwenkte den Kopf weiter. »Und Lukas und Valentina haben uns auch noch nicht erzählt, was auf ihrem steht.« Valentina erstarrte wieder und ich nahm rasch einen Bissen von dem Stück Waldstollen auf dem Teller vor mir, nickte verhalten und blickte Hilfe suchend weiter zu Lukas.

»Das heißt wohl, dass ich beginnen soll«, sagte er und ich entspannte mich augenblicklich, obwohl es doch gar keinen Grund zur Aufregung gab.

»Gute Idee«, antwortete ich, als ich das Stück Stollen hastig heruntergeschlungen hatte, und grinste.

»Ja, gut, mein Text ist ohnehin kurz und knackig.«

»Am Punkt, sozusagen«, stärkte ich ihm den Rücken, weil ich dankbar war, dass er übernommen hatte, obwohl ich doch ohnehin noch an die Reihe kommen würde.

»Genau … und dazu brauche ich nicht mal den Zettel.« Er stand auf und ich verschluckte mich beinahe an dem heißen Kaffee, an dem ich kurz vorher zu nippen begonnen hatte. Noch nie war mir klarer als in diesem Moment, um wie viel mutiger Lukas war, da ich niemals auf die Idee gekommen wäre aufzustehen und es auch später nicht tun würde. Schließlich war das hier ein Wanderwochenende und kein TED Talk. Da stand er also und fing an, wie ein Vortragender laut und deutlich zu erzählen: »Ich bin ein Buch mit sieben Siegeln. Ein Enigma. So gut versteckt, dass ich mich manchmal selbst nicht finde.«

Alle lachten und er setzte sich wieder. Ich lachte auch, obwohl ich nicht wusste, wie ernst er es meinte – schließlich kannte ich seinen Humor, mit dem er sich im Leben immer wieder geschickt aus der Affäre zog. Aber wie so oft steckte wahrscheinlich auch hinter diesem Scherz ein Funken Wahrheit – in dem Fall vielleicht sogar die ganze.

»Ist das Buch mit sieben Siegeln nicht eher verschlossen als versteckt?«, fragte Paul wieder am Punkt. »Oder versteckst du dich vielleicht manchmal?«

»Ja, warum nicht? Manchmal ist Verstecken doch gar keine schlechte Idee. Da nimmt man sich aus der Schusslinie und hat einfach seine Ruhe. Außerdem finde ich Rätsel geheimnisvoll. So wie das Leben auch.« Er grinste mindestens genauso geheimnisvoll wie das, was er gerade von sich gegeben hatte.

»Aber gibt es jemanden, der das Rätsel lösen oder das Buch öffnen kann?«

»Natürlich!«, antwortete Lukas knapp. »Es gibt eine Art Code. Und ein Teil des Codes lautet: Vertrauen. Das muss man sich aber erst verdienen – das habe ich letztes Jahr am See schon erklärt, und dabei bleibe ich auch. Aber da es ein Rätsel ist, gibt es natürlich auch weitere Kombinationen für die Lösung. Sonst wäre es zu einfach.«

»Dich zu durchschauen und zu knacken?«, fragte Paul nach und Lukas nickte. »Ja, klar. Und manchmal bleibe ich mir auch selbst ein Rätsel, damit es spannend bleibt.« Er lachte.

»Und verrätst du uns, welche Kombination die richtige ist?«, blieb Paul dran.

»Vertrauen, Ehrlichkeit und kein Bullshit-Bingo!«

»Verstehe ... Und was meinst du genau mit Bullshit-Bingo?«

»Na, wenn Menschen Bullshit-Bingo mit mir spielen wollen und Dinge sagen wie: ›Bei mir ist alles perfekt‹, ›Oh, alles wunderbar‹, oder ›Wir müssen uns unbedingt treffen‹, ›Ich melde mich bei dir‹ ... und dann nie was kommt ... Bullshit eben! Und Bingo, weil man schon vorher weiß, dass nichts davon der Wahrheit entspricht, weil sie weder ehrlich noch authentisch sind. Vielleicht auch, weil sie es eigentlich gut meinen ... aber wem bringt das bitte etwas? Niemandem. Weder ihnen noch mir. Auf solche Spielchen habe ich einfach keine Lust. Da bin ich raus!«

»Verstehe«, sagte Paul und verstand bestimmt noch mehr, als er uns in dem Moment verriet. Er kannte sich mit Rätseln aus und seine große Gabe war es, sie zu lösen.

Während sich mein Kopf verselbstständigte und ich nicken musste, traf mein Blick, ohne dass ich es wollte, schon wieder auf Pauls türkisfarbene Augen. »Magst du uns jetzt vorlesen, was du aufgeschrieben hast, Andrea?«, hörte ich ihn in meine Richtung sagen und ärgerte mich, dass ich nicht still sitzen geblieben war. Ich seufzte kurz, als würde das etwas helfen, und kramte nach meinem gefalteten Zettel. Als ich ihn öffnete und selbstverständlich sitzen blieb, wurden plötzlich alle mucksmäuschenstill und starrten gebannt in meine Richtung. Natürlich machte mich auch das nervös, aber ich riss mich zusammen und begann zu lesen:

»Bevor ich auf die Welt kam, waren sich mein Vater und meine Mutter nicht einig, welchen Namen sie mir geben wollten. Da sie zu keinem gemeinsamen Ergebnis kamen, fragten sie meinen Bruder, der schlussendlich meinen Namen ausgewählt hat. Er war im Kindergarten in eine Andrea verliebt. Hätte sie Geilana geheißen –

und ja, diesen Namen gibt es wirklich –, hätten wir jetzt den Salat und er hätte mir bestimmt nicht geschmeckt!« Ich hörte die anderen lachen, ließ meinen Blick aber gesenkt, da ich es so rasch wie möglich hinter mich bringen wollte und las schnell weiter: »Manchmal frage ich mich, wie viel uns im Leben schon vorherbestimmt oder mitgegeben wird und welchen Teil von uns wir selbst wählen. Ergibt letztlich vielleicht trotzdem alles Sinn? So könnte ich mich heute beispielsweise für einen anderen Namen entscheiden. Wir alle könnten das, aber die wenigsten tun es. Ist das mit den Rollen, die wir im Leben übernehmen, vielleicht ähnlich? Was wird uns von außen zugeteilt und wo entscheiden wir uns um? Ich bin Andrea. Weil mein Bruder das wollte. Aber ich bin gern Andrea, weil ich entscheide, wie es sich anfühlt, ich zu sein. Ich bin gern neugierig und gespannt, weil ich das Leben spannend finde. Und ich bin ungern wütend oder traurig, obwohl ich es eben manchmal trotzdem bin. Vielleicht lerne ich gerade, auch das zu sein, was ich ungern bin, und auch dankbar für die Schattenseiten zu sein, um an ihnen zu wachsen. Und manchmal bin ich auch gar nicht dankbar für sie, weil ich weiß, wie schmerzhaft sie sind. Außerdem bin ich ungeduldig – auch mit mir – und ich schreibe, weil ich dann nicht nur ich, sondern alles sein und fühlen kann und mehr verstehe. Nicht nur mit dem Kopf, sondern auch mit dem Herzen. Ich liebe das Schreiben, weil alles sein darf. Weil es mir und anderen zeigt, wie schön wir sind, wenn wir nicht schön sein wollen. Sondern echt. Wenn wir niemandem gefallen müssen außer uns selbst. Und vielleicht nicht einmal das. Weil es schön ist, wenn wir einfach *sind*.«

Als ich aufsah, entdeckte ich ein Glitzern in Valentinas Augen, das eine Mischung aus Rührung und Bewegtheit zu sein schien, und Livia und Charly strahlten mich an. Es war so viel Liebe im Raum zu spüren, dass mir ganz warm ums Herz wurde.

DAS DAMOKLESSCHWERT DER HEILIGEN

Jetzt du, Engel!«, sagte Adrian, der wohl mit den vielen Emotionen im Raum überfordert war, und blickte zu Valentina, die augenblicklich rot anlief. Ich fand es interessant, wie er sie nannte, vor allem weil seine Stimme gar nicht sonderlich liebevoll klang und daher auch nicht zur Wahl ihres Kosenamens passte. Und doch machte alles Sinn. Musste sie womöglich eine Heilige sein, um an Adrians Seite zu überleben? Schließlich waren Engel geflügelte Wesen neben dem Hauptgott. So stellte sich das Adrian vermutlich vor und vielleicht wählte er genau deshalb diese Bezeichnung. Drängte er sie damit aber nicht auch gleich in die Rolle der ewig Guten, deren Aufgabe es war, andere zu behüten – manchmal vielleicht sogar zu retten – und von ihrem Schicksal zu befreien? Waren Engel nicht auch für den Lobgesang zuständig? Ich wollte Adrian nichts unterstellen, aber das passte ganz gut ins Bild.

Valentina blickte währenddessen wie erstarrt auf ihr beschriebenes weißes Blatt, das sie anscheinend vorher schon aus dem Rucksack geholt hatte. Ich konnte spüren, dass sie nicht gern im Mittelpunkt stand – und was soll ich sagen, ich fühlte mit ihr. Aber hätte das nicht auch Adrian wissen müssen und warum drängte er sie trotzdem dazu?

»Na gut ...«, sagte sie kurz, als müsste sie jeden Vorschlag, den man ihr zutrug, wie einen Befehl ausführen. Allerdings war sie auch die Letzte und das ließ wenig Spielraum, um sich noch zu drücken. In jedem Fall hätte ich es lustiger gefunden, wenn sie einfach *Stimmt, Mäusezahn!* geantwortet hätte, um sein Ego ein wenig in Schach zu halten, das meiner Meinung nach ohnehin viel zu groß und aufgebläht war. Valentina fiel diese Möglichkeit aber leider nicht ein. Stattdessen tat sie, was Adrian ihr sagte. Paul, auf der anderen Seite, sagte erst mal gar nichts.

»Okay ... also, ich habe beim Schreiben wohl meinen Emotionen etwas freien Lauf gelassen«, sagte sie verunsichert, während sie zuerst auf ihr Blatt starrte und dann zu Paul sah. Der lächelte sie bestärkend an und nickte. Sie räusperte sich kurz: »Gut ... Wie ihr bereits wisst ... Ich bin Valentina«, sie hob noch einmal den Kopf und ich hatte das Gefühl, sie hätte am liebsten den Notausgang genommen – auch wenn es mit großer Sicherheit keinen Notausgang in der Waldschenke gab. Sie nahm offensichtlich all ihren Mut zusammen und fuhr fort: »Ich bin Adrians Freundin. Davor war ich ganz lange Single ... eigentlich seit ich denken kann. Irgendwie hatte ich nie Beziehungen ... wahrscheinlich, weil ich viel zu sehr mit meiner Vergangenheit beschäftigt war. Es sind so viele Dinge passiert ... die haben erst mal mein halbes Leben beansprucht. Vielleicht tun sie das immer noch.« Valentina legte den Kopf ein wenig zur Seite, als überlegte sie. Ihre Worte sprudelten mehr oder weniger frei aus ihr heraus – wenn man so wollte, sprach sie frei von der Seele. Auf ihrem Zettel standen anscheinend nur einige Stichworte, die ihr den Leitfaden gaben, wer sie war oder dachte zu sein. »Ihr müsst wissen, ich hatte es nicht ganz so leicht früher. Mein Vater hatte ein ...« – sie hielt kurz den Atem an – »... um genau zu sein hat er es immer noch ... ein Suchtproblem. Also eigentlich mehrere. Ich denke, er erträgt sich und die Welt einfach nicht.

Vielleicht wollte er auch nie Vater werden … Jedenfalls betäubt er sich mit allem, was ihm unter die Finger kommt. Alkohol, Tabletten, allen möglichen Drogen und Substanzen … Manchmal mischt er alles miteinander und ich kenne ihn eigentlich gar nicht anders als …«, sie zögerte wieder: »zu«, ergänzte sie noch. »Falls ihr euch fragt, wo meine Mutter die ganze Zeit über war … Das frage ich mich auch. Sie hat einfach zugesehen und gar nichts gemacht. Sie ist weder gegangen noch hat sie etwas unternommen. Sie hat es still ertragen. Aber nur, weil sie das gemacht hat, musste ich es auch. Ertragen. Und na ja, … als Kind dachte ich, das sei normal. Aber eigentlich ist das eine Lüge, denn in Wahrheit habe ich immer schon gespürt, dass alles eine Lüge war. Er. Sie. Wir. Das Leben! Nichts war so, wie es sein sollte. Ich konnte das immer fühlen, aber nie zuordnen. Deshalb dachte ich letztlich, dass *ich* die Lüge sei. Also irgendwie falsch.« Sie holte tief Luft. »Dabei war ich vielleicht nur im falschen Leben.« Es verschlug ihr fast die Sprache. »Um mich herum kannte ich jedenfalls nur Menschen, die ein sorgenfreies, behütetes Leben führten. Die nichts belastete und die jeden Tag genießen konnten. Sie hatten ein Leben und nicht dieses riesige Geheimnis, das wie ein Damoklesschwert über ihnen schwebte, wie bei mir … oder vielleicht auch *in* mir. Dieses unerträgliche Geheimnis, das mich einnahm, von dem ich aber niemandem erzählte. So als wäre es nicht da. Dabei war es das. Immer.« Sie sah kurz hinüber zum Feuer, das im Kamin loderte, als handelte es sich um ihren Schmerz. »Ich wollte mein Geheimnis niemandem anvertrauen, um nicht die Tochter eines Süchtigen zu sein. Um nichts in der Welt wollte ich diesen Stempel tragen, mit dem andere über mich urteilten. Sie alle, die gar nicht wissen konnten, wie sich das anfühlt. Denn die anderen … sie durften normal sein … ein normales Leben führen. Sie waren wer. Sie durften wer *sein*.« Ihre Augen glänzten, aber ich konnte keine Tränen sehen. Es wirkte eher so, als spiegelte sich ihre unendliche Traurigkeit darin wider. »Jedenfalls habe ich später die Ausbildung zur diplomierten psychiatrischen Krankenschwester gemacht und bin in der Klinik Penzing an der Baumgartner Höhe auf der Station für Suchtkranke gelandet«, erzählte sie weiter und wirkte wieder gefasster. »Witzig, oder? Ich habe irgendwann beschlossen, dass das alles doch für etwas gut sein musste. Wenn ich meinem Vater schon nicht helfen konnte, dann zumindest anderen. Jetzt erlebe ich täglich, wie schwer es für alle ist. Für Angehörige. Aber auch für Süchtige. Vielleicht fühle ich mich aber auch zum ersten Mal verstanden.« Sie sah wieder auf ihr Blatt. Die Runde schwieg. »Ach ja ... und ich lese gern. Wenn ich lese, tauche ich in andere Welten ein. Vielleicht ertrage ich dann die echte ein wenig besser. Es verschafft mir jedenfalls Erleichterung. Bücher waren schon als Kind mein innerer Zufluchtsort. Die Geschichten anderer hatten etwas Magisches für mich. Da konnte ich an andere Orte reisen und eine andere sein. Ich schlüpfte in ihre Rollen und war es ... für diesen Moment: glücklich. Das hört sich vielleicht schlimm an und es ist jetzt auch nicht so, dass ich ein unglücklicher Mensch wäre. Schließlich bin ich letztes Jahr auch Adrian begegnet«, sie sah ganz verliebt zu ihm hinüber. Schon wieder glänzten ihre Augen. Aber diesmal auf eine romantisch verträumte Art und Weise. »Vielleicht hatte ich davor einfach nur ein unglückliches Leben. Eines, das man sich so nie ausgesucht hätte, aber irgendwie da reingeraten ist. Wisst ihr, was ich meine?«

Ein paar von uns nickten. Valentina wurde noch einmal still, dann seufzte sie tief. »Tja, das bin ich. Dafür bin ich doch ganz gut geraten, oder nicht?!« Sie grinste kurz. Aber es war kein überzeugtes Lächeln. »Ich versuche jedenfalls auch, ein guter Mensch zu sein«, fügte sie noch hinzu und sah zu Philipp und dann wieder auf ihren Zettel. Danach hob sie langsam den Kopf und sah uns allen nach und nach in die Augen. Bis dahin hingen wir alle gebannt an ihren Lippen. Valentinas Worte gingen mitten ins Herz. Schließlich war es alles andere als gerecht, dass manche Menschen schon so früh die harten Proben des Lebens zugeschanzt bekamen und dabei vielleicht gar keine Chance hatten, Kinder sein zu dürfen. Als wären sie betrogen worden um dieses unbeschwerte Strahlen einer reinen Kinderseele, die unbedarft auf das Leben blickt und nichts als Möglichkeiten sieht. Es sollte allen zustehen. Diese Chance hatte Valentina wohl nie bekommen. Aber gab es überhaupt so etwas wie Gerechtigkeit im Leben? War das Leben gerecht oder war es unsere Aufgabe, uns die Gerechtigkeit zurückzuholen, wenn sie irgendwo abhandengekommen war? Die Betroffenheit stand allen ins Gesicht geschrieben. Nur Adrian verzog keine Miene. Natürlich, er kannte Valentinas Geschichte bestimmt bereits, aber ich fragte mich, ob er auch das nötige Mitgefühl mitbrachte, um ihr das Gefühl zu geben, dass sie nichts von all dem verdient hatte. Im nächsten Moment erinnerte ich mich aber auch, dass Charly am Ende des Wochenendes am Weissensee erwähnt hatte, dass Adrians Mutter in der Vergangenheit mit Depressionen zu kämpfen hatte oder es vielleicht immer noch tat. Womöglich kam Adrian dieses Gefühl der Hilflosigkeit daher selbst sehr vertraut vor und er ging nur anders damit um.

»Das war bestimmt sehr schwer für dich, Valentina«, sagte Paul nach einer Weile. »Umso beeindruckender finde ich es, wie du zu dieser starken Persönlichkeit herangereift bist, die es noch dazu geschafft hat, einen Sinn in all dem zu finden. Es hat sich jedenfalls so angehört, als würde dir dein Beruf heute ein gutes Gefühl geben.«

»Ja, das ist wirklich so. Er gibt mir unheimlich viel Kraft – ich liebe es einfach, anderen zu helfen!«

»Vielleicht, weil du dir selbst damals nicht helfen konntest?«

Sie sah Paul mit geweiteten Augen an.

»Und wie geht es dir heute damit, wenn du mit Angehörigen sprichst und ihre Geschichten hörst?«, fragte er weiter und sie überlegte für einen Moment.

»Ich glaube, ich erkenne mich ein Stück weit in ihnen wieder.«

»Und wie fühlt sich das an?«

»Gut ... ich würde sogar sagen: richtig gut. Einerseits sehe ich ihren Schmerz, aber wenn ich ihnen diesen Schmerz ein wenig erleichtern kann, weil ich ihnen erkläre, wie schwer es ist, von der Sucht loszukommen und dass sie nichts mit ihnen zu tun hat, dann fangen sie an zu verstehen, und das hat etwas Erleichterndes für mich.«

»Würdest du sagen, es darf dann immer auch etwas in dir heilen?«

Valentina nickte wieder und schwieg. Man konnte ihre innere Zustimmung spüren. Es war schön, wie heilsam Pauls Worte auf sie wirkten. Für alle. Selbst uns, die Valentinas Schicksal zwar nicht teilten, aber begriffen, dass wir im Leben immer die Chance hatten, unsere Vergangenheit zu heilen, wenn wir es schafften, sie in etwas Positives zu kehren oder – wie sich noch herausstellen würde – sie zumindest hinter uns zu lassen.

»Du hast es also geschafft, Erleichterung zu finden. Ich kann mir aber vorstellen, dass das nicht immer möglich ist. Vielleicht kennst du auch Situationen, in denen du mit einem schmerzhaften Gefühl an deine Vergangenheit denkst und sie deine Gegenwart bestimmt?«

Valentina überlegte wieder. »Ja, manchmal ist das tatsächlich so. Immer dann, wenn ich Menschen begegne, die scheinbar so viel Glück im Leben haben. Denen alles gelingt und denen noch nie etwas Schlimmes passiert ist! Dann empfinde ich einen Stich in der Brust. Ich glaube, ich bin neidisch auf das Leben, das sie führen. Dieses unbeschwerte, freie Leben, das ich nie hatte oder nie haben durfte.«

»Ist das denn so?«, fragte Paul.

»Ja, ich denke schon«, antwortete Valentina immer noch überzeugt und sah ihn fragend an.

»Vielleicht ist das Leben der anderen in deiner Vorstellung aber sehr viel besser, als es tatsächlich ist. Womöglich kämpfen sie ihren eigenen Kampf, und selbst wenn sie nicht so etwas Schmerzhaftes erlebt haben wie du, bringen sie vielleicht die kleinen Hindernisse im Leben mehr aus dem Gleichgewicht als dich. Du hingegen hast gelernt, mit den großen Hürden umzugehen, und so schnell wirft dich nichts um. Der Vergleich mit anderen ist immer tückisch. Ich möchte sogar sagen, er ist gefährlich für unser Glück. Mit dem Blick auf andere verlieren wir nahezu immer die eigene Balance und geraten ins Wanken – ein Ungleichgewicht, das der Zweifel unweigerlich mit sich bringt. Wir fragen uns dann, ob sie es besser haben als wir, und das alleine macht uns bereits unglücklich.«

»Wie wahr …«, dachte ich laut und Paul sah mich kurz an, sprach dann aber gleich weiter. »Ich möchte daher deine Annahme hinterfragen, ob es andere besser haben könnten, und zwar ganz unabhängig davon, was sie erlebt haben. Jede Geschichte ist so individuell, dass eine Gleichung mit zwei Leben als Variablen auf beiden Seiten nie aufgehen kann. Ihr werdet damit zu keinem Ergebnis kommen. Tut euch daher selbst einen Gefallen und stoppt euch immer dann, wenn ihr beginnt, euch zu vergleichen. Ihr verletzt euch nur selbst damit. Außerdem möchte ich infrage stellen, dass du dieses freie unbeschwerte Leben, das andere *scheinbar* führen, nie leben darfst«, er blickte Valentina tief in die Augen, beinahe so, als würde er mit ihr zusammen Kontakt mit ihrer Vergangenheit aufnehmen. »Deine Vergangenheit liegt hinter dir. Du hast sie durchlebt. Das heißt aber nicht, dass sie für immer bleiben und deine Zukunft bestimmen muss. Erst wenn du aufhörst, dich mit all dem, was du erlebt hast, zu identifizieren, und aus dem Schatten deiner Vergangenheit trittst, bist du frei für die Möglichkeiten deiner Zukunft. Du hast jetzt die Möglichkeit, deine Realität völlig neu zu erschaffen. Genau wie du die Wahl getroffen hast, deinen Beruf zu ergreifen. Du hast dich dadurch entschieden, etwas zu ändern und den Schmerz nicht gewinnen zu lassen. Du bist nicht deine Vergangenheit. Du kannst deine Geschichte jederzeit neu schreiben.

Pauls Worte knisterten mit dem Kaminfeuer um die Wette. Seine Gedanken fühlten sich mit einem Mal wie kleine zuversichtliche Flammen an, die uns innerlich wärmten und etwas in uns entfachten. Plötzlich schien so viel mehr möglich, als wir bisher vielleicht zugelassen hatten.

Das Gute an der
Vergangenheit ist,
dass du weißt,
was du nicht mehr
in *die Zukunft*
mitnehmen willst.

DU

BIST

nicht

DEINE

Vergangenheit.

DIE GESCHICHTE DER ANDEREN

Mir sind noch ein paar Dinge aufgefallen«, sagte Paul und alle blickten ihn gespannt an – besonders Valentina, die es schließlich betraf. Wie immer sprach er zu uns allen, egal, um welche Geschichte es sich handelte, das hatte sich auch dieses Mal nicht geändert. Er blickte zwar zu Valentina, ich war aber sicher, dass wir alle etwas mitnehmen konnten. »Du hast gleich im zweiten Satz erwähnt, dass du Adrians Freundin bist.« Er machte eine kurze Pause, bevor er weitersprach. »Das ist eine interessante Beschreibung, die mir auch aus anderen Gesprächen bekannt ist. Die meisten Menschen identifizieren sich mit ihren Beziehungen – als wären sie ein Teil anderer und nur zusammen ganz. Dabei wäre es doch schade, sich nur als Hälfte – oder schlimmer noch als netter Anhang und sozusagen als das Accessoire von jemand anderem – zu sehen, aber nicht als vollwertige, eigenständige Person, die ihr nun mal seid. Nur weil ihr eine Beziehung oder Verbindung mit jemandem habt, sei es familiär oder in Partnerschaften, vielleicht sogar im Beruf – vergesst bitte nicht, dass ihr mehr seid als die liebevolle Freundin, die gute Ehefrau, die brave Tochter, der verständnisvolle Freund, die fürsorgliche Krankenschwester, die aufstrebende Schauspielerin, die leidenschaftliche Autorin, die mutige Draufgängerin oder der erfolgreiche Manager.«

Er schwenkte seinen Kopf durch die Runde und endete bei Adrian. Ich fragte mich, ob Paul wusste, was er beruflich machte oder es in dem Moment einfach erriet. Vielleicht konnte er aber auch Menschen lesen wie balinesische Handleser den kompletten Lebenslauf oder Profiler bereits begangene Verbrechen oder solche, die es noch zu verhindern galt. »Selbst wenn euch der Gedanke zusagt, euch über eine Beziehung oder eine Aufgabe im Leben zu definieren, begrenzt ihr euch doch immer damit.« Gleich darauf blickte er weiter zu Clemens und mir war klar, dass es sich um keinen zufälligen Blick handelte.

»Aber es ist doch ein schöner Gedanke, ein Teil von etwas oder jemandem zu sein«, entgegnete Valentina.

»Und *kein* schöner, wenn man es nicht mehr ist«, schoss Clemens wie aus der Pistole und richtete die Munition gegen sich.

»Und genau das ist der Grund. Jemanden oder etwas zu lieben, bedeutet nicht, sich dafür aufzugeben. Das wäre eine Abhängigkeit und eine Aufgabe des eigenen Selbst, die mit Liebe nichts zu tun hat. Wenn ihr eine Beziehung mit jemandem eingeht, dann sollte sie beide erfüllen, aber niemals so, dass ihr euch darin verliert und nicht mehr wisst, wer ihr ohne diesen Menschen seid. Nicht anders verhält es sich mit den Aufgaben im Leben, denen ihr euch widmet. Definiert euch nicht darüber. Lasst noch Raum für euch und das Leben. Die symbiotische Liebe ist deshalb so gefährlich, weil ihr die Liebe zu euch selbst nicht mehr fühlen könnt, und wenn euch die Liebe des anderen entzogen wird, könnt ihr euch nicht mehr spüren – als gäbe es euch gar nicht mehr, sondern nur diesen einen Menschen oder diese eine Aufgabe, an die sich eure ganze Liebe und Aufmerksamkeit richtet.«

»Auch eine Form von Sucht, oder nicht?«, meinte Lukas und Paul nickte. »Ja«, fuhr er fort. »Auch Liebe kann zur Sucht werden. Sobald ihr eine Beziehung braucht, um euch vollständig zu fühlen, wird es ungesund. Die schlimmste Strafe ist es dann, verstoßen oder am Ende gar verlassen zu werden. Das ist für Menschen in symbiotischen Beziehungen kaum auszuhalten.«

»Aber es ist doch auch scheiße, verlassen zu werden!«, murmelte Clemens und schien sich zu ärgern.

»Natürlich ist es das. Und schmerzhaft noch dazu! Aber wenn es sich wie Sterben anfühlt, darf man sich fragen, welcher größere Schmerz dahintersteckt. Dann geht es womöglich um mehr als nur den Verlust des anderen Menschen, sondern um einen Teil, den man in sich selbst vermisst.«

»Aha … und welcher Teil soll das sein?«, fragte Clemens. Ein sicheres Zeichen dafür, dass Paul ins Schwarze getroffen hatte.

»Nervt dich das, Clemens?«, fragte Adrian amüsiert und auch ein wenig provokant.

»Ja, schon …«

»Gut«, erwiderte Paul und beide sahen ihn verwundert an. »Wenn euch etwas aufregt und es euch ganz besonders gegen den Strich geht, zeigt es euch, dass ein Teil davon eine alte Wunde berührt, die gerade noch einmal aufreißt. Genau diese Wunde hat dann aber auch die Chance, endlich zu verheilen. Dazu werde ich später noch kommen … vorerst will ich aber noch einmal zurück zu deinen Gedanken kommen, Valentina.« Paul sah wieder in ihre Richtung. »Du hast erwähnt, dass du denkst, dein Vater wäre womöglich lieber kein Vater geworden. Ich denke, dass es sich dabei um eine Annahme handelt, die nicht stimmen muss und möglicherweise gar nicht der Realität entspricht. Wenn wir das Verhalten anderer interpretieren und auf uns beziehen, ist auch das eine Form der Identifikation. Wir führen Rückschlüsse darüber, warum sie sich so verhalten, wie sie sich verhalten, oder nehmen an zu wissen, warum sie sind, wie sie sind, und übernehmen möglicherweise auch gleich die Verantwortung für sie. Indem du dachtest, dass dein Vater im Grunde lieber kein Vater geworden wäre, lädst du dir damit unbewusst die Schuld an seinem Verhalten auf. Dabei wollte er vielleicht nichts mehr auf der Welt als dieser liebevolle Vater sein, den du gebraucht hättest, und musste irgendwann feststellen, dass es ihm nicht gelingt – womöglich weil er selbst an seiner Vergangenheit festklebt und keine neue Gegenwart zulassen kann. Vielleicht muss er seinen Schmerz darüber immer wieder aufs Neue betäuben, weil er sich nicht gestattet hat, die beste Version seiner selbst zu sein, und es nicht ertragen kann, was er sich und dir damit antut. Ein Teufelskreis, in dem er sich im Alkohol und in den Drogen nur noch mehr dreht und der Strudel ihn vermutlich wie einen Sog nach unten zieht. Das ist natürlich nur eine Theorie und die Wahrheit kann nur dein Vater selbst beantworten. Es ist auch keine Entschuldigung für sein Verhalten, aber eine Erklärung, die dir helfen könnte, damit du aufhörst, seine Geschichte zu deiner zu machen, und die Verantwortung zu übernehmen, die eigentlich er oder im Fall deiner Mutter – auch sie – übernehmen sollte. Was allerdings in der Kindheit häufig geschieht, ist, dass Kinder dann das Verhalten ihrer Eltern fast immer auf sich selbst beziehen und denken, der Grund dafür zu sein – im schlechtesten Fall sogar eben auch Schuld daran zu haben. Eine Verantwortung, die viel zu groß ist für so kleine unschuldige Wesen, die hier sind, um sich selbst zu entwickeln, und nicht dafür, ihren Eltern ein gutes Gefühl zu geben. Ich hoffe, du weißt heute, aus der Sicht der erwachsenen Valentina, dass du keinerlei Schuld an seinem Suchtthema trägst. Wie könnte auch ein Kind an dem Verhalten seiner erwachsenen Eltern Schuld tragen, die jeden Tag Entscheidungen treffen, die leider auch keine guten sein können.«

Valentinas Augen waren bereits ganz glasig und die Traurigkeit schien durch ihren ganzen Körper zu fließen, aber ihn noch nicht verlassen zu dürfen. Am Ende beutelte es sie, als würde sie die Trauer abschütteln wollen. Es sah ganz so aus, als hätte sie die Schuld am missratenen Leben ihres Vaters tatsächlich übernommen und sie wäre ein Teil davon geworden.

»Du musst die Schuld nicht für deinen Vater tragen. Du solltest sie ihm wieder zurückgeben«, sagte Paul mit sanftem Unterton. »Und dasselbe gilt für deine Mutter.« Valentina flossen nun dicke Tränen über ihre Wangen und endlich durfte sie den Schmerz in sich zulassen und anfangen, sich davon zu befreien.

Adrian blickte auf die Uhr. »Sechseinhalb Stunden mit Paul und es wurde schon mehr geheult als bei Rosamunde Pilcher.«

Sehr einfühlsam, Adrian. Ein Mitgefühl wie ein Betonklotz, dachte ich. *Dieser Jemand ist deine Freundin und du hast nichts anderes im Sinn, als einen Scherz darüber zu machen, statt sie in den Arm zu nehmen?* Aber vielleicht spiegelte der Witz auch nur seine eigene Hilflosigkeit wider. Hatte sich Valentina etwa einen Mann mit so wenig Mitgefühl ausgesucht, weil sie selbst zu wenig für sich hatte? Oder hatte sie so wenig Mitgefühl von ihrem Vater und ihrer Mutter bekommen und wiederholte den Kreislauf mit Adrian, weil wir uns im Leben immer wieder gewohnte Situationen erschaffen, die uns vertraut und daher richtig vorkommen?

»Tränen sind etwas unglaublich Befreiendes. Es ist wichtig, sie zuzulassen und nicht immer alles zu überspielen«, sagte Paul und sah dabei nicht einmal in Adrians Richtung. Klarer hätte er seine Worte trotzdem nicht an ihn richten können.

»Gut, jetzt fühle ich mich richtig schlecht!« Charly sah zu Valentina hinüber und lächelte ihr mitfühlend zu. »Bei all den Problemchen, von denen ich erzählt habe, komme ich mir im Vergleich ziemlich lächerlich vor.«

»Und genau deshalb habe ich meine Geschichte bisher kaum jemandem erzählt«, erwiderte Valentina leise und wischte sich die Tränen aus den Augen. Im nächsten Moment richtete sie ihren

Rücken gerade und wurde plötzlich ganz klar in ihrer Stimme. »Ich will keine Mitleidsfigur sein oder die Tochter eines Süchtigen, die alle ansehen und denken: *Ist doch klar, dass sie ist, wie sie ist! Diesem armen Mädchen muss man helfen*! Danach fühlen sich alle besser, außer ich. Sie sehen mich dann nur durch diese Linse. So wie du jetzt, Charly. Ich will aber nicht die sein, der man helfen muss oder mit der alle Mitleid haben!«

»Da hilfst du lieber anderen ...«, ergänzte Paul lächelnd und Valentina verstummte. Er blickte ihr wohlwollend zu. »Ich kann gut verstehen, dass du deine Vergangenheit und somit deine ganz persönliche Geschichte nicht allen Menschen erzählen möchtest. Das musst du auch nicht. Umso schöner finde ich es, dass du uns dieses Vertrauen entgegengebracht hast.« Sie nickte verhalten.

»Und es war wirklich überhaupt nicht böse gemeint! Es tut mir leid, wenn ich dich verletzt habe ...«, stammelte Charly, die diese Wendung offensichtlich ganz und gar nicht beabsichtigt hatte. »Vielleicht ist es nur manchmal so, dass wir das Schicksal von anderen zum Anlass nehmen, um über unser eigenes nachzudenken?«

»Das ist tatsächlich so. Und dass du keine schlechten Absichten damit hattest, ist Valentina bestimmt klar«, übernahm Paul. »Die Geschichten anderer lösen auch immer etwas in uns selbst aus. Es gibt sogar Studien darüber, dass viele Menschen nach der ersten Betroffenheit Erleichterung darin finden, wenn sie das Gefühl haben, dass es anderen schlechter geht als ihnen. Das heißt natürlich nicht, dass sie kein Mitgefühl mit anderen hätten oder ihnen dieses Unglück gar wünschen. Es geht mehr darum, dass sie dann ihr eigenes Glück mehr zu schätzen wissen. Es kann die Seele sogar ein Stück weit entlasten und uns davon befreien, mit dem eigenen Leben zu hadern. Das ist auch der Grund, warum negative Schlagzeilen oft sehr viel mehr Aufmerksamkeit bekommen und so oft geklickt werden.«

»Ich will aber nicht dafür herhalten, dass es bei anderen *klick* macht, und ich will auch nicht der Grund sein, warum sie sich besser fühlen, nur weil es schwer für mich war!«, rief Valentina. »Das hat überhaupt nichts mit dir zu tun, Charly. Ich nehme dir das auch nicht übel ... Ich will nur dieses Gefühl nicht, bemitleidenswert zu sein. Genau deshalb vermeide ich es, aus meiner Vergangenheit zu erzählen.«

»Ja, das kann ich gut verstehen«, antwortete Charly nachdenklich.

Paul nickte und blickte weiter zu Valentina: »Du entscheidest, wann und wem du deine Geschichte erzählst. Vielleicht hilft es dir aber, dass die Gründe für die Reaktion nichts mit dir zu tun haben.«

»Ja. Ich weiß das im Grunde auch ... und vielleicht will ich eben genau dasselbe: mich leichter fühlen! Ich will doch auch einfach nur ein normales, spießiges Leben! Eines, das Adrian so sehr hasst und ich so gerne hätte. Ich will es einfach besser machen als mein Vater oder meine Mutter ...«

»Flüchtest du dich deshalb immer in deine Bücherwelt und schiebst ständig diese Kuchen ins Rohr und verzierst sie dann mit Extrazuckerguss oder siehst dir irgendwelche Rosamunde-Pilcher-Filme an?«, fragte Adrian.

»Wohlfühlserien ... und ein paar romantische Komödien zwischendurch – das ist ja wohl ein Unterschied. Ich mag die einfach! Die geben mir ein gutes Gefühl!«

»Ja, aber diese schöne Welt, die du dir so sehnsüchtig wünschst, ist furchtbar anstrengend für alle anderen! Die Welt ist nun mal nicht rosarot mit Schnörkel drauf und auch kein Rosamunde-Pilcher-Schinken oder irgendeine völlig verzerrte Hollywoodverfilmung. Sie ist hart und herausfordernd und manchmal auch ein Kampf! Und ich will genauso wenig wie du für etwas herhalten.

Auch nicht dafür, dass du unbedingt ein Baby willst, damit du deine Vergangenheit heilen und etwas besser machen kannst. Ich habe dir schon oft genug gesagt, dass ich nicht weiß, ob ich überhaupt ein Kind in diese Welt setzen möchte, so wie sie derzeit ist. Ich habe eben nicht den dringenden Wunsch, alles besser zu machen. Ich bin froh, wenn ich das für mich allein gut hinbekomme!«

Das eskalierte rasch. Ich fragte mich, wie wir von Valentinas Vergangenheit und Charlys Rückschlüssen über ihr eigenes Leben nun mitten im Kinderwunschthema und dem offensichtlichen Beziehungsproblem von Valentina und Adrian gelandet waren. Und *allein* war Adrian schließlich auch nicht. Warum schloss er Valentina in seiner Betrachtung der Zukunft völlig aus?

»Oder es ist genau umgekehrt bei dir und du möchtest es nicht besser machen, sondern hast Angst, es falsch zu machen?«, fragte Paul. Er kam mir dabei vor wie ein knetender Masseur, der den Reizpunkt unter der Oberfläche getroffen hatte, der zwar bei Druck schmerzt, aber uns letztendlich immer Erleichterung verschafft.

»Was wir erlebt haben, prägt uns auch hinsichtlich unserer Wünsche im Leben. Alles, was wir unbedingt wollen oder aber auch zwingend vermeiden wollen, ist ein Ergebnis der Erfahrungen, die wir gemacht haben. Anders ausgedrückt: Was wir in unserer Vergangenheit erfahren haben, prägt unsere tiefsten Sehnsüchte, aber auch unsere größten Ängste. Und beide haben miteinander zu tun. Erst wenn wir unsere Vergangenheit loslassen, können wir herausfinden, wer wir tief drinnen wirklich sind, was wir uns unabhängig von unseren bisherigen Erfahrungen wünschen und welche Ängste wir noch loslassen dürfen. Wir hören dann auf, uns von der Vergangenheit leiten zu lassen. Gerade beim Kinderwunsch ist es wichtig, ihn von dem eigenen Erlebten und den Erfahrungen mit unseren Eltern zu lösen, damit wir Kindern die Chance geben, ohne Vorbelastung ins Leben zu starten. Ganz freimachen von unserer Vergangenheit werden wir uns wahrscheinlich nie, und das ist auch nicht der Anspruch, denn sie darf ein Teil von uns sein, aber sie sollte uns nicht bestimmen. Es macht daher Sinn, sich die eigenen Themen anzusehen, um sie nicht ein Leben lang mitzuschleppen und als Paket weiterzugeben.«

Ich fand Pauls Gedanken unheimlich spannend. Bestimmte etwa die Vorstellung, wer wir durch unsere Vergangenheit denken zu sein, unsere Wünsche und damit auch die Realität und unsere Zukunft? Hätten wir, wenn wir das Bild von uns, das durch unsere Vergangenheit geprägt ist, losließen, womöglich auch andere Wünsche? Würde Adrian dann seine Angst zu versagen loslassen und Valentina den Wunsch, es besser zu machen, und würden sie sich dann in einer vollkommen neuen Realität treffen? Wie sähe die dann aus?

»Und eines noch …«, ergänzte Paul und sah dabei wieder Valentina an: »Du hast gesagt, die Welt in Büchern ist dein Zufluchtsort, an dem du eine andere sein kannst. Da frage ich dich: Kannst du nicht jederzeit eine andere sein? Oder besser gesagt: immer dieselbe Person, die unterschiedliche Dinge erlebt, die Erfahrungen macht, die sie weiterbringen? Du bist, wer du bist, aber du kannst wählen, wie du dich verhältst, und damit, wer du sein möchtest und welchen Weg du gehst. Du kannst Entscheidungen treffen, die andere Ergebnisse herbeiführen. Du kannst dich anders verhalten als in der Vergangenheit und damit deine Zukunft verändern.«

Wenn wir die Vergangenheit verlassen, treffen wir uns dann in einer neuen Realität?

Sobald
du erkennst,
dass die Geschichte
der anderen
nicht deine ist,
und du aufhörst,
sie dir zu erzählen,
wird deine Vergangenheit
nicht länger
deine Zukunft bestimmen.
Du wirst beginnen,
deine eigenen Fehler zu machen,
und sie werden dich weiterbringen.
Du wirst niemandem
mehr etwas beweisen müssen,
auch dir selbst nicht,
weil du nicht besser,
nicht erfolgreicher,
nicht anders
sein musst,
und es gar nichts
zu müssen gibt,
weil du nur hier bist,
um du *selbst* zu sein,
und das genügt.

HÄSSLICHE WAHRHEIT

Aber wir können doch immer nur unsere eigene Realität verändern und niemals die der anderen. Das alles kommt mir nämlich leider sehr bekannt vor«, meinte Livia. »Diese unterschiedlichen Welten, in denen Adrian und Valentina sich befinden, und trotzdem denken, sie könnten eine gemeinsame sein.« Livia sah Valentina eindringlich an. »Ich habe dir das schon öfter gesagt, aber irgendwie habe ich das Gefühl, du willst das alles gar nicht hören. Ist es nicht vielleicht so, dass wir uns häufig zu sehr anpassen und gar nicht unser wahres Selbst zeigen, damit wir so tun können, als wäre alles in Ordnung, nur um zusammenbleiben zu können? Das klingt jetzt vielleicht hart, aber sehen wir wirklich den echten Menschen oder reden wir uns manchmal einfach nur alles schön – ja vielleicht auch andere schön –, um der Wahrheit nicht ins Gesicht zu sehen, weil wir die Beziehung dann beenden müssten?«

»Willst du damit sagen, dass ich hässlich bin oder dass Valentina und ich uns trennen sollten?«, fragte Adrian forsch. »Du sagst, sie redet sich etwas schön? Meinst du etwa mich damit?!«

»Nein, Adrian. Mit *schönreden* meine ich, dass es vielleicht die hässliche Wahrheit ist, dass zwei Menschen völlig andere Dinge im Leben wollen und sich nur nicht eingestehen, dass sie nicht zueinanderpassen. Dann passt sich einer der beiden vielleicht so lange an, bis sich dieser Mensch völlig aufgegeben hat und entweder für den Rest des Lebens unglücklich bleibt oder von einem Tag auf den anderen abhauen muss, weil es ihm zu viel wird.«

»Sehr dramatisch …«, maulte Adrian. »Es gibt ja auch für alles Lösungen!«

»Meinst du? Oder ist es vielleicht wirklich dramatisch, wenn Menschen sich in einer Beziehung so verdrehen und am Ende sogar aufgeben, nur um sich nicht einzugestehen, dass es keinen gemeinsamen Weg geben kann? Schließlich gibt es nicht für alles Kompromisse. Oder wie sollte der aussehen? Wollt ihr vielleicht ein halbes Kind bekommen?!«

Ich musste lachen, obwohl die Situation ganz und gar nicht lustig war und daher auch mein Lachen völlig unangebracht war und mir genau aus diesem Grund im Hals stecken blieb.

»Genau so war es bei meinem Ex nämlich auch«, sprudelte es weiter aus Livia heraus. Sie schien sich weder von Adrian noch meinem ungewollten Lacher aus der Fassung bringen zu lassen. »Er hat auch nichts gesagt. Nie! Aber ich dafür sehr viel … was allerdings rein gar nichts gebracht hat. Wir haben gemeinsam einfach so getan, als wäre es möglich … das mit uns … oder der gemeinsamen Zukunft. Bis er weg war. Im Nachhinein denke ich, dass es tatsächlich so war, dass er gar kein Kind wollte. Er sieht seine Tochter jetzt zwar jedes zweite Wochenende, aber auch nur, weil ich ihn dazu zwinge, damit Ella ein wenig Vaterzeit mit ihm hat. Dazwischen interessiert er sich praktisch null für sie … vergisst diverse Anlässe wie Ballettaufführungen oder Kletterkurse und natürlich auch, seine Alimente zu zahlen. Ich sage euch: Wir sollten niemanden zwingen, ein Kind zu bekommen, der das gar nicht möchte. Wobei ich mit *zwingen* meine, jemanden zu drängen, der sich sonst nie selbst dafür entschieden hätte. In meinem Fall wusste ich nämlich gar nicht, dass er nicht Vater werden wollte, weil er sein verdammtes Maul einfach nie aufgebracht hat! Nicht *ein Mal* hat er gesagt: ›Schau Livia, ich will eigentlich etwas anderes.‹ Später habe ich es dann anhand seines Verhaltens gemerkt, weil er sich genau so verhält, wie sich eben jemand verhält, der kein Vater sein möchte. Oh Gott, ich hoffe, dass Ella nie so empfindet wie du, Valentina. Dass sie das Gefühl hat, einen Vater zu haben, der nie Vater sein wollte. Das ist doch schrecklich! Und unfair. Schließlich sucht sich niemand freiwillig Eltern aus, die keine Eltern sein wollen! Und dann hat man sie, weil sie nie Nein dazu gesagt haben.«

»Wir wissen nicht, ob sie keine Eltern sein wollten«, korrigierte Paul noch einmal ganz ruhig.

»Was macht das für einen Unterschied?!« Livia riss die Augen weit auf und presste sie gleich darauf zu kleinen Schlitzen zusammen. »Das fühlt sich doch trotzdem haargenau gleich an! Wir sollten uns jedenfalls genau überlegen, mit wem wir eine Beziehung eingehen.«

»Sucht man sich das denn immer aus? Manchmal begegnet man sich auch einfach, verliebt sich und zack, ist man auch schon mittendrin! Man weiß doch anfangs gar nicht, auf wen man sich einlässt ... Diese Verliebtheitshormone sind ganz schöne Biester!«, meinte Adrian trocken.

»Aber du hast dich doch jahrelang auf niemanden eingelassen! Das heißt, es muss schon etwas ganz Besonderes an Valentina sein«, war sich zumindest Charly sicher und lächelte ihm zu. Ich wusste nicht, was sie sich erwartete, aber mit Sicherheit nicht das, was daraufhin von Adrian folgte.

»Verlieben wir uns nicht immer in ein Bild, das später so wenig mit der Realität zu tun hat wie die Mona Lisa mit ihrem geheimnisvollen Lächeln? Die hat Leonardo doch bestimmt auch nur verherrlicht. Wahrscheinlich war sie zu Hofe genauso anstrengend und zickig wie alle anderen Frauen!«

Auch wenn ich mittlerweile wusste, dass Adrian der Meister der Provokation war und es meistens gar nicht so böse meinte, wie es rüberkam, hätte er sich seine frauenfeindlichen Bemerkungen auch einfach sparen können. Was erwartete er sich als Antwort? Dass wir ihm auf seine geschwellte Brust klopften und seinem aufgeblähten Ego zujubelten, wie stark er und seine schlechten Scherze waren?

»Ach komm …«, selbst Clemens wunderte sich trotz Liebeskummer über Adrians Humor. Zumindest schüttelte er den Kopf.

»Adriaaaan!!«, rief Charly schockiert und ihre Augen funkelten vor Ärger. »Möchtest du etwa eine Frau, die immer lächelt?!«

»Na ja, wer möchte die denn nicht?«

»Lächelst *du* denn immer?«, fragte Paul wieder mal am Punkt.

»Ich lächle selten. Allerdings … wenn ich so nachdenke … hat meine Mutter ein Leben lang gelächelt und sich eingeredet, sie wäre mit dem richtigen Mann zusammen, bis sie depressiv geworden ist. War auch nicht das Beste.«

»Nicht alles im Leben lässt sich weglächeln. Und auch nicht mit einem Scherz überspielen. Die Frage ist, wie wir über uns und das Leben denken«, erklärte Paul weiter. »Unsere Gedanken bestimmen, ob wir glücklich sind oder nicht. Wir können auch Sorgen haben, die andere nicht nachvollziehen können, und keine Leichtigkeit fühlen, weil uns etwas innerlich belastet, das für andere nicht ersichtlich ist. Wichtig ist, dass wir unsere Gefühle ernst nehmen und nicht übergehen.« Er ließ damit das Kinderthema erst einmal ruhen und schien es für wichtiger zu erachten, sich uns und vielleicht auch den verletzten Kindern in uns zu widmen. »Das Thema Depression ist ein eigenes und sehr wichtiges, das hier den Rahmen sprengen würde. Für alle, die nicht davon betroffen sind, die aber trotzdem etwas belastet, lässt sich sagen: Das Leben ist so leicht oder schwer wie unsere Gedanken, und die können wir verändern.« Paul blickte weiter zu Livia: »Außerdem haben wir alle unsere Geschichte und sollten aufpassen, sie nicht auf andere zu projizieren. Dein Ex ist nicht Adrian und du bist nicht Valentina. Auch wenn wir oft denken, anderen durch unsere eigene Erfahrung helfen zu wollen, kann der Schuss dann nach hinten losgehen. Das gilt im Übrigen auch für Aussagen wie ›Die war bestimmt genauso wie *alle anderen* Frauen‹ – wer sind denn ›alle anderen‹? Ich bin sicher, du weißt, dass es sich bei solchen Verallgemeinerungen um reine Projektionen handelt, Adrian. Oder denkst du im Umkehrschluss auch, alle Männer wären gleich?«

»Na ja …«, antwortete Adrian, »gewissermaßen sind wir Männer doch schon alle irgendwie gleich, oder etwa nicht?«

»Ist das so?«, fragte Paul und seine Skepsis stand ihm ins Gesicht geschrieben. Er schien gespannt auf die Erklärung, vielleicht auch deshalb, weil er auch ein Mann war. Seine Zweifel an der Einigkeit waren ihm jedenfalls deutlich anzusehen.

»Na, im Grunde sind wir eben sehr viel leichter zufriedenzustellen als Frauen, das liegt doch auf der Hand! Gebt uns gutes Essen, guten Sex und vielleicht noch ein berufliches Ziel, mit dem wir das Gehirn auf Trab halten können, und wir sind zufrieden. Völlig unproblematisch! Frauen auf der anderen Seite wollen es immer kompliziert. ›Wie fühlst du dich dabei, Adrian? Hast du dir schon mal überlegt, wie es *mir* damit geht? Ich wünschte, du würdest dich *ein Mal* in mich hineinversetzen … und errate am besten gleich meine momentane Gefühlslage, die sich sekündlich ändert!‹ Wer bin ich, der persönliche Rätsellöser der unergründlichen Psyche aller Frauen?!«

»Nein, Adrian, offensichtlich bist du eher ein Neandertaler!«, fauchte ihn Charly an. »Dir ist schon klar, dass sich die Menschheit seit der Steinzeit ein wenig weiterentwickelt hat und Mitdenken erlaubt ist?!« Man hätte fast annehmen können, die beiden wären ein Paar, so wie sie sich immer wieder in den Haaren lagen. Allerdings reichte schon ihre Freundschaft für ein paar nervliche Proben.

»Neandertaler waren übrigens schon ganz clever ... Aber es ist doch so: Eine Frau kann aus so unglaublich vielen Gründen sauer sein: wegen nichts und wegen allem! Da zahlt es sich doch nicht aus, die Hintergründe aufzuschlüsseln. Das wäre, als würde man irgendwo Hunderte Meter unter dem Meeresspiegel am schlammigen Grund nach einem Schlüssel tauchen. Finde den mal! Das ist vergeudete Zeit!«

»Da ziehst du es lieber vor, all deine Türen verschlossen zu halten, oder wie?«, regte sich Charly immer noch auf, wurde dann aber ein wenig ruhiger. »Na, wenigstens jagst du seit deiner Beziehung mit Valentina nur noch beruflichen Zielen und nicht mehr allen Rockzipfeln hinterher. Immerhin – es gab zumindest eine klitzekleine Entwicklung beim sonst recht überschaubaren Fortschritt deiner persönlichen Evolution. Weil: Essen, guter Sex, Job ... ernsthaft, Adrian? Was ist mit Liebe, Zuneigung, und Geborgenheit?!« Da war die Beruhigung wieder dahin.

»Gibt es doch! Ich muss nur nicht ständig darüber reden! Ihr wollt das alles doch immer nur hören, weil ihr an euch selbst zweifelt. Wärt ihr euch sicher, dass ihr gut seid, wie ihr seid, bräuchtet ihr diese ganze Bestätigung doch gar nicht! Ich wäre schließlich mit niemandem zusammen, den ich scheiße finde!«

»Ist es denn so schwer, dich in uns Frauen reinzuversetzen und das, was wir brauchen?! Empathie, Adrian. Man nennt es Empathie!« Charly rief so laut, als wollte sie Adrian die Empathie in den Körper brüllen. Adrian musste sie gerade an jemanden erinnern, sonst hätte sie sich vermutlich nicht so aufgeregt.

»Ist mir nicht sympathisch, diese Empathie.«

»Weil sich da Gefühle zeigen könnten, die dir nicht geheuer sind?«, fragte Paul ganz ruhig.

»Jetzt lassen wir es aber bitte mal gut sein, okay?! Dieses ewige Geschwafel bringt doch überhaupt nichts! Wenn ich ständig

Liebesschwüre vor mich hin faseln würde, hätten die irgendwann auch keine Bedeutung mehr! Außerdem heißt es doch nicht umsonst Ge*fühle* und nicht Ge*rede*. Sagt ja schon das Wort, dass man das fühlt und nicht darüber redet.«

»Und was fühlst du, Adrian?«

»Wie ...? Wann denn?«

»Sagen wir mal jetzt. Fühlst du dich bedrängt?«

»Um ehrlich zu sein, ja! Da bekommt man ja Beklemmungen. Es ist doch alles gut, wie es ist! Ich bin hier jedenfalls nicht der ewige Zweifler. Zumindest muss ich mir nicht immer irgendwelche Filme ansehen, um glücklich zu sein. Ich bin es einfach!«

»Mit dir oder mit mir?«, fragte Valentina, als würde das eine das andere ausschließen.

»Wenn du nicht ständig alles infrage stellst ... mit uns.«

»Dann zeig es mir doch einfach öfter mal ...«, sagte sie leise.

»Das ist ja wie vor Gericht bei der Ermittlung der Sachlage. Beweise, Beweise ... Warum brauchst du denn immer Beweise?!«

Valentina sagte nichts mehr und setzte unmittelbar ihr gefrorenes Mona-Lisa-Lächeln auf. Dass es nicht echt war, war zumindest deutlich zu erkennen. Ob es Adrian an seine Mutter erinnerte?

Nachdem gar niemand mehr etwas sagte, übernahm Paul und sah dabei zu Valentina: »Gestattest du dir denn auch mal durchzuatmen und Adrian oder dem Leben zu vertrauen?«, fragte er und machte eine lange Gedankenpause, bis er weitersprach. »Also dass auch einfach mal alles gut sein darf?« Er sah Valentina erwartungsvoll an und für einen Moment waren alle still. »Oder hast du Angst vor dem Glücklichsein?«, fragte er weiter, als wäre es das Normalste der Welt.

Ich sah Valentina geschockt an. Die wiederum wirkte gar nicht sonderlich verwundert.

»Mhmmm ja, ... das kann sein«, sagte sie nach einer Weile und sah aus dem Fenster. »Im Grunde erwarte ich jeden Tag eine

Hiobsbotschaft. Etwas, das mein Glück ins Wanken bringt und am Ende alles zerstört. Und na ja, bisher war es doch auch immer so. Wenn ich mich gefreut habe oder halbwegs glücklich war, ist etwas passiert. So war es immer, warum sollte es jetzt anders sein? Ich habe mich schließlich daran gewöhnt, mit dem Schlimmsten zu rechnen. Dann bin ich hinterher nicht so enttäuscht.«

»Hiob, der alte Stimmungskiller«, scherzte Adrian, der offensichtlich das Gefühl hatte, wieder aus dem Schneider zu sein.

»Du kanntest es ja auch nicht anders von zu Hause«, sprach Paul weiter in Valentinas Richtung, ohne auf Adrians Witz einzugehen. »Du musstest dich auf all die lauernden Gefahren einstellen und ständig wachsam sein. Irgendwann hast du daraus geschlossen, dass das Leben gefährlich ist oder, anders betrachtet, dass nichts sicher ist. In deinem Fall musstest du dich an das Verhalten deines Vaters anpassen und gut auf dich aufpassen. Du hast gelernt, die kleinsten Gefühlsschwankungen von ihm wahrzunehmen und dich darauf einzustellen – ein Überlebensmechanismus, der dir damals geholfen hat, der deinem Glück aber heute im Weg stehen könnte. So denkst du vermutlich immer noch, dass du dich nicht sicher fühlen darfst. Und dass der logische Schluss auf alles im Leben die nächste Gefahr und Enttäuschung sein muss.« Valentinas Augen füllten sich mit Tränen. Das Unglück stand ihr bereits bis zur Hälfte der Pupillen.

»Aber verhalten wir uns dann nicht vielleicht auch immer dementsprechend und sorgen erst recht dafür, dass sich die nächste Katastrophe einstellt?«, fragte Lukas.

»Eine spannende Frage.« Paul nickte. »Es ist tatsächlich so, dass wir andere Entscheidungen treffen, wenn wir davon ausgehen, dass ständig etwas Schlimmes geschehen wird. Wir können uns dann nie richtig entspannen und stehen dauernd unter Strom. Wir denken, wir dürften uns nicht auf unserem Glück ausruhen oder uns darauf verlassen, und das innere Radar schwenkt immerzu in alle Richtungen und sucht nach möglichen Gefahren. Dadurch legen wir den Fokus auf alles, was passieren könnte, und rechnen mit dem Schlimmsten. Wir denken im Innersten, das Glück gar nicht verdient zu haben. Das wiederum führt dann oft dazu, dass wir Gutes ausschlagen oder Möglichkeiten übersehen, weil sie uns eigenartig vorkommen. Vielleicht kommen sie uns aber nur eigenartig vor, weil uns ungefährliche Bedingungen gar nicht vertraut sind und wir misstrauisch werden. Das beeinflusst auch unsere Wahl in Partnerschaften, Freundschaften, dem Beruf – und nahezu alle Bereiche unseres Lebens. Wir trauen dann kaum jemandem, selbst Menschen nicht, die es gut mit uns meinen.« Paul sah wieder zu Valentina. »Du hast gelernt, das liebe, nette Mädchen zu sein, das alles tut, um ihren Vater nicht aufzuregen, damit er keine schlimmen Dinge macht. Das hat leider in der Vergangenheit nicht funktioniert. Daher hast du dich noch mehr angestrengt, alles richtig zu machen und noch lieber zu sein und noch besser zu funktionieren. Du hast dich ständig darum bemüht, es allen recht zu machen, um Gefahren abzuwenden, die letztlich leider doch immer eingetroffen sind. Und du hast nie damit aufgehört – aus der Hoffnung, es könnte gut werden, ohne tief drinnen daran zu glauben.«

»Heißt das, ich bin gefährlich?«, fragte Adrian und grinste, als wäre es eine gute Sache und er der Superheld.

»Es könnte heißen, dass es für Valentina manchmal schwierig ist, sich sicher an deiner Seite zu fühlen«, antwortete Paul ernst und warf Adrian einen strengen Blick zu. So streng Pauls Blick eben sein konnte. Denn eigentlich blieb er immer noch sanft dabei. »Und es könnte auch sein, dass Valentina dieses Gefühl aus ihrer Vergangenheit kennt und sich genau aus diesem Grund zu dir hingezogen fühlt«, fügte er noch hinzu.

»Aber Valentina hasst Actionfilme und alles, was gefährlich ist! Sie liebt doch diese dummen Liebesfilme, in denen immer alles gut ausgeht. Wie passt denn das zusammen?!«

»Das passt sogar sehr gut zusammen. Es ist die einzige Realität, in der sie sich einmal entspannen kann und der vermeintlichen Illusion hingibt, dass es gut ausgehen darf. Darum verschaffen ihr diese Filme auch Erleichterung, weil sie sich dann von all den lauernden Gefahren ausruhen und endlich einmal ihr Gefahrenradar abstellen kann. Wir alle können uns vorstellen, wie anstrengend das ist. Viele von uns deshalb, weil sie es auch kennen.«

»Ich habe jetzt eine Frage an dich, Valentina«, sagte Paul weiter. »Hast du es denn überlebt?«

»Bitte?«

»Hast du es denn überlebt, als dich dein Vater immer wieder enttäuscht hat?«

Wir warteten alle gebannt auf Pauls Auflösung. Schließlich saß Valentina durchaus lebendig mit uns am Tisch.

»Na ja, schon ...«, antwortete sie.

»Gut«, antwortete Paul. »Dann ist es jetzt Zeit, dein Leben zu leben und dich nicht von der ständigen Angst lähmen zu lassen, Adrian oder irgendjemand anderer könnte dich enttäuschen. Du kannst dich darin üben, ganz du selbst zu sein, ohne dich vor der Enttäuschung zu fürchten – ja förmlich Todesängste auszustehen, was alles passieren könnte.« Er machte noch einmal eine kurze Gedankenpause, bis er weitersprach: »Und sollte dich am Ende doch jemand enttäuschen, dann weißt du, dass du es schon einmal überlebt hast. Du hast es sogar mehrmals überlebt. Die Angst davor ist viel lähmender. Sie nimmt dir den Atem. Genau wie der Tod. Du wirst dich erst wirklich lebendig fühlen, wenn du anfängst, dir zu vertrauen, und aufhörst, dich in ständiger Angst vor der Enttäuschung zu verbiegen und dabei zu erstarren.«

Hiob, der alte
Stimmungskiller, wird erst
dann seine Ruhe geben,
wenn wir aufhören,
ihn zu füttern, und
nicht mehr in allem die
hässliche Gefahr der
Vergangenheit sehen,
sondern erkennen,
dass wir Schönes im Jetzt
verdient haben.

DAS HAUS IM WALD

Paul sah aus dem Fenster, und als ich seinem Blick folgte, bemerkte ich, dass sich die Dämmerung mittlerweile wie eine bauschige Decke über das Feld und die angrenzenden Wälder gelegt hatte und der Nebel bereits dicht ums Haus zog.

»Wir sollten langsam losgehen, bevor es dunkel wird«, sagte er und verlangte die Rechnung. Danach machten wir uns auf den Weg. »Wir gehen jetzt weiter nach Kirchbach«, erklärte er noch. »Dort übernachten wir in einem Haus, mitten im Wald. Es gehört einem Freund von mir, der es nur hin und wieder benutzt und daher manchmal auch vermietet.« Es hörte sich abenteuerlich an, in einem fremden Haus im Wald zu übernachten und sich bei Dämmerung dahin auf den Weg zu machen. Gleichzeitig klang es aber auch wie die Handlung eines Horrorfilms, und damit mischte sich nicht nur etwas Geheimnisvolles, sondern auch etwas sehr Unheimliches mit unter den Nebel, als wir vom Feldweg – diesmal weiter rechts – den Wald betraten und der weiß-roten Markierung nach Kirchbach folgten.

»Erinnert mich an den Film *The Ritual*«, sagte Adrian plötzlich laut und ich zuckte zusammen, weil es außer den paar Ästen, die am Boden knackten, und meinen Gedanken bis dahin bedrohlich still im Wald gewesen war.

»Hoffentlich verletzt sich niemand am Bein und bleibt liegen«, rief er noch und grinste, als er sah, dass ich mich erschrocken hatte.

»Müssen sie sich in dem Film nicht ihrer Vergangenheit stellen und verlaufen sich dabei?«, fragte ich. Ich erinnerte mich vage an den Trailer.

»Ja, und als sie sich verirren, stoßen sie auf mehr. Dann beginnt der Kampf ums Überleben«, freute sich Adrian, mir Angst einzujagen.

»Na, dann hoffen wir mal, dass Paul uns sicher zum Haus bringt, ohne dass wir über irgendwelche Kadaver stolpern oder von wilden Kreaturen getötet werden«, schaltete sich Charly dazu, der die Handlung offensichtlich besser bekannt war. Sie tat so, als scherzte sie, blickte dabei aber Hilfe suchend zu Paul.

»Der Wald fühlt sich tatsächlich ziemlich bedrohlich an«, flüsterte nun auch Livia angsterfüllt. »Wie spät ist es überhaupt?«

»Es ist sechzehn Uhr …«, antwortete Paul wie immer ganz ruhig. »Erst beim letzten Stück könnte es etwas dunkel werden. Wir brauchen etwa eine Stunde nach Kirchbach, und dahinter im Wald Richtung Hagenbachklamm gelangen wir dann zu dem besagten Haus. Keine Sorge, im Notfall könnt ihr eure Handys aus dem Rucksack holen, so haben wir alle Taschenlampen dabei.«

Im Notfall? Ich fragte mich, ob Paul diese Dramatik geplant hatte, denn normalerweise überließ er nichts dem Zufall. Noch war es aber gar nicht dunkel und es war wohl besser, sich weniger Gedanken zu machen und lieber zügig weiterzugehen, damit wir endlich zum Haus kamen.

»Nach Rosamunde Pilcher sieht es hier jedenfalls nicht aus. Da fallen sich immer irgendwelche Menschen bei strahlendem Sonnenschein vor schottischen Klippen in die Arme«, machte sich Adrian immer noch einen Scherz draus und sah zu Valentina, die nur den Kopf schüttelte. Sie schien noch aufgewühlt zu sein. Genau wie in *The Ritual* hatte sie sich wohl auch ihrer düsteren Vergangenheit gestellt und wirkte immer noch von ihr eingenommen.

Ob unsere Gedanken an die Vergangenheit, ähnlich wie hier im Wald, irgendwo im Hinterhalt zwischen knackenden Gehirnwindungen lauerten und in dunklen Momenten wie düstere Gestalten hervorbrachen, um uns erneut in Angst und Schrecken zu versetzen? Oder war die Angst vor der Angst vielleicht sogar größer als die Dunkelheit selbst? Noch war es nicht dunkel, also war es wohl kaum hilfreich, sich auszumalen, was noch alles passieren konnte, wenn es womöglich ohnehin nie eintraf, in meinem Kopf allerdings bereits stattfand.

»Passt auf, welche Geschichte ihr euch erzählt«, sagte Paul, der wieder ganz vorne an der Spitze unserer kleinen Truppe marschierte, laut zu uns nach hinten.

»Wie meinst du das?«, fragte ich nach, als wir weitergingen, und ich mich fragte, ob er wieder einmal meine Gedanken las.

»In unserem Kopf malen wir uns manchmal die schlimmsten Szenen aus«, erklärte er. »Über den Weg, den wir gehen, oder die Dunkelheit, die über uns einbrechen könnte, und alles, was uns geschehen oder zustoßen könnte. Manchmal auch darüber, wie andere reagieren oder was sie über uns denken und wie wir uns zu verhalten haben. Dabei vergessen wir, uns auf unsere eigenen Schritte im Hier und Jetzt zu konzentrieren und einfach weiterzugehen. Wir sollten versuchen, uns nicht von unseren Ängsten leiten zu lassen, sondern uns mehr zu vertrauen und darauf, dass der Weg uns genau dahin führen wird, wo wir hinwollen, egal, was um uns herum geschieht.«

Also ja, er konnte Gedanken lesen. Offensichtlich teilten Paul und ich uns wieder einmal dieselben. Ob der Weg deshalb plötzlich wieder etwas freundlicher wirkte, konnte ich nicht sagen. Aber genau so war es. Selbst als winzig kleine Tropfen vom Himmel herabflogen und sanft auf meiner Stirn zerplatzten, genoss ich es wieder, mit den anderen durch den Wald zu stapfen. Es war plötzlich gar nicht mehr wichtig, ob sie es auch so empfanden, denn das hatte nichts mit mir zu tun. Ich konnte ihre Gedanken nicht beeinflussen. Danach zog ich meine Kapuze auf, ging stumm weiter und konzentrierte mich voll und ganz auf mich. Schon wenige Minuten später waren gar keine Tropfen mehr zu spüren. Die Luft war zwar noch feucht, aber der Regen hörte auf, als wäre sich der Himmel nicht sicher, ob er ängstlich oder wieder wütend sein, vielleicht aber doch lieber einfach ruhen wollte. Ich dachte an unser Ziel und war gespannt auf das Haus, von dem Paul erzählt hatte. Der anfänglich schmale Weg wurde immer breiter, je tiefer wir in den Wald hineinliefen, und führte uns weiter bergab Richtung Tal. Wir kamen zügig voran. Selbst als wir an einem Hochstand vorbeimarschierten, an dem Adrian unbedingt hochklettern wollte, konnte ihn Paul noch davon abhalten, damit wir noch rechtzeitig nach Kirchbach gelangten, bevor es dunkel wurde. Und tatsächlich – als es allmählich finster wurde und die anbrechende Dunkelheit den Nebel allmählich verschluckte, gelangten wir über einen letzten steilen Abhang über dicke, verknotete Wurzeln hinunter auf eine beleuchtete Wohnstraße. Auf der gegenüberliegenden Seite entdeckte ich drei gelbe Pfeile, die als Schilder über Pfosten im Boden eingemauert waren. Auf einem Schild stand *Unterkirchbach*. Ich ging also davon aus, dass wir uns bereits in *Kirchbach* befanden, und stellte freudig fest, dass wir es ganz ohne okkulte Kadaver oder andere schreckliche Vorkommnisse durch den Wald geschafft hatten. Vielleicht auch deshalb, weil wir uns davor nicht zu lange mit der Angst beschäftigt hatten, dass all das tatsächlich geschehen könnte.

»Hier lang …«, rief Paul und deutete hinter den Schildern und der Laterne zu einem kleinen Waldweg, der sich zwischen ein paar Büschen versteckte. Als Paul sie beiseiteschob, sah ich an einem Baum etwas weiter vorne eine blaue Markierung. »Ich denke, ihr sollte jetzt eure Handys hervorholen und die Taschenlampen aktivieren«, sagte Paul plötzlich und mir wurde wieder etwas mulmig.

»Na perfekt … kein Empfang«, hörte ich Adrian von der Seite murmeln, der als Erstes sein Handy herausgefischt hatte, während alle anderen noch in ihren Rucksäcken kramten. Wenig später machten wir uns mit unseren Taschenlampen auf und marschierten still und vor allem eilig durch den mittlerweile tiefschwarzen Wald, der nur an ein paar grell ausgeleuchteten Stellen aufblitzte, im Großen und Ganzen aber stockfinster war. Ich stellte mir plötzlich wieder vor, was geschehen würde, wenn irgendwo die signalroten Augen eines Fuchses statt unserer Lampen aufblitzen würden, oder schlimmer noch die eines Wolfes, der uns gerade irgendwo im Dickicht neben uns verfolgte. Niemand sagte etwas, nur das Schmatzen unter unseren Schuhsohlen auf dem matschigen Boden und die Stille um uns, die ich zwar eben noch genossen hatte, die aber mit einem Mal ziemlich bedrohlich wirkte.

Dann der Schrei. Ein sehr lauter Schrei, der mir durch Mark und Bein fuhr und aus meinem Mund weiter in den Wald hallte, da auch ich nun zu schreien begonnen hatte, während Lukas mich am Arm packte und ich erst dann bemerkte, dass ich am ganzen Körper zitterte. »Was ist da, Chaaaarly?!«, schrie ich weiter vor zu ihr, obwohl ich sie nicht mehr sehen konnte, stattdessen aber den dunklen Umriss einer Gestalt vor einem der mächtigen Baumstämme erkannte. Charly war mittlerweile allerdings vollkommen verstummt. Sie gab keinen Laut mehr von sich.

»Wo verdammt noch mal ist Paul?«, flüsterte Lukas mir darauf ins Ohr, als mich die Panik wie ein dunkler Schatten von innen überfiel.

»Scheiße, was ist das?!«, hörte ich plötzlich auch Adrian ein paar Schritte weiter vorne brüllen. Seine Sneaker raschelten am Boden, als er anscheinend auf etwas zulief, das selbst dem sonst so harten Player Angst einzuflößen schien.

DIE GRÖSSTE ANGST IST DIE *Angst* VOR DEM *Unvorhersehbaren.*

Drei Stunden später

Die Dunkelheit hatte nun auch die Kälte mit sich gebracht. *Oder war es der Schock, der sich immer noch durch unsere Knochen fraß?* Wir kauerten wortlos in unseren dicken Jacken, mit zusätzlichen Decken um die Hüften und Beine gewickelt draußen im Garten, auf drei von vier feudalen Bänken, rund um die Feuerstelle jenes Blockhauses, das uns Paul zuvor beschrieben hatte. Trotzdem war nichts, wie es in unserer Vorstellung gewesen war. Und eine Bank blieb leer. Umgeben von riesigen Buchen, die mir noch mächtiger vorkamen als noch wenige Stunden zuvor, versuchte ich mich zu erinnern, was genau geschehen war. Als ich losrannte. Weg von dort, noch tiefer in den Wald hinein. Äste, die auf mich einpeitschten, unter mir knackten, und nichts mehr um mich herum – oder in mir – still war. Da hörte ich den zweiten Schrei. Alles ging so schnell. Ich sah hinunter zu meinen Händen. Sie zitterten immer noch. »Lauft!!«, hatte Charly plötzlich geschrien. »Verdammt noch mal, lauuuuft!«, und genau das taten wir. Wir liefen. Niemand von uns hatte Paul gesehen oder gehört.

In der Zwischenzeit hatte Adrian Feuer gemacht. Es loderte heftig zwischen den langsam verkohlenden Scheiten, ähnlich der Stimmung, die sich zusammen mit den flimmernden Funken hitzig hin und her bewegte. Nur Charly saß nicht mehr da. Ich konnte nicht aufhören, an sie zu denken.

»Wie konnte das nur passieren …? Elende Scheiße! Es ging alles so unglaublich schnell«, stammelte Livia betreten.

Paul kam wieder aus dem Haus und brachte eine Kanne Tee, ein paar Tassen und Brot- und Gemüsespieße auf einem großen Holztablett. Anscheinend hatte er alles zuvor für uns vorbereitet.

»Hat jemand Hunger?«, fragte er. »Ich hatte eigentlich geplant, dass wir am Lagerfeuer noch Stockbrot und Gemüse braten.«

Niemand hätte gedacht, dass uns der Appetit dermaßen vergehen würde. Überhaupt hatte niemand ahnen können, was geschehen war. Auch Paul nicht. Bevor er ins Haus gegangen war, um den Tee und das Essen zu holen, hatte er ganze eineinhalb Stunden mit seiner beruhigenden Stimme auf uns alle eingeredet. Mit einigen Atem- und Körperübungen hatte er sich darum bemüht, dass wir die Panik, die einigen von uns wie ein Blitz durch den Körper gefahren war, langsam wieder ausleiten konnten. Und trotzdem saßen wir mit eingefrorener Miene vor dem warmen Feuer.

Plötzlich hörte ich ein Auto über den rumpeligen Waldweg rattern, das langsam vor dem Haus anhielt. Wenig später knallten zwei Autotüren. Ich lauschte und vernahm ein Knarren, danach Schritte und Stimmen und dann eine Weile nichts. Kurz darauf quietschte die Tür zum Garten.

»Was macht ihr denn alle für Gesichter?«, rief Charly und humpelte auf uns zu. Philipp stützte sie seitlich am Arm, aber es schien ihr nicht sonderlich recht zu sein. Sie stieß ihn liebevoll weg und deutete ihm an, dass sie es allein schaffen würde.

»Was habt ihr denn gedacht?! Dass ich es nicht überleben würde?« Sie strahlte auf einmal über das ganze Gesicht, als wäre etwas ganz Wunderbares passiert. Uns saß allerdings immer noch der Schrecken in den Knochen, der zusammen mit der Angst und dem Adrenalin noch wenige Stunden zuvor durch unsere Körper geschossen war. Erst jetzt breitete sich allmählich etwas Entspannung in uns aus.

UNSICHTBARE MENSCHEN

Du hast uns einen ganz schönen Schrecken eingejagt!«, sagte Adrian. »Ganz abgesehen davon, dass ich bei deinem schrillen Schrei dachte, du stirbst, war ich davon überzeugt, dass wir jetzt alle gemeinsam abkratzen würden. Vor allem, als du dann noch hysterisch geschrien hast, wir sollten alle laufen!«

»Ja, gut, wer bitte konnte auch ahnen, was da mitten im Wald war?!«, sagte Charly und runzelte die Stirn. »Ich meine, das war doch der blanke Horror! Da reden wir gerade noch von *The Ritual* und dann passiert das ...!«

»Es konnte aber auch niemand ahnen, dass du so vor dir selbst erschrickst!«, hatte nun Adrian nach der ganzen Aufregung seinen Humor wieder. Er schenkte Charly dabei aber dennoch ein liebevolles Lächeln und sah mitfühlend auf ihren bandagierten Fuß. »Musst du denn gleich alles aus dem Film nachstellen?«

Er grinste – allerdings ganz anders als sonst. Nicht schadenfroh, sondern sichtlich erleichtert, dass Charly wieder bei uns war.

»Alles gut ... ist ja nicht mal gebrochen, sondern nur verstaucht.« Sie humpelte auf die Feuerstelle zu und setzte sich auf die freie Bank, auf der gleich darauf auch Philipp neben ihr Platz nahm.

»Aber jetzt seid ihr ja zum Glück wieder hier.«

»Zwei Röntgenaufnahmen, eine Bandage und eine recht holprige Taxifahrt später ...«, ergänzte Charly. »Man gönnt sich ja sonst nichts!«

»Wenn ich geahnt hätte, wie sehr euch die Spiegel erschrecken, hätte ich euch selbstverständlich schon vorher davon erzählt und euch gewarnt«, sagte Paul betreten. Es war ihm anzusehen, wie leid es ihm tat. »Mein Freund Viktor – dem das Haus hier gehört –, ist Künstler und er lebt für seine Arbeit. Es gibt da ein Kunstprojekt von Rob Mulholland, den er sehr verehrt und der in den schottischen Wäldern lebensgroße Spiegelskulpturen aufgestellt hat. Mulholland nannte sie *Invisible People*«, erklärte er weiter. »Viktor war so beeindruckt von der Idee, dass er in dem zugehörigen Waldstück vor seinem Haus verschiedene antike Spiegel an den Ästen der umgrenzenden Bäume aufgehängt hat. Es sollte einerseits eine Anlehnung an die Kunstform der *Invisible People* sein, bei der das Licht tagsüber aus verschiedenen Richtungen reflektiert wird und die Bilder der Umgebung projiziert, andererseits aber auch den praktischen Hintergrund haben, die Wildschweine von seinem Garten fernzuhalten. Natürlich sollte euch das Ganze keine Angst einjagen. Normalerweise gehen sonst ja auch keine Menschen bei Dunkelheit durch den Wald.« Paul war sein schlechtes Gewissen richtig anzusehen. »Ich hätte wirklich daran denken müssen, dass so etwas passieren kann, wenn wir in dieser Ausnahmesituation im Dunkeln durch den Wald marschieren. Dabei wollte ich die Spiegel und die Idee der *Invisible People* morgen aufgreifen, um mit euch über die Erwartungen anderer Menschen zu sprechen. Jedenfalls hätte ich nicht gedacht, dass uns diese nächtliche Projektion so in die Quere kommen würde, sonst hätte ich selbstverständlich versucht, das alles zu verhindern.« Er überlegte kurz. »Aber vielleicht hat auch das einen Sinn und nach dem anfänglichen Schrecken können wir uns jetzt gemeinsam ansehen, was eine solche Angst in euch ausgelöst hat und was sie vielleicht auch mit der eigenen Erwartung zu tun hat. Wie gesagt, ich hatte das wirklich anders geplant – aber so ist das Leben: Manchmal rechnen wir nicht mit bestimmten Dingen oder Ausgängen und vielleicht ist es genau das, was uns solche Angst einjagt. Aber lasst uns jetzt erst mal eine Pause machen und etwas essen, was meint ihr?«

»Ist doch alles in Ordnung, es ist ja niemand ums Leben gekommen!«, beruhigte Adrian ihn. »Und ich hab jetzt eigentlich auch schon wieder Hunger ... Ich schnapp mir mal einen von diesen hier, okay?« Adrian beugte sich vor zu dem Tablett, griff sich einen Spieß und hielt ihn ins Feuer. Wir anderen taten es ihm gleich. Endlich hatten wir uns alle wieder beruhigt und als die Anspannung langsam nachließ, kam auch der Hunger wieder.

Nach dem Essen bat uns Paul, unsere Karten und Stifte aus unseren Rucksäcken im Haus zu holen, die wir zuvor im Vorzimmer gelassen hatten. Als wir alle wieder zurück waren und gemütlich rund ums Feuer saßen, fing Paul wieder an, davon zu reden, was passiert war. »Da sich bei den Ereignissen heute im Wald bei einigen von euch die Angst gemeldet hat und sie uns auch sonst im Leben immer wieder einmal begegnet, manchmal auch blockiert oder – wie es Charly heute leider widerfahren ist – wortwörtlich zu Boden zwingt, möchte ich ein paar Worte über sie verlieren.« Er blickte in die Runde, bevor er weitersprach. »Eine solche Angst, wie ihr sie heute erlebt habt, ist nicht nur äußerst unangenehm, sondern fährt uns manchmal geradezu durch den gesamten Körper und lähmt uns förmlich. Angst kann zwar in gefährlichen Situationen auch lebensrettend sein – und das ist ihre eigentliche Aufgabe –, es ist aber auch möglich, dass sie uns vorgaukelt, dass wir in Gefahr sind, obwohl das objektiv gesehen gar nicht der Fall ist. Wenn also gar keine Gefahr in Verzug ist, kann uns die Angst in ungewollte Panik versetzen, die unseren gesamten Körper ergreift, mit Stresshormonen durchflutet und bis hin zu Atemnot, Hyperventilieren oder Zittern führt. Das wünscht sich natürlich niemand und es tut mir sehr leid, dass ein paar von euch – vielleicht sogar alle – manches davon heute genau so empfunden haben. Ich möchte euch trotzdem dazu auffordern, euch diese Angst einmal genauer anzusehen und auch, woher sie im Ursprung kommt, damit wir die gespeicherten Gefühle im Körper wieder loslassen können und unser System beim nächsten Mal im besten Fall erkennt, dass es sich um keine echte Gefahr handelt, sondern um eine dahinterliegende Emotion, die wir womöglich bereits von früher kennen. Sehr oft findet die Angst nämlich schon in unserem Kopf statt, bevor sie sich in unserem Körper ausbreitet, und über unsere Vorstellungskraft wird sie noch größer. Dann liefert sie uns Bilder von Ereignissen, die eigentlich noch gar nicht geschehen sind, bei denen es sich manchmal auch um Projektionen aus der Vergangenheit handelt, weil wir vielleicht so etwas Ähnliches schon einmal erlebt haben und nie wieder erleben wollen. Unser Körper verfällt dabei in Stress und manchmal sogar in Panik, er müsse denselben Schmerz noch einmal erleben, und erlebt ihn bereits, bevor überhaupt etwas passiert ist.«

»Also ich bin noch nie zuvor in der Finsternis Spiegeln im Wald begegnet, das kann ich schon mal sagen!«, scherzte Charly.

»Das glaube ich«, lächelte Paul. »Aber magst du uns vielleicht erzählen, was du in dem Moment gefühlt hast? Ich nehme an, dass du nicht gleich erkannt hast, dass es sich um Spiegel handelt ... und das ist ja auch durchaus verständlich, weil die niemand im Wald erwarten würde.«

»So ist es ... Und ... nein, ich wusste es wirklich nicht und es ist dann auch alles wie aus dem Nichts passiert. Ich habe plötzlich diese dunkle Gestalt vor mir gesehen und dann dachte ich, es wäre aus. Schlicht und einfach zu Ende! Ich dachte, da wäre jemand, die aussieht wie ich. Wie ein dämonischer Zwilling! Und dann meine Gedanken: *Sie holt mich! Sie tötet mich. Ich überlebe das nicht!*

Immer und immer wieder haben meine Gedanken laut nach mir geschrien und ich habe zurückgeschrien ... aus Angst ... vielleicht auch aus Hilflosigkeit ... Ich weiß eigentlich gar nicht so genau, warum ich geschrien habe. Es ging alles so schnell ...«

»Erinnerst du dich, was du gedacht hast, bevor du gerannt bist?«, fragte Paul vorsichtig und Charly überlegte. »Ja ... Ich starrte weiterhin auf diese Gestalt, und für einen Moment war ich sie, obwohl ich wusste, dass das nicht sein konnte. Da stand sie und starrte mich an, als wolle sie mich töten. Und dann dachte ich: *Das bin ich doch längst! Vielleicht nicht tot. Aber schon lange nicht mehr lebendig.*« Sie wurde kurz still, bevor sie weitersprach. »Ich sah es in ihren Augen. Sie waren meine. Sie spiegelten sich darin. Und ich fühlte mich tot, obwohl ich am Leben war und trotzdem so große Angst hatte zu sterben. Ich war also schon tot, bevor ich es war ... macht das Sinn?« Sie schüttelte den Kopf. »Natürlich macht das keinen Sinn!«

»Angst ist oft irrational, das ist ganz normal und durchaus verständlich«, beruhigte sie Paul. Charlys Pupillen wurden ganz starr. Es war ihr anzusehen, dass sie gerade nicht ganz hier, sondern ein Teil von ihr wieder mitten im Wald war. Da, wo sich alles zugetragen hatte.

»Ich dachte nur: *Ich werde sterben! Ich werde tot sein und sie haben mir alles genommen!*«

»Und wenn du dich jetzt kurz wieder aus der Situation aus dem Wald herausnimmst. Wer sind sie? Wer könnten sie sein?«

»Mhm ... wahrscheinlich sind *sie* ... alle, die mir ständig einreden, dass ich anders zu sein habe, als ich bin. Und durch sie rede ich es mir wiederum selbst ein ... und wenn ich genauer darüber nachdenke, dann ist da längst etwas in mir gestorben. Also schon lange vor dem Wald. Oder dem Spiegel. Vielmehr in mir.«

»Okay, bleib bitte kurz in diesem Gefühl, auch wenn es unangenehm ist. Es könnte dir etwas zu sagen haben«, erklärte Paul. »Was ist denn gestorben?«, fragte er ruhig weiter. Charlys

Augen fixierten Paul zwar, aber sie wirkten abwesend – beinahe so, als würde sie in eine andere Welt blicken, die sich gerade in ihr zutrug.

»Vielleicht der Teil von mir, der einmal an mich geglaubt hat ... Als ich noch dachte, es würde reichen, ich zu sein. Naiv, offen, fröhlich und zufrieden mit all dem, was ich nicht bin und nie sein wollte, die Welt es aber irgendwann von mir eingefordert hat.«

»Weil sie was gesagt hat? Die Welt ... oder die Menschen in deinem Leben?«

»Sie haben so viel gesagt. Und immer wieder. ›Carlotta, du solltest echt mal dein Leben in den Griff bekommen! Diese Schauspielerei ist doch ein nettes Hobby, aber glaubst du wirklich, dass man davon leben kann?‹ Oder schon früher, als ich hörte: ›Das macht man nicht‹, und: ›Sei nicht so wütend, du bist schließlich ein Mädchen und das gehört sich nicht‹. Da habe ich angefangen, all die Wut in mich hineinzustopfen. In die letzten Ecken meiner Seele, und da lauert sie jetzt. Wütend. Ich bin es, aber ich darf es nicht sein. Ich schäme mich dafür. Die Wut und ich haben uns getrennt. Irgendwann habe ich sie in diesen verborgenen Ecken gelassen und wenn sie sich meldet, dann schreie ich. Weil es wehtut, ich zu sein. Weil ich nicht mehr dagegenhalten kann, obwohl ich doch weiß, ich sollte. Weil man es mir eingeredet hat, ein Leben lang. Halt die Luft an, wenn die Wut sich meldet. Erstick sie in deinem Schweigen. Und irgendwann, wenn ich nicht mehr schweigen kann, dann schreie ich. Jedes Mal schreie ich, weil es so wehtut.« Sie sah zu Boden. »Aber nur kurz, weil ich nicht darf. Ich darf nicht ich sein. Ich darf nicht schreien. Das habe ich ein Leben lang von allen gehört. Und dass ich sein soll wie sie alle. Die Frauen in der viel zu engen Uniform, die man uns irgendwann aufgezwängt hat. ›Hier, trag! Und ertrag es! Das ist deine Aufgabe! Keiner braucht dich, wie du bist. Denn wie du bist, ist zu laut, zu ungehobelt, zu anstrengend!‹ Für andere.« Sie stockte. »Und nun bin ich es für mich. Ich bin anstrengend für mich. Ich strenge mich an. Aber es ist anstrengend! So unglaublich anstrengend. So, dass ich es kaum aushalte, ich zu sein. Ich glaube, diese Angst trage ich immer mit mir herum. Und sie macht mich schreckhaft. Sie lässt mich vor mir selbst erschrecken.« Charly zog ihre gelbe Karte vom Schenkel hoch: »Und da steht es auch geschrieben: Oder sie – die Erwartung: *Allen gefallen zu müssen, selbst wenn ich dabei falle. Und sie mich fallen lassen!*« Sie warf die Karte auf den Boden. »Ich glaube, genau das macht mich so wütend. Das kann doch niemand schaffen! Wer kann denn schon immer allen gefallen?!«

»Aber das musst du doch gar nicht«, sagte Philipp leise und blickte sie liebevoll an.

»Ach nein?! Du hasst meine Wut doch genauso wie ich! Du kannst sie auch nicht ertragen! Und dann meldet sie sich wieder. Weil ich nicht sein darf, wie ich bin. Die Wut macht mich noch wütender. Es fühlt sich an wie ein Topf, den man am Herd vergessen hat, der zuerst leise brodelt, bis das Wasser ganz unten an den Boden gelangt und das Gefäß noch heißer wird und gar nichts mehr davon übrig ist und es knackt, weil das Heiße an den Seiten hinauswill, aber nirgendwo hin kann ... bis der Topf am Ende zerspringt! Dann fliegen all die Teile durch die Luft. Sie explodieren, der Qualm steigt auf und niemand kann mehr atmen. Auch ich nicht. Die erhitzten Teile setzen alles in Brand. Und ich schäme mich dafür.« Sie atmete tief durch.

»Genau so. So fühlt es sich an. Jedes Mal, wenn ich explodiere. Wenn ich das Gefühl habe, den Topf nicht ordnungsgemäß gewartet, nicht genug auf ihn aufgepasst und die Regeln nicht befolgt zu haben. Ich bin schuld an jedem Feuer. Und dann ersticke ich es. Ich decke Tücher darüber. So lange, bis nichts mehr brennt. Da ist kein Funke mehr in mir. Und manchmal kein bisschen

Leidenschaft mehr fürs Leben. Ich habe die Wut getötet, um keinen Schaden anzurichten. Aber es zerreißt mich jedes Mal. Und danach sammle ich alle Teile wieder ein und neuerdings füge ich sie nicht mal mehr zusammen. Ich lasse sie da liegen, weil ich es leid bin, mich selbst zu reparieren. Ich kann mich nicht reparieren. So viel Kleber hat die Welt nicht, dass es sich wieder heil anfühlt.« Charlys Augen füllten sich mit Tränen, sie schien sie aber zurückzuhalten.

»Und was, denkst du, steckt hinter der Wut?«

»Wie, *hinter der Wut*?« Sie sah Paul fragend an.

»Vielleicht verbirgt sich ja ein Gefühl hinter der Wut, das nicht hinauskann, weil du es nicht zulassen möchtest und du es hinter der Wut abgestellt hast. Im wahrsten Sinne des Wortes.«

»Dass ich etwas in mir abgestellt habe? Abgestellt wie stehen gelassen oder ausgemacht?«

»Genau. Womöglich beides. Was könnte das denn sein? Versuch mal hineinzufühlen. Könnte es sein, dass dir die Wut kontrollierbarer erscheint, weil du sie vielleicht besser steuern kannst als das Gefühl dahinter?«

»Meinst du Angst?«, fragte Charly.

»Ist es denn Angst?«

»Nein, ich denke nicht.«

»Gibt es vielleicht etwas, wofür du dich noch mehr schämst als für die Wut? Ein Gefühl von früher?«

»Dass mich niemand will?«, fragte sie und plötzlich liefen die Tränen, die sie eben noch zurückgehalten hatte, über ihre Wangen und tropften wie warmer Herbstregen auf ihren Schoß.

»Und da hast du die Traurigkeit, die du schon ein Leben lang versuchst zurückzuhalten, weil du sie nicht noch einmal spüren willst«, sagte Paul.

MANCHMAL
BRAUCHT ES EINEN
ÜBERWÄLTIGENDEN
Zusammenbruch,
UM EINEN
ÜBERWÄLTIGENDEN
Durchbruch ZU
HABEN.

VERBRANNT UND ENTFLAMMT

Die Wut ist oft die Strafe, die wir uns selbst für die Fehler anderer geben«, fuhr Paul fort und sah Charly dabei in ihre rehbraunen Augen. »In deinem Fall könnte sie die Verkleidung deiner Traurigkeit darüber sein, dass du irgendwann das Gefühl bekommen hast, dass dich niemand will. Erinnerst du dich, als du anfangs gesagt hast, dass dein Vater sich nur meldet, wenn er will, und was das über dich aussagt? Du hast es mit einem Scherz überspielt, aber du bist traurig darüber und warst es schon die ganze Zeit. Zu Recht! Erst wenn du dir gestattest, diese Traurigkeit zu fühlen, darf der Schmerz in dir heilen. Dann musst du dich auch nicht länger hinter der Wut verstecken, von der du denkst, dass du sie mehr unter Kontrolle hättest als die Traurigkeit. Weißt du, was es über dich sagt, Charly? Dass du traurig bist und es auch sein darfst.«

Charly holte tief Luft.

»Was hältst du davon, wenn du deine Karte der Erwartung jetzt ins Feuer wirfst und ihr dabei zusiehst, wie sie sich langsam verwandelt? Du gibst sie dann an das Leben zurück, statt sie bei dir zu lassen, wo sie dich immer wieder zurückhält.«

Charly blickte ins Feuer und nickte langsam. »Ja … ich denke, das ist eine gute Idee«, sagte sie und bückte sich, um die Karte vom Boden aufzuheben, und sah noch einmal gedankenversunken darauf.

»Vielleicht dachtest du nur immer, gut sein zu müssen, weil du glaubst, dass dich andere nur dann wollen oder endlich lieben können«, erklärte Paul weiter. »Diese Erwartung macht dich traurig. Denn immer entsprechen zu müssen, um von anderen geliebt zu werden, fühlt sich nicht gut an.« Charly nickte noch einmal.

»Ich schlage daher vor, dass wir jetzt nacheinander alle eure Erwartungen im Feuer verbrennen«, sprach Paul weiter. »Ihr könnt sie laut vorlesen, wenn ihr das wollt, damit auch alle anderen etwas mitnehmen können. Außerdem habt ihr auch noch eure grünen Karten bei euch, die momentan noch unbeschrieben sind. Erinnert ihr euch? Sie sind dafür gedacht, dass ihr darauf notiert, wer ihr ohne die Erwartung wärt und was ihr tun würdet, wenn es gar keine Erwartung an euch auf dieser Welt gäbe. Weder die anderer Menschen noch eure eigene. Nach der Frage *Wer bist du?* geht es jetzt also um zwei weitere: *Wer möchtest du sein?* und *Was würdest du tun, wenn alles möglich wäre?*«

Charly blickte von ihrer gelben Karte auf, als Paul weitersprach: »Ich schlage vor, dass ihr bis morgen eine kurze Notiz an euch selbst schreibt, die ihr an jene Version von euch richtet, die gar keine Erwartung kennt. An den echten Kern sozusagen, der in euch steckt, und an die, die ihr ohne die Erwartung seid.« Er blickte wieder zum Feuer. »Wie sieht diese unbeschriebene Version von euch aus? Und wie würde euer Leben ohne Erwartung verlaufen? ... Nach der Wanderung durch die Hagenbachklamm werden wir morgen hierher zurückkommen und die Begegnung mit den Spiegeln zu einer schöneren machen, indem ihr euch dabei selbst begegnet. Ihr habt daher noch von heute Nacht bis morgen Nachmittag Zeit, eure grünen Karten auszufüllen und eine Erinnerung an euch selbst zu schreiben. Jedenfalls werdet ihr, sobald wir von der Wanderung aus der Klamm zurückkommen, noch etwas Zeit haben, bevor wir noch einmal in den Wald gehen und ihr dort eure Botschaft vor den Spiegeln an euch richtet. Ihr werdet also in gewisser Weise mit euch selbst sprechen.«

»Oh, das mache ich oft«, sagte Charly und schmunzelte. »Selbstgespräche führen und kein Wort verstehen ... Das liegt mir!«

»Morgen werdet ihr es verstehen. Da bin ich sicher«, antwortete Paul knapp. »Bist du bereit, die Erwartung jetzt gehen zu lassen?«, fragte er Charly und warf ihr einen ermutigenden Blick zu. »Du kannst dich jetzt daher auch symbolisch von ihr befreien, indem du sie ins Feuer wirfst und verbrennst. Was meinst du, bist du so weit?«

»Ich schätze schon«, antwortete sie, sah noch einmal auf die Karte, atmete tief durch und warf sie Richtung Feuer. Durch den Gegenwind flatterte sie jedoch ein ganzes Stück zurück und landete wieder direkt vor ihren Füßen.

»Das gibt es doch nicht! Wie hartnäckig kann eine Erwartung denn bitte sein?!«, rief sie und schüttelte wild den Kopf. Danach bückte sie sich noch einmal und hob stöhnend ihre Karte auf.

»Ja, an manche Dinge haben wir uns so sehr gewöhnt, dass es ein wenig Kraft kostet, sie letztendlich loszuwerden. Wenn wir Erwartungen ein Leben lang in uns tragen, dann braucht es vielleicht noch einen extra Schubser.«

»Okay, okay ...« Sie hielt die gelbe Karte jetzt direkt über das Feuer. »Da hast du meine Arschkarte!«, sagte sie Richtung Flammen und ließ ihre Karte los. Danach starrte sie ihr noch eine Weile hinterher, bevor sie wieder langsam rückwärts zur Bank humpelte und ich sie kurz erleichtert aufseufzen hörte. »Das fühlt sich gut an«, sagte sie noch.

»Was die Wut anbelangt, so habt ihr euch vielleicht auch deswegen gefunden«, erklärte Paul und sah zu Philipp hinüber. »Da, wo Charly aufgrund des dahinterliegenden Schmerzes explodiert, machst du es genau umgekehrt: Du implodierst. Vielleicht schämst du dich für die Wut und möchtest der Gute bleiben, damit Charly nicht geht. Aber aus genau diesem Grund bleibt die Wut dann in dir«, ergänzte er noch. »Was steht denn auf deiner?«

Philipp blickte auf seine Karte. »*Es immer allen recht zu machen.* Und: *keine Fehler machen zu dürfen*«, antwortete er leise.

»Verstehe.« Paul dachte kurz nach. »Bedeutet das vielleicht auch, nicht laut sein oder anecken und streiten zu dürfen, weil du andere damit verärgern könntest und du denkst, sie damit aus deinem Leben zu vertreiben?«

»Mhm … ja, das könnte schon sein«, überlegte er.

»Es allen recht zu machen ist ein unglaublich hoher Anspruch, der sich kaum erfüllen lässt. Du machst dir damit einen enormen Druck, der schnell in Selbsthass umschlagen kann. Wenn du implodierst, verwandelst du deine Wut in passive Aggression nach außen und richtest die Wut im Inneren vor allem gegen dich selbst, wo sie oft ein Gefühl der Resignation hinterlässt. Wer resigniert, erscheint nach außen womöglich ruhig und gelassen, aber es handelt sich dabei um keine echte Gelassenheit. Sonst könntest du die Wut rauslassen und dich sein lassen, wie du bist, und müsstest nicht die Rolle des ewig Guten übernehmen.« Paul richtete sich wieder an uns alle. »Ihr erinnert euch: Der Anspruch, sich wie Heilige zu verhalten, wird am Ende niemanden glücklich machen, weil er euch und andere nur an die eigene Unzulänglichkeit erinnert. Es fühlt sich dann eher scheinheilig als heilig an. Mit jeder Erwartung, die ihr an euch stellt oder denkt, sie erfüllen zu müssen, drängt ihr euch in eine gewisse Rolle. Dabei dürft ihr euch aber immer die Frage stellen, warum ihr sie spielt. Wollt ihr dazugehören, nicht verlassen oder geliebt werden? Vielleicht auch alles davon? Welche Rolle spielt ihr genau und warum habt ihr euch gerade für sie entschieden? Wie auch immer diese Rolle aussieht – ob sie die der Wütenden, der Perfekten, der Aufmerksamen, der Retterin, der Unnahbaren, des Ertragenden, des Rebellen, des Geheimnisvollen oder des Sanftmütigen ist: Ihr macht euch damit kleiner, als ihr seid. Denn eine Rolle wird nie alles sein, was ihr wirklich seid. Sie ist der Versuch, euch in eine Norm zu pressen, um anderen zu gefallen oder sie glücklich zu machen. Euer eigenes Glück bleibt dabei allerdings auf der Strecke.«

»Aber vielleicht möchte ich einfach nur meine Ruhe?«, fragte Philipp beinahe scheinheilig.

»Die Frage ist, warum du nicht allem Raum gibst. Also auch der Reibung und der Wut. Wenn du sie um jeden Preis vermeiden möchtest, tust du das vermutlich aus einer Angst heraus.«

»Und welcher?«

»Das kannst nur du sagen. Welche, denkst du, könnte es sein?«

»Vielleicht ... dass ich so, wie ich bin, nicht geliebt werde.«

»Und du es deshalb allen recht machen musst, genau wie du es auf deine Karte geschrieben hast. Das dürfte deine Antwort sein. Du könntest versuchen, dir bewusst zu machen, dass du auch Nein sagen darfst und immer noch liebenswert bist.«

Auch Clemens schien sich hier wiederzufinden. Er hörte ebenfalls ganz aufmerksam zu und hing förmlich an Pauls Lippen.

»Es geht jedenfalls darum, diese Scheinidentität loszulassen, die ihr im Laufe der Zeit von euch entwickelt habt, um anderen zu gefallen oder ihren Erwartungen zu entsprechen.«

»Na dann ...«, sagte Philipp kurz, als wäre in ihm ein Schalter gefallen und als hätte er mit einem Mal keine Lust mehr auf die alte Erwartung. Er stand entschlossen auf und warf seinen Wunsch, es allen recht zu machen, ins Feuer.

Gleich darauf standen – genau zur selben Zeit – auch Valentina und Clemens auf. Sie sahen sich dabei erschrocken an und fast hätten sie einander gegenseitig den Vortritt gelassen, als sie bemerkten, dass es vielleicht genau darum ging, auch nebeneinander ihren Platz zu finden, und dass auch das möglich war. Da standen sie also, Seite an Seite, mit ihren Karten und vermutlich auch ähnlichen Themen und wirkten dabei beide ziemlich angespannt.

»Das ist in Ordnung. Zusammen ist es besonders kraftvoll«, ermutigte Paul die beiden. »Lest doch bitte vor, was auf euren Karten steht, und danach könnt ihr sie gemeinsam ins Feuer werfen.« Valentina sah zu Clemens, der wiederum zu Valentina zurückblickte. Sie schienen sich im Vortrittskreis zu drehen, bis Valentina all ihren Mut zusammennahm. *»Ständig stark sein zu müssen. Die Harmonie zu wahren. Und dieser riesige gesellschaftliche Druck«*, flüsterte sie verhalten.

»Über die Harmonie haben wir ja bereits gesprochen«, antwortete Paul etwas lauter. »Was wäre denn, wenn du schwach wärst und welchen gesellschaftlichen Druck meinst du genau?«, fragte er weiter nach.

»Na, wenn ich schwach wäre, wäre ich ...« Sie hielt kurz inne. »... genau wie er«, sagte sie dann mit gepresster Stimme und meinte offensichtlich ihren Vater damit. »Oder sie. Meine Mutter ist doch auch nicht besser! Ich will nicht allem ausgeliefert sein und immer wieder diesen unfassbaren Schmerz fühlen.«

»Du willst also Kontrolle?«, fragte Paul und auch Charly horchte wieder auf.

»Ja. Ich denke, schon.« Valentina wirkte nachdenklich. »Aber ich habe sie doch ohnehin nie! Vielleicht versuche ich, sie immer zu bekommen, indem ich mich so fürchterlich anstrenge und für alle da bin ... ihnen helfe ...«

»Nur dir nicht«, ergänzte Paul. »Warum denkst du denn, dass du anderen helfen willst?«

»Ich glaube, damit ich mich *richtig* fühle ... oder gebraucht ... und ... etwas wert?« Sie hob langsam den Kopf und ihre Augen waren schon ganz glasig. »Diesen Druck, den ich gemeint habe, fühle ich eigentlich immer. Von allen. Von denen, die meine Hilfe brauchen. Aber auch von denen, die sie ablehnen und mich wegstoßen.« Sie sah kurz zu Adrian, aber dann wieder weg. Ihr Blick schweifte über das Feuer hinaus Richtung Wald. »Und von denen, die mir sagen, dass es Zeit wäre.«

»Und wofür ist es Zeit?«

»Kinder zu bekommen.« Sie schluckte. »Wie soll man denn je wissen, wann man dafür bereit ist? Vor allem, wenn alle ständig diese Fragen stellen! ›Wollt ihr denn heiraten? Plant ihr Kinder? Die sind doch wirklich das größte Geschenk! Warte nicht zu lange, du weißt … die biologische Uhr … sie tickt, und du hast schließlich nicht ewig Zeit! Oh, sie geben so viel zurück!‹ … All das. Verdammt! Dieser ständige Druck! Von außen. Von innen … dagegen!« Sie blickte erneut zu Adrian und kurz darauf wieder zum Wald: »Ich halte das kaum aus!«

»Ist es denn das, was du möchtest, oder ist es das, was du denkst, was du wollen sollst?«

Valentina sah Paul gebannt an, als könnte er ihr die Frage beantworten.

»Es ist nichts, was du hier und heute für dich beantworten musst«, sagte er stattdessen. »Es wäre aber vermutlich hilfreich für dich, den Druck loszulassen, den du empfindest, etwas zu müssen.«

Valentina starrte ihn immer noch an und dann wieder auf ihre Karte. Tränen glitzerten plötzlich ihre Wangen hinab. »Ich will nicht ständig etwas müssen oder mir überlegen, was andere wollen«, sagte sie schließlich und ließ ihre Karte ins Feuer gleiten.

»Mit dem Müssen ist es so eine Sache«, fuhr Paul fort. »Immer wenn ihr denkt, etwas zu müssen, dürft ihr euch fragen, welcher Anspruch denn wirklich dahintersteckt. Ist es euer eigener? Oder

der der anderen? Ist das wirklich *euer* Wunsch und wenn ja, warum? Wem wollt ihr gefallen oder wem denkt ihr es recht machen zu müssen? Ich schlage vor, das Müssen zu überdenken und wenn möglich ganz sein zu lassen, weil sich dabei meistens all eure inneren Widerstände dagegenstemmen. Ihr spürt dann den Druck, der sich hinter dem Wunsch ausgebreitet hat. Und der ist ganz und gar nicht im Einklang mit der Leichtigkeit oder der Lebensfreude, in der die Dinge leicht geschehen oder euch leichtfallen. Vielleicht euch sogar *zu*fallen. Ich würde deshalb das Müssen mit Fragen ersetzen, die folgendermaßen lauten könnten.« Er sah dabei in die Runde: *»Wer bin ich? Wer möchte ich sein? Und was würde ich tun, wenn alles möglich wäre?* Genau diese Fragen empfehle ich euch auch miteinzubeziehen, wenn ihr eure grünen Karten ausfüllt. Und bevor ihr die Antworten findet, könnt ihr euch noch diese Anschlussfrage stellen: *Was würde geschehen, wenn alles möglich wäre und es keine Erwartung an mich gäbe?* Für eure Antwort ersetzt ihr dann das Wollen durch eine Entscheidung in der Gegenwartsform, in der es bereits geschehen ist: *Ich bin … ich entscheide mich … ich darf … ich kann jetzt …«*

»Mhm … meinst du so was wie: Ich kann jetzt endlich den Scheiß hinter mir lassen, immer entsprechen und funktionieren zu müssen? Das steht nämlich auf meiner Karte hier. Also ohne den Scheiß … du weißt schon …«, sagte Clemens.

»Ja, genau. Wenn du nicht immer entsprechen und funktionieren musst, was kannst du dann wirklich sein?«

»Ich selbst?«

»Ganz genau.«

Clemens schien überzeugt, denn gleich darauf trat er einen Schritt nach vorne und warf seine Arschkarte ins Feuer. Und mit ihr ging der Wunsch, alle anderen glücklich zu machen und es dabei selbst nicht zu sein, in Flammen auf.

Ich starrte auf meine gelbe Karte. *»Mein eigener hoher Anspruch an mich selbst«*, hörte ich mich plötzlich laut sagen. *»Und die Angst, falsche Entscheidungen zu treffen.«* Ich spürte, wie mein Kopf sich hob. »Das steht auf meiner«, erklärte ich das Offensichtliche, schließlich hielt ich meine Karte und las ab, was darauf stand.

»Das sind tatsächlich hohe Erwartungen«, meinte Paul und ich stimmte ihm innerlich zu.

»Ja, und sehr anstrengende noch dazu«, ergänzte ich noch.

»Weißt du denn, woher die Erwartung kommt, keine Fehler machen zu dürfen? Denn so hört es sich für mich an, wenn du Angst hast, falsche Entscheidungen zu treffen. Im Grunde ein ähnliches Thema wie bei Philipp, nur anders verpackt.«

»Wahrscheinlich habe ich auch Angst, nicht immer alle Erwartungen erfüllen zu können.«

»Ja. Weil das auch gar nicht möglich ist. Du wirst dich jedenfalls leichter entscheiden, wenn du weißt, dass du nicht auf der Welt bist, um die Erwartungen anderer zu erfüllen, und dass du auch Entscheidungen treffen oder Dinge tun kannst, die niemand außer dir versteht und auch nicht verstehen muss.«

Paul hatte recht. Ging es uns nicht allen immer wieder gleich? Wollten wir es nicht immer wieder anderen Menschen recht machen, die es nicht einmal sich selbst recht machen konnten? Und sollten wir nicht langsam damit aufhören? Ich warf meine Karte wie ein Frisbee Richtung Feuerstelle und wunderte mich, dass sie genau dort landete, wo sie landen sollte. Mitten im Feuer.

»Meine Worte ...«, sagte Rebecca und warf ihre Karte gleich hinterher. »Deshalb steht auf meiner auch nichts drauf«, fügte sie noch hinzu.

»Ist das so?«, fragte Paul und immer, wenn er das sagte, folgte darauf ein Gedankenimpuls, der die Realität in ein völlig anderes Licht rückte. »Oder ist das dann nicht auch eine Erwartung?«

»Wie meinst du das?«, wollte Rebecca wissen.

»Könnte es nicht sein, dass du den Anspruch für dich entwickelt hast, auf gar keinen Fall irgendwelche Erwartungen erfüllen zu wollen? Vielleicht ist aber auch das ein Widerstand, der dich manchmal aus deiner eigenen Leichtigkeit wirft, weil du dann zwanghaft zu vermeiden versuchst, was andere von dir erwarten. Es gibt aber auch Erwartungen, die für die meisten Menschen gut nachvollziehbar, möglicherweise auch wichtig sind. Nehmen wir beispielsweise Beziehungen her, dann erwarten wohl die meisten, dass niemand einfach so für ein paar Wochen abtaucht und sich nicht meldet. Das wäre eine sehr nachvollziehbare Erwartung. Sollte aber das Gefühl aufkommen, schon unter Druck zu geraten, wenn andere sich wünschen, dass man Bescheid gibt, wann man in etwa nach Hause kommt, dann kann das für alle Beteiligten anstrengend und belastend werden. Nicht alles ist als Bedrohung gemeint. Wenn es aber immer als eine solche empfunden wird, wäre es gut, sich zu fragen, ob man sich damit nicht auch selbst im Weg steht.« Er sah kurz zu Adrian und blickte dann wieder zu Rebecca zurück. »Das sind nur ein paar Gedanken, vielleicht möchtest du sie ja ein wenig auf dich wirken lassen und später für deine Zeilen auf deiner grünen Karte in Betracht ziehen.«

Rebecca sagte nichts. Vielleicht hatte sie sich in Pauls Worten wiedererkannt – zumindest schien nichts in ihr dagegenzuhalten. Ihr Blick verriet, dass sich gerade ein innerliches *Fuck it, okaaaay* in ihr ausbreitete.

»Das hättest du gern mal meinem Ex sagen können!«, rief Livia und rollte mit den Augen. »Außerdem habe ich euch schon all meine Erwartungen erzählt«, fuhr sie fort. »Und ich hasse übrigens jede einzelne davon ... außer die erste«, sie sah auf ihre Karte. *»Eine gute Mutter zu sein«,* sagte sie und lächelte, obwohl mir auch das eine hohe Erwartung zu sein schien. Danach las sie weiter.

»Dann steht da noch: *Immer eine gute Frau, Freundin, Ehefrau und Angestellte zu sein* – und natürlich: *einen guten Partner zu finden, um all das wieder zu sein.*« Sie sah kurz hoch. »Also die gute Frau, Freundin oder Ehefrau. Die Angestellte bezieht sich ja mehr auf den Job … und das ist in gewisser Weise paradox, weil ich ja gerne selbstständig wäre … Aber vielleicht bin ich sowohl privat als auch beruflich eher die Angestellte … also die, die nie wirklich entscheidet oder etwas zu sagen hat.« Sie schüttelte den Kopf. »Aber ist das nicht egal? Im Grunde habe ich ohnehin immer das Gefühl, es gar nicht verdient zu haben. Weder selbstständig zu sein noch jemand Guten zu finden. Also damit hätten wir auch meine Erwartung, *dass es ohnehin nie passiert.* Und das, obwohl ich denke, nur mit Mann komplett zu sein. Gar keine gute Sache, wenn man bedenkt, dass das dann quasi bedeutet, dass ich nur ein halber Mensch bin. Ach ja, und hier steht außerdem noch die Erwartung *eine gute Tochter zu sein* … und *ständig den Familienfrieden retten zu müssen* … als wäre ich Jesus – nur eben als Frau.« Sie ratterte alles so schnell herunter, als wäre sie überhaupt nicht mehr damit einverstanden – was vermutlich eine gute Sache war. Es wirkte sogar so, als könnte sie es gar nicht erwarten, all die Erwartungen endlich zu verbrennen. Und genau das tat sie danach auch.

Bevor Paul noch etwas zu all dem sagen konnte, meldete sich auch schon Adrian. »Ich möchte übrigens nicht sagen, was auf meiner Karte steht«, sagte er und machte einen auf geheimnisvoll. Er zerriss die Karte in winzig kleine Teile, als wollte er sichergehen, dass sie auch wirklich niemand lesen konnte – was völlig unlogisch war, da sie kurz darauf ohnehin in Flammen aufging.

»Das ist okay«, antwortete Paul wohlwollend.

»Und bei mir steht die Erwartung *nichts zu sagen.*« Lukas grinste. »Ich schätze mal, da halte ich mich heute noch dran, wenn wir morgen ohnehin alles besprechen wollen.« Ich liebte seinen Humor.

Es ist okay,
wenn niemand
anderer dein
Leben versteht,
außer dir.
Denn *niemand*
anderer
führt es.
Außer du.

WENN DER SCHUH NICHT PASST

Wir saßen noch ein wenig zusammen am Feuer, bis wir in Viktors altes Bauernhaus zurückgingen und wie damals im Ferienlager alle in unseren Zimmern verschwanden – mit dem einzigen Unterschied, dass sich niemand in andere Zimmer schleichen musste, da wir selbst auswählten, mit wem wir die Nacht verbringen wollten. Ich war zwar nicht sicher, ob Valentina sich nicht lieber mit Livia als mit Adrian ein Zimmer geteilt hätte, da die Stimmung zwischen den beiden recht angespannt war, aber das würden wir wohl nie erfahren. Ich für meinen Teil war dankbar, dass Lukas weder schnarchte noch sonst irgendwelche Laute von sich gab und meine Nacht ruhiger als die manch anderer im Haus verlief. Jedenfalls erzählte Clemens am nächsten Morgen, wie sehr er sich in der Nacht erschrocken hatte, als er um etwa zwei Uhr wach wurde, weil er plötzlich ein Geräusch im Wohnzimmer hörte. Er und Paul übernachteten dort auf getrennten Sofas, da es nicht genügend Zimmer für alle gab. Wahrscheinlich war Clemens aber auch schon länger keiner Frau mehr nachts begegnet und er konnte sich bestimmt Schlimmeres vorstellen, als vom Knarren der Holzstiege und dem anschließenden Anblick einer schönen Frau im Nachtgewand geweckt zu werden. Ob Rebecca überhaupt eines trug? Er berichtete zumindest nichts Gegenteiliges.

Als wir morgens am großen Holztisch in der Küche saßen und Paul auf dem Gasherd Kaffee für uns aufbrühte und offenbar davor schon frühmorgens nach Kirchbach losgezogen war, um uns frische Brötchen zu holen, kam Charly gerade schwitzend aus dem Garten zurück. Sie humpelte kaum noch. Ihr verstauchter Knöchel schien sich über Nacht gut erholt zu haben und sie jedenfalls nicht davon abgehalten zu haben, noch ein paar Yogaübungen im Garten zu praktizieren, die wir von den beschlagenen Scheiben im warmen Inneren der Küche bis dahin beobachtet hatten. Ich wusste nicht, ob ich mich schlecht fühlen sollte, weil ich mir währenddessen mein Brötchen hineinschob, oder ob es reichte, ihr dabei zuzusehen und ein-, zweimal tief durchzuatmen, um ganz ohne Anstrengung ebenfalls frisch durchzustarten.

»Morgenroutine, ha?«, meinte Adrian, als Charly sich zu uns setzte.

»Und was hast *du* so gemacht? Gepullert und bist jetzt stolz drauf?«, schnaufte Charly genervt.

»Ich meine ja nur ... Du kannst deine Morgenroutine machen, dich gesund ernähren, deinen Körper in alle Richtungen strecken ... aber wenn du denkst, allen anderen gefallen zu müssen und dich noch mehr als beim Yoga für sie verbiegen zu müssen, lebst du trotzdem noch ungesund«, antwortete er und lachte.

»Ach ... und du lebst gesünder, wenn du niemandem verraten möchtest, welche Erwartung du loswerden willst, weil du der ach so coole Adrian bist, den nichts aus der Fassung bringt, oder wie?! Vielleicht solltest du das ebenfalls mal überdenken – dann wird es nämlich auch für alle anderen gesünder!« Charly drehte sich weg von ihm und Valentina nahm währenddessen einen großen Schluck von ihrem Kaffee und starrte dabei in ihre Tasse. Sie wollte anscheinend lieber mit dem Boden ihrer Kaffeetasse Kontakt aufnehmen, als sich in Charlys und Adrians Streitgespräch einzumischen. Wer konnte es ihr aber auch verdenken?

»Wie sieht es denn mit deinem Knöchel aus, Charly? Denkst du, du kannst heute mitkommen in die Klamm?«, fragte Paul stattdessen.

»Ach ... ja, klar!«, rief sie. »Der ist schon fast ganz abgeschwollen und tut auch gar nicht mehr so arg weh. Ich schaff das schon!«

»Sicher? Du musst das nicht *schaffen*, das weißt du, oder?«, gab Paul zu Bedenken.

»Ja ... also ... Nein, meistens weiß ich das nicht. Aber jetzt weiß ich ja, dass ich nichts muss ... und diesmal will ich wirklich! Ganz ehrlich!« Sie schnappte sich auch ein Brötchen, schmierte ein wenig Butter drauf und biss genüsslich hinein.

Kurz darauf machten wir uns auf den Weg zur Hagenbachklamm. Der Weg führte uns durch den Wald hinunter nach Unterkirchbach und von da aus über einen schmalen Feldweg an einer Greifvogelstation und einer Pferdekoppel vorbei, erneut zurück in den Wald. Wieder offenbarte sich ein völlig neues Bild – und vielleicht waren die Bäume, die miteinander den Wald ergaben, wie wir Menschen und die Welt: aus unterschiedlichem Holz geschnitzt, von überragender Schönheit, ohne es zu wissen, und von einem Zauber, den sie meist selbst nicht erkannten, der aber für alle Aufmerksamen um sie herum ersichtlich war. Genauso fühlte es sich an, als ich inmitten der Schönheit der hochgewachsenen Bäume, die ringsherum in die Lüfte ragten, plötzlich einen wilden Bach neben uns plätschern hörte, der sich bei näherer Betrachtung in kleinen Kurven wie ein treuer Begleiter neben uns schlängelte. Das war er: der Hagenbach, inmitten der wunderschönen Klamm, in der wir uns befanden.

»Die Gegend hier ist auch im Spätherbst unglaublich faszinierend, erklärte Paul, als wir uns alle begeistert umsahen. »Die Hagenbachklamm ist geologisch gesehen noch relativ jung und entstand erst nach der letzten Eiszeit vor etwa zwölftausend Jahren. Früher floss der Hagenbach noch in den Kierlingbach und nicht wie jetzt direkt in die Donau.« Er machte sich nicht nur als Therapeut, sondern auch als Geologe äußerst gut.

»Der musste sich also auch noch entwickeln«, scherzte Adrian und Paul nickte amüsiert.

»Genau. Außerdem bietet die Klamm ein wunderschönes Naturspektakel, das uns auch noch einige andere eindrucksvolle Bilder offenbaren wird, wenn wir sie genauer betrachten. Ansonsten befinden sich in dieser Region angeblich auch besonders viele energiereiche Kraftplätze, die für feinfühlige Menschen gut spürbar sind«, sagte er weiter, als er einige von uns staunen sah.

»Adrian wird also wieder mal gar nichts fühlen«, witzelte Charly.

»Oh doch. Ich fühle Ablehnung«, antwortete er. »Und das, wo wir doch niemanden ablehnen sollten, weil das letztendlich immer nur aus der eigenen Ablehnung heraus entsteht.« Er blickte Charly mit schräg geneigtem Kopf von der Seite an. »Hab ich von Paul gelernt!«

Man musste Adrian seinen messerscharfen Verstand wirklich hoch anrechnen. Manchmal beeindruckte er mich mit seinen Aussagen, die zwar nicht selten ein wenig provokant, vielleicht auch immer wieder mal unpassend, aber doch häufig auch sehr klug und auf den Punkt waren.

»Außerdem haben mir meine Schuhe trotz der massiven anfänglichen Diskriminierung bisher sehr gute Dienste erwiesen, möchte ich noch anmerken.« Adrians Blick wurde noch ein wenig ernster, während er hinunter zu seinen zwar schmutzigen, aber ansonsten unversehrten Sneakern blickte. »Wir alle wissen ja, dass die Farbe nichts über den Wert aussagt.«

»Guter Punkt, Adrian«, gab ihm Paul gleich recht. »Ganz abgesehen davon: Zieht euch niemals den Schuh anderer Menschen an. Es könnte sein, dass er nicht passt. Genauso verhält es sich auch mit den Rollen, die ihr wählt, weil andere sie vielleicht für euch ausgewählt haben. Stellt euch dabei lieber die Frage: *Welche Rolle spielt ihr, um ihnen zu gefallen?* Ihr könnt lernen, sie wie einen alten Schuh abzulegen. Wie auch immer dieser Schuh aussieht, in den ihr geschlüpft seid … oder den ihr euch angezogen habt: Wenn er nicht passt, seid ihr nicht schuld. Das wäre sonst so, als würdet ihr eurem Fuß die Schuld geben, wenn der Schuh drückt. Hört auf, euch in etwas hineinzupressen, wo ihr nicht hingehört. Wenn der Schuh nicht passt, zieht ihn aus, aber stellt nicht euren Fuß infrage! So ist es mit allem, in dem wir feststecken – in alten Kleidern oder Versionen von uns, die nicht mehr passen, Rollen, die wir uns zugelegt haben, oder auch zu kleinen Vorstellungen, in die wir uns pressen. Irgendwann ist es Zeit, aus diesen ausgedienten Modellen zu schlüpfen und euer wahres Selbst freizusetzen, weil es im alten zu eng und dunkel geworden ist.«

»Sollen wir denn ab jetzt barfuß weitergehen?«, scherzte Adrian.

»Gar keine schlechte Idee«, erwiderte Paul. »Vor allem aber auch ein wunderbarer Vergleich. Wir alle wissen, wie es sich anfühlt, barfuß zu laufen. Wir spüren den Boden dann wieder unter den Füßen. Und manchmal fühlen wir ihn sogar nach langer Zeit erst wieder, wenn wir genau da sind: am Boden.« Er sah dabei zu Clemens. »Jedenfalls ist die nackte Version von uns erstrebenswert. Sie zwängt sich in keine zu engen Modelle oder alten Verkleidungen, sondern lässt uns so sein, wie wir gedacht sind.«

»Und manchmal stinkt sie auch wie Sau«, rief Adrian belustigt und alle lachten.

Auch Paul. »Ja«, sagte er. »Manchmal auch das. Aber was, denkt ihr, ist besser? Ein stinkender Fuß oder einer, der blutet, weil er in einem zu engen Schuh steckt?«

»Oh, ich liebe den Vergleich!«, stieß Charly entzückt aus. Und während sie – immer noch ein wenig humpelnd – die Hagenbachklamm mit uns entlangwanderte, wurde mir mit einem Mal bewusst, dass es nicht darum ging, unverletzbar zu sein. Viel wichtiger war es, nicht liegen zu bleiben, sondern in kleinen Schritten weiterzugehen. Manchmal eben auch humpelnd. Das Strahlen in Charlys Augen verriet, dass sie den Weg in vollen Zügen genoss. Es lag also nicht daran, ob wir verletzt waren, sondern wie wir mit unseren Verletzungen umgingen und ob wir bereit für die Heilung waren.

»In die Größe eurer Träume könnt ihr erst dann hineinwachsen, wenn ihr aufhört, euch kleinzumachen«, sagte Paul noch und in dem Moment konnte ich spüren, dass nicht nur mir klar wurde, dass es Zeit für eine größere Version von uns war und wir dabei waren, aus alten, zu eng geschusterten Modellen zu schlüpfen.

Hör auf,
dich in die
enge Vorstellung
anderer
hineinzupressen.

Wenn *der Schuh*
nicht passt,
zieh ihn aus.
Aber stell nicht
deinen Fuß
infrage.

KLAMMHEIMLICHE IDENTITÄTEN

Wir wanderten über knorrige Wurzeln immer weiter an der rot-weißen Markierung entlang, durch die Klamm, die sich wie eine grüne Oase in alle Richtungen und ihrer ganzen Schönheit um uns herum ausdehnte. Als wir an einer Stelle über eine feuchte Holzbrücke den Hagenbach überquerten und eine steilere Strecke nach oben marschierten, offenbarte sich plötzlich gleich links neben den Bäumen ein magisches Bild – bewegt und in freiem Fall. Das tosende Geräusch hörte sich an wie der Applaus einer begeisterten Menge.

»Seht ihr den Wasserfall?!«, deutete Paul begeistert hin. Er hatte nicht zu viel versprochen, als er noch kurz davor die faszinierende Schönheit der Klamm beschrieben hatte. »Spürt ihr diese Kraft und Energie, mit der das Wasser hier von oben herabströmt? Es lässt sich nicht aufhalten, sondern gibt sich vollkommen hin. Vergesst nicht, dass auch in euch dieser kraftvolle, mitreißende Fluss steckt. Ein unaufhaltsamer Strom, der aus sich selbst entsteht und immer weiterfließt. Ihr habt nur manchmal vergessen, euch als diesen überwältigenden Fluss zu sehen oder ihn in euch zu spüren, weil euch irgendwann jemand eingeredet hat, dass es eure Aufgabe wäre, der Damm zu sein.«

Mit Pauls Worten strömten plötzlich unzählige Gedanken wie eine Flut gemeinsam mit dem Wasserfall herab. Wann hatten wir nur angefangen, uns zurückzuhalten? Und was hatte uns dazu veranlasst, die ganze Kraft, die in uns steckte, anzuhalten? Warum verwehrten und blockierten wir uns, wie ein Damm, der versuchte, seinen eigenen Fluss aufzuhalten, bis es ihn in der Tiefe beinahe zerriss, ja förmlich zersprengte, weil seine Kraft nicht hinaus ins Leben durfte? Vielleicht wollte unter all der Wut oder dem Schmerz, den wir dabei empfanden, unser tiefster innerer Kern, dieser Strom in uns, endlich wieder fließen, und alles, was wir tun mussten, war, den ganzen Schutt der Erwartungen wegzuräumen, um wieder in den Fluss zu kommen. Wir standen eine ganze Weile vor dem herabströmenden Wasserfall und bewunderten das magische Spektakel und seine ganze Kraft, die sich vor uns abspielte, als die Natur uns mit gutem Beispiel voranging.

»Kein Mensch würde zu dem Wasserfall sagen: ›Warum bist du nur so laut?! Reiß dich zusammen, Wasserfall! Kannst du dich nicht ein wenig zurücknehmen? Benimm dich und sprudle nicht so«, meinte Paul weiter. »Vielleicht würden andere im Laufe der Zeit versuchen, den Fluss durch einen Damm zu bändigen. Seine Natur bliebe dabei trotzdem dieselbe, und wenn er das erkennt, dann sucht er sich seinen Weg, um endlich wieder frei zu fließen. Dann bewundern ihn andere für seine ungebändigte Kraft und den freien Fall, dem er sich hingibt. Denn alle wissen: Es ist die Natur des Flusses, zu fließen. All jene, denen er zu wild oder zu laut ist, ziehen weiter und erkennen, dass der Fluss nach dem wilden, freien Fall weiter vorne auch bedächtig und ruhig ist – weil es in seinem Wesen liegt, an manchen Stellen ruhig, an anderen tosend laut zu sein, und alles davon gut und richtig ist. Weil alles zu ihm gehört.«

Du bist ein kraftvoller, mitreißender Fluss. Du hast nur vergessen, dich so zu sehen, weil dir irgendwann jemand eingeredet hat, der Damm zu sein.

»Manchmal sind wir förmlich süchtig nach den alten Geschichten, die wir uns oder andere uns schon ein Leben lang über uns erzählen und mit denen wir uns aufhalten. Diese alten Geschichten fühlen sich nicht gut, sondern nur bekannt an, daher wiederholen wir sie«, fuhr Paul fort, als wir weitergingen. »Vergesst nicht, dass eure Gedanken eure Realität erschaffen. Und seid aufmerksam, was gerade um euch geschieht. Vielleicht entdeckt ihr dabei eine neue Geschichte, die gerade entstehen könnte, wenn ihr euch dafür öffnet. Denn wie oft verliert ihr euch in dem, was ihr euch immer wieder selbst erzählt, und vergesst, euch beim Wachsen zuzusehen oder dem Wasser beim Fließen. Wann habt ihr das letzte Mal die Wolken betrachtet? Vielleicht auch dunkle – wenn sie sich wie eure alten Glaubenssätze vor euch schieben, bevor sie weiterziehen –, bereit, sich endgültig aufzulösen, wenn ihr es seid. Ihr könnt euch mit jedem Schritt neu entscheiden, ob ihr in eurer alten Geschichte weiterleben oder eine neue wählen wollt. Wenn ihr aber aus alten Geschichten aussteigt, dann schlüpft ihr gleichzeitig auch aus der ausgedienten Version von euch zurück in euer ursprüngliches Ich, das keine Angst hat zu stürzen, verletzt zu werden oder anderen nicht zu gefallen.«

Wir gingen ein Stück weiter, bis wir den Wasserfall kaum noch hören konnten und der Weg wieder breiter und flacher wurde.

»Siehst du diesen Baumstumpf?«, fragte Paul plötzlich und deutete rechts auf ihn, während er Clemens auffordernd ansah.

»Äh … ja«, antwortete er und wir blieben alle stehen.

»Gut, magst du dich kurz draufstellen?«

»Ich darf auch Nein sagen, stimmt's?« Clemens hatte offensichtlich bereits einiges gelernt.

»Ja, das kannst du«, antwortete Paul schmunzelnd. »Aber dann wirst du nie erfahren, was dann passiert wäre …«

Das war gemein. Jetzt war auch ich neugierig, worauf Paul hinauswollte.

»Okay, okay …«, sagte Clemens entschlossen und ging auf den Baumstumpf zu, der etwa fünfzig Zentimeter aus der Erde ragte. »Bin das etwa ich?!«, fragte er belustigt. »Abgesägt und umgeworfen?« Ich musste schon wieder lachen.

»Ich finde, du stehst ziemlich *ganz* vor uns, oder nicht?«, entgegnete ihm Paul.

»Mhm. Ja … vielleicht. Äußerlich schon … und jetzt?« Clemens stand nun mit beiden Beinen auf dem Baumstumpf und balancierte ein wenig darauf. Alle Augen waren voller Spannung auf ihn gerichtet.

»Jetzt könntest du zum einen aufhören, dir die Geschichte zu erzählen, dass du nicht *ganz* wärst.«

»Und zum anderen?«

»Zum anderen gibt es viele Menschen, die Angst haben, nicht zu genügen. Sie versuchen, jeglichen Konflikt zu vermeiden, sich nicht aufzuregen … und auch nichts zu sagen … Sie wollen es allen recht machen, fühlen sich für die Gefühle anderer verantwortlich, verspüren selbst enorme Schuldgefühle, haben immer Verständnis für andere, sagen nie Nein, implodieren innerlich, aber lassen sich nach außen nichts anmerken, um auf gar keinen Fall abgelehnt zu werden.«

»Klingt nach mir!«, scherzte Clemens.

»Und nach vielen anderen. Damit bist du nicht allein. Und genau das macht es auch zu so einem verbreiteten Thema. Es handelt sich dabei um sogenannte *People Pleaser*. Sie leben ein Leben in Angst, sie könnten andere enttäuschen und würden im Gegenzug von ihnen abgelehnt oder verlassen werden. Ihre Währung ist Verbindung. *People Pleaser* wollen um jeden Preis in Beziehung bleiben. Auch mit jenen, die eine ganz andere Währung haben … denn die Währung anderer ist manchmal auch Unabhängigkeit und Freiheit. Der Bindungswunsch der *People Pleaser* ist aber so stark, dass sie sich alles schönreden und andere glorifizieren, die wiederum genau das Gegenteil tun und sich alles schlechtreden, um wieder in ihre Unabhängigkeit zu finden. Das Ergebnis sind dann hohe Wechselgebühren. Und sie werden von Menschen bezahlt, die es allen recht machen wollen. *People Pleaser* erhöhen die Verbindung dann immer weiter, auch wenn sie immer weniger bekommen.« Paul blickte zu Livia. »Es allen recht zu machen, täuscht das Gefühl der Kontrolle vor. Sie denken, wenn sie so sind, wie sie andere haben wollen, sie immer geben und alle Erwartungen erfüllen, könnten sie Härte, Kritik und Trennung verhindern.« Paul sah weiter zu Valentina. »Wenn sie am Ende aber doch Härte, Kritik und Trennung erfahren, denken sie, die Schuld daran zu tragen. *People Pleaser* fühlen sich nicht sicher, darum versuchen sie, die Sicherheit über andere und deren Bestätigung zu bekommen.« Er blickte zu Charly und dann wieder zu Clemens zurück. »Dabei stellen sie ihre eigenen Bedürfnisse so weit zurück, dass es sich anfühlt, als würde ihre Seele schrumpfen. Sie fühlen sich klein und, ja, vielleicht auch wie dieser Baumstumpf. Abgesägt und abgeschnitten von sich selbst. Du scheinst nicht viel Raum hier auf dem Baumstumpf zu haben, was meinst du?«, fragte Paul.

»Stimmt, ist ziemlich eng hier«, antwortete Clemens und blickte auf die wenigen Zentimeter unter seinen Fußsohlen auf dem Baumstumpf.

»Die Aussicht ist auch immer irgendwie dieselbe, oder nicht?«

Clemens schwieg.

»Man könnte auch von Begrenzung, vielleicht sogar von Selbstgeißelung sprechen. Der ganze Wald steht dir zur Verfügung und du stehst auf diesem Baumstumpf«, sprach Paul weiter. »Wie wäre es, wenn du damit aufhörst, dich selbst zu begrenzen?«

»Aha. Und wie soll ich das machen?«, wollte Clemens wissen.

»Du musst springen«, sagte Paul und dann nichts mehr.

»Was meinst du?«

»Springen. Du musst springen.«

»Ich verstehe nicht.« Clemens blickte vor sich auf den Boden. Er befand sich nur etwa einen halben Meter über der Erde. Es war ihm anzusehen, dass er nicht wusste, was Paul damit meinte – schließlich stand er nicht vor dem Wasserfall, sondern lediglich auf einem niedrigen Baumstumpf. Was wollte Paul damit? Es wäre doch nur ein Schritt nach vorne. Ein kleiner Hopser. Nur wenige Zentimeter. Es wäre schlicht keine große Sache, zu springen.

»Überlegst du, wie es wäre?«

»Ich weiß nicht … Ich verstehe es nicht!«

»Deine klammheimliche Identität, Clemens. Verstehst du? Klamm und heimlich? … Du bist weder der Damm noch der Stumpf …«, funkte Adrian dazwischen.

»Pointen erklärt man nicht, Adrian«, warf ihm Clemens augenrollend seine eigenen Argumente um die Ohren. »Ich verstehe trotzdem nicht, warum ich hier jetzt wieder wie ein Vollidiot stehe und runterspringen soll!«

»Vielleicht gibt es auch nichts zu verstehen, sondern es geht nur darum, etwas anders zu machen, als du es bisher getan hast. Du stehst schon so lange wie angewachsen auf diesem stumpfen Fleck. Möglicherweise schon ein Leben lang. Du bewegst dich auf dieser kleinen Fläche, auf der du dich sicher fühlst, weil andere irgendwann gemeint haben, dass das dein Platz wäre. Du selbst wolltest auch nicht zu viel Raum beanspruchen. Vertrauen bedeutet aber, die Kontrolle aufzugeben und in die eigene Sicherheit zu kommen, ganz egal, was um dich herum geschieht oder was andere von dir erwarten. Du hast Angst vor Veränderung. Dabei musst du nur das Gleichgewicht stören und den Sprung ins Ungewisse wagen.«

Clemens sah Paul fragend an, aber etwas in ihm schien zu arbeiten. Paul sprach im nächsten Moment allerdings schon wieder weiter zu uns allen: »Manchmal möchte euch das Leben einen Schubs geben, aber ihr bleibt wie erstarrt stehen, weil ihr denkt, dass ihr nirgendwo anders hingehört. Dabei ist genau das eure Chance zu erkennen, dass ihr gar nirgends hingehört, bis ihr euch nicht in euch selbst zu Hause fühlt.«

Paul sah wieder zu Clemens und blickte ihm dabei tief in die Augen, als könnte er ihn und den Baumstamm an jeden beliebigen Ort manövrieren.

»Dich selbst zu lieben, fühlt sich nach zu Hause an. Ganz egal, wo du stehst. Du kannst dann auch weitergehen und musst nicht für immer da stehen bleiben, wo du gerade bist. Du möchtest den Schmerz vermeiden, der die Veränderung mit sich bringt. Aber stattdessen hältst du am Schmerz fest, da zu bleiben, wo du bist. Immer wenn das Leben wackelt und dein Bild erschüttert, an dem du gerade festhältst, dann denk daran, es könnte dich auch aufrütteln wollen. Vielleicht hältst du dich gerade selbst zurück, weil du nicht aus der Starre möchtest und es dir auf diesem kleinen stumpfen Fleck bequemer erscheint. Wenn du das Gleichgewicht verlierst, denk daran, dass diese Störung wahrscheinlich zu deinem Besten ist. Veränderung ist unbequem. Es kommt dir vermutlich schon die längste Zeit so vor, als müsstest du an der Kante des Baumstamms balancieren, und es kostet dich enorm viel Kraft. Dabei hat dich das Leben nur an die Kante gestupst, damit du endlich springst. Arschtritte vom Leben bringen dich auch weiter. Und ja, natürlich, Veränderung ist Furcht einflößend – immer dasselbe zu wiederholen aber auch.«

Mit einem Mal sprang Clemens und setzte völlig undramatisch mit beiden Beinen auf der Erde auf. Dabei sah er um sich, als würde ihm in dem Moment etwas klar. Vermutlich war er aber schon wenige Momente davor zu dieser Klarheit gelangt. Genau dann, als er die Kante wegstieß und sprang.

WORAN DU
GERADE
festhältst,
KÖNNTE
DICH AUCH
ZURÜCKHALTEN.

Arschtritte vom Leben
bringen dich auch weiter.

WO EIN FUCK IT, DA EIN WEG

Paul wandte sich wieder uns allen zu. »Wir wiederholen die Vergangenheit so lange, bis sie heilen darf und wir sie endgültig ziehen lassen. Wenn ihr eure Vergangenheit ablehnt, kettet ihr euch an sie und wiederholt sie ein Leben lang. Denn je mehr ihr sie ablehnt, desto mehr sucht sie euch heim und ihr tretet auf der Stelle. Sobald ihr euch aber dazu entscheidet, sie zu akzeptieren, könnt ihr sie auch da lassen, wo sie hingehört: in der Vergangenheit, und ihr könnt weiterziehen. Dann könnt ihr euch aus alten Co-Abhängigkeiten mit euren Eltern, Ex-Partnerschaften, ungeheilten anderen Verbindungen, aber auch von der Meinung der Gesellschaft lösen und erkennt, dass es euch zusteht, euren eigenen Weg zu gehen, und genau dann wird er sich unter euren Füßen öffnen. Die Erwartung anderer Menschen ist wie eine Leine, an die ihr euch kettet, die aber lose am Boden hängt. Ihr könnt euch aus der Schlinge nehmen und weitergehen. Ihr braucht dann keine Zustimmung von anderen mehr, sondern übernehmt selbst die Verantwortung für euer Leben. Denn ihr seid so, wie ihr seid, weil ihr euch genau so gebraucht habt. Alles, was ihr bisher getan habt, habt ihr getan, weil es euch geholfen hat. Bis es euch nicht mehr geholfen hat. Und jetzt habt ihr die Möglichkeit, euch umzuentscheiden. Ihr müsst nicht ein Leben lang auf derselben Stelle treten, sondern könnt euch auch einmal für einen völlig neuen Weg mit anderer Markierung entscheiden. Es ist okay, dabei zu stolpern, zu fallen und auch zu scheitern. Was am Ende wirklich schmerzhaft wäre, ist, ihn nie gegangen zu sein. Euren eigenen Weg. Vielleicht habt ihr auf eurem alten Weg gelernt, dass Nähe gefährlich ist oder Liebe gleich Angst oder Schmerz bedeutet, weil ihr genau das erfahren habt. Aber ihr dürft heute erkennen, dass es nicht immer so sein muss, sondern dass es auf einem anderen Weg auch anders sein darf. Ihr dürft umentscheiden und neue Erfahrungen machen. Seht euch doch einmal um! Die Natur lebt es euch vor. Nichts Schönes bittet darum, beachtet zu werden.« Er blickte zu Livia. »Wenn ihr erkennt, dass all das Schöne bereits in euch steckt, könnt ihr aufhören, auf jemanden zu warten, der es in euch erkennt.« Sie hing förmlich an seinen Lippen, als Paul weitersprach. »Vielleicht warst du nicht richtig für ihn, weil er nicht richtig für *dich* war. Manchmal liebt ihr Menschen, die euch nicht guttun, damit ihr lernt, euch selbst zu lieben.« Er machte eine kurze Pause. »Aber genau dann kannst du beginnen, dir Fragen zu stellen: Was möchte ich wirklich? Und was möchte ich meiner Tochter beibringen? Welches Vorbild möchte ich ihr sein? Wie wäre es damit, dich zu lieben und offen für die Liebe zu sein, aber auch Nein zu sagen? Ganz du selbst zu sein und dich nicht vom Urteil anderer abhängig zu machen, weil du immer noch genauso wertvoll bist, auch wenn jemand anderer deinen Wert gerade nicht erkennen kann.«

Livia nickte, diesmal heftig.

»Und genau den kannst du deiner Tochter vorleben: deinen Wert, damit sie auch ihren erkennt. Du findest ihn nicht in einem Mann. Du findest deinen Wert in dir und dann findest du jemanden, der deinem Wert gerecht wird und ihn zu schätzen weiß.«

Livia sah auf den Waldboden hinunter zur Erde und hob erst ein wenig später wieder ihr Gesicht, an dem jetzt völlig unaufgeregt und friedlich ein paar Tränen ihre Wangen hinunterliefen. Mit dem Lichteinfall, der seitlich über die Äste auf sie hinabstrahlte, wirkte sie schöner denn je. Paul lächelte, als wären ihre Tränen ein Geschenk, und vermutlich waren sie das auch. Danach blickte er wieder zu uns allen.

»Andere können spüren, was ihr fühlt und über euch denkt. Schämt euch weder für euch noch für eure Gefühle und versteckt euch nicht wie manche Tiere im Wald bei der Mimese, wenn sie sich tarnen und sich ihrem Umfeld völlig anpassen, um nicht gefressen zu werden.« Paul sah weiter zu Clemens. »Denn damit verliert ihr euch und löst euch auf, weil eure Grenzen mit der Umgebung verschwimmen. Dabei geht es gar nicht ums Überleben, es geht um euer *Leben*. Und das wird so viel schöner, wenn ihr ganz ihr selbst seid und wenn ihr eine aktive Rolle darin übernehmt, ohne ständig innerlich wütend klein beizugeben. Dann fangt ihr an, der Wut in euch Raum zu geben, statt sie zu unterdrücken. Und sobald ihr aufhört, euch abzulehnen, könnt ihr authentisch sein. Dann werdet ihr klar in euren Entscheidungen, sagt auch mal aus Überzeugung Nein, wenn es sich danach anfühlt, und werdet im Gegenzug dafür respektiert und ernst genommen. Vielleicht wollt ihr niemanden enttäuschen – aber ihr könnt niemanden enttäuschen, indem ihr ihr selbst seid. Und manchmal, wenn es dunkel in und um euch herum ist, erinnert euch, dass ihr gerade dabei seid zu wachsen. Denn tief in der Erde unten bei den Wurzeln ist es dunkel, bis der Strang durch den Boden bricht und seine Knospe Richtung Sonne streckt und letztlich blüht.«

Paul blickte weiter zu Philipp. »Wenn es dunkel ist und sich auch dunkel anfühlt, dann möglicherweise deshalb, weil gerade etwas entsteht. Ihr müsst nicht immer strahlen. Und auch nicht immer gut sein. Gutmütigkeit bedeutet, immer der oder die Gute sein zu wollen, weil die Angst vor der Ablehnung so groß ist. Selbstverleugnung bringt euch aber nicht weiter, sondern nur weit weg von eurer eigenen Wahrheit. Und die braucht es, um wirklich glücklich zu sein. Ihr müsst nicht ständig Verständnis für alle anderen haben, sondern dürft Verantwortung für eure eigenen Gefühle übernehmen. Es liegt nicht in eurer Verantwortung, wie sich andere fühlen, und ihr lasst auch niemanden im Stich, wenn ihr die Verantwortung für ihr Befinden an sie zurückgebt. Wenn ihr euch für die Erwartung anderer zerreißt, seid ihr am Ende selbst zerrissen und vergrabt die Wut nur noch tiefer.« Paul machte wieder eine Pause. Dann sagte er leise: »Immer für alle anderen da zu sein, ist so, als würdest du ständig dein Ladegerät verleihen, obwohl du selbst kaum Akku hast. Vielleicht akzeptierst du das Verhalten anderer Menschen nur deshalb, weil du Angst hast, dass du sie sonst verlierst. Wenn du aber die Harmoniesucht loslässt, darfst du wütend sein und bist immer noch liebenswert. Du musst nicht immer der Gute sein. Das ist ziemlich anstrengend.«

»Und wie! Fünfzigmal am Tag Cookies ablehnen, aber die Erwartung anderer nicht hinterfragen und einfach akzeptieren. Da bin ich lieber der Böse«, rief Adrian, der anscheinend ganz und gar nicht gut sein wollte.

»Und vielleicht willst du andere genau damit beeindrucken«, entgegnete Paul. »Du musst aber niemanden beeindrucken. Erklimm die Spitze des Berges, damit du die Welt siehst, nicht damit die Welt dich sehen kann. Und versuch, die Angst loszulassen, jemanden dabei zu enttäuschen. Dich sicher zu fühlen bedeutet, die Sicherheit in dir zu finden, ohne andere wegstoßen zu müssen. Es gibt einen Mittelweg zwischen Angepasstheit und ständigem Boykott. Der bedeutet, deine Grenzen klar zu kommunizieren. Dann brauchst du dich gar nicht mehr so radikal abzugrenzen und es wird um einiges weniger anstrengend.«

Paul blickte weiter zu Charly. »Für die Abgrenzung ist Wut äußerst hilfreich. Vielleicht erinnert sie dich auch daran, dass du zu lange auf die Anerkennung deines Vaters gewartet hast, statt sie dir selbst zu geben. Die Wut ist hervorragend, um sich von altem Schmerz zu befreien, aus einer toxischen Beziehung oder einer ungesunden alten Verbindung zu trennen. Aber sie sollte dich nicht bestimmen. Gib dem Schmerz dahinter Raum, wie traurig du darüber bist, dass du so hart zu dir warst … Dass du dich all die Jahre selbst abgelehnt hast und dir gewünscht hast, dass dein Vater und die ganze Welt da draußen endlich deine Größe erkennt, obwohl du dich selbst kleingehalten hast. Vielleicht hast du versucht, dich und andere zu kontrollieren, um Sicherheit zu bekommen. Aber weil sich andere nun mal schwer kontrollieren lassen, bist du wütend geworden. Du wolltest so gern, dass er dich sieht … Sie alle dich sehen. Dabei wird es Zeit, dass du dich selbst siehst.«

Ich hörte Charly schluchzen, als Paul mit sanftem Ton weitersprach: »Du kannst das Verhalten deines Vaters nicht ändern und auch nicht, dass er dir seine Liebe nicht zeigen kann, aber du kannst ändern, ob du denkst, dass es deine Schuld wäre. Denn das ist es nicht. Und dann kannst du beginnen, für dich da zu sein. Statt allen anderen gefallen zu wollen, fang an, dir selbst zu gefallen.« Charly stockte. Ihr Schluchzen löste sich auf, als täte sie sich nicht mehr leid und schlüpfte gerade aus ihrer alten Rolle. Hinter dem Schleier ihrer Tränen machte sich plötzlich Klarheit bemerkbar, die ihr eine unheimliche Kraft verlieh. Ich konnte sie spüren, als erfasste sie auch mich in dem Moment.

»Genau«, sagte Paul, als er mich ansah, als hätte er verstanden. »Konzentriert euch auf das Vertrauen in euch. Von da aus zeigt sich der Weg.« Danach schwenkte er seinen Kopf weiter zu Valentina. »Zu oft konzentriert ihr euch darauf, was andere gerade empfinden … was *sie* wollen … wonach *sie* sich sehnen … und dann verliert ihr euch darin und entfernt euch von euren eigenen Wünschen.« Er machte eine kurze Pause und sah ihr tief in die Augen.

»Vermutlich fühlst du dich schlecht, wenn andere sich schlecht fühlen. Du willst sie glücklich machen und vergisst dabei, dich selbst glücklich zu machen. Du willst geben, aber gibst zu viel von dir. Und dann denkst du, wenn du noch mehr gibst, wirst du alles zurückbekommen. Aber stetes Nettsein höhlt das Sein. Es ist schön, für andere da zu sein. Aber bist du es denn auch für dich? Mitleid bedeutet mitleiden und vermehrt das Leid. Wenn du aber im Leid anderer feststeckst, führst du ein fremdbestimmtes Leben. Du hast früher mit dem Schmerz deiner Eltern mitgelitten und hast es später in Mitgefühl verwandelt. Ein guter Schritt, und trotzdem darfst du dir immer dann, wenn du mit anderen mitfühlst, die Frage stellen: Wo bleibt das Mitgefühl für mich? Du möchtest deinem Vater auf gar keinen Fall die Schuld geben, weil die heile Welt, die du dir so sehr gewünscht hast, sonst in sich zusammenbrechen würde. Da gibst du lieber dir die Schuld und erträgst sie. Es wäre aber gut und wichtig für dich, die Verantwortung für alles, was passiert ist, an deinen Vater zurückzugeben. Denn da gehört sie hin. Dein Strahlen kann dich nicht finden, wenn du dich in den Schatten stellst. Fang an, für dich einzustehen und laut auszusprechen, was du willst. Selbst dann, wenn alles in dir zittert. Das ist nicht die Angst. Das ist deine Seele, die endlich gelebt werden will.« Jetzt brach auch Valentina in Tränen aus.

»Der heutige Niederschlag im weiblichen Tränendruckgebiet liegt derzeit bei hundert Prozent«, scherzte Adrian wenig mitfühlend, weil er offensichtlich nicht wusste, wie er mit Valentinas Gefühlen umgehen sollte.

»Wenn du aufhörst, dich schuldig zu fühlen, wenn Menschen um dich Schmerz oder Traurigkeit fühlen, dann wird es dir auch endlich Erleichterung bringen«, meinte Paul und lächelte Adrian an. Der verstummte. »Wenn du aber immer mit dem Kopf durch die Wand willst, kannst du dich fragen, was du denn in dem anderen Raum willst.

Ist es dort wirklich besser oder wolltest du einfach wo dagegenlaufen, um nicht hier zu sein und den Schmerz nicht auch fühlen zu müssen?« Adrian schluckte und seine Augen wurden feucht. Er ließ es zwar nicht zu, seinen Tränen freien Lauf zu lassen, aber wenn er es schaffte, beim nächsten Mal im selben Gefühlsraum wie Valentina zu bleiben, konnte er sich womöglich auch darauf einlassen.

Paul schwenkte seinen Kopf weiter zu Rebecca. »Wenn ihr erkennt, dass der Schmerz zwar furchtbar quälend war, aber euch bei eurem Wachstum geholfen hat, könnt ihr euer Herz auch wieder ganz öffnen und lernen zu vertrauen. Das wäre dann ein ›Fuck it, ich habe es beim letzten Mal überlebt und kenne meine Grenzen jetzt so gut, dass ich sie gar nicht mehr ständig verteidigen muss‹.«

Er entlockte Rebecca ein Lächeln damit. Sie schien ihm still zuzustimmen, als Paul weiter zu Lukas blickte: »Freiheit ist, am Ende zu wissen, dass es okay ist, für sich einzustehen und sich für sich selbst zu entscheiden Dann ist es auch gar nicht mehr notwendig, ein großes Rätsel für andere zu sein, weil auch das nur ein Schutzmechanismus ist. Wer sich echt und verletzlich zeigt, gibt keine Rätsel auf, weil er weiß, dass die Lösung der anderen ihn nichts angeht. Dein wahrer Kern ändert sich weder durch ihre Erwartung noch durch ihre Interpretation.«

Ich sah plötzlich etwas an dem Baum vor uns aufblitzen, und diesmal machte es niemandem von uns Angst. Als ich näherkam, erkannte ich, dass auf der Baumrinde ein kleiner rosa Zettel mit einer Pinnnadel befestigt war. Ich musste grinsen, weil mir mit einem Mal klar wurde, dass Paul, als er morgens Brötchen aus dem Dorf geholt hatte, noch in die Klamm eingebogen sein musste und dort kleine Botschaften für uns an die Bäume geheftet hatte. »Da steckt eine Nachricht am Baum«, rief ich also und freute mich.

»Ja«, antwortete Paul. »Ich dachte, es wäre eine schöne Idee, mit ein paar Erkenntnissen durch den Wald zu spazieren.« Er lächelte und mein Herz ging auf, denn genau das war von Anfang an der Plan gewesen. Wie viel Arbeit sich Paul immer machte, um uns die richtigen Botschaften auf den Weg mitzugeben. In diesem Moment war ich besonders dankbar dafür und auch alle anderen schienen große Freude daran zu haben. Selbst Adrian und Rebecca spähten neugierig vor zu dem rosa Zettel und wollten wissen, was darauf stand.

»Ich werde euch die kleinen Botschaften hier im Wald und noch ein paar weitere, die wir an diesem Wochenende erkannt haben, wieder – wie letztes Jahr – per Mail schicken, damit ihr sie nicht nur im Herzen tragen, sondern auch irgendwo aufhängen und immer wieder durchlesen könnt«, sagte er noch. »Es sind natürlich ganz andere als am See. Ich habe außerdem noch einmal darüber nachgedacht, was du gesagt hast, Rebecca.« Sie sah Paul erstaunt an und er erklärte weiter: »Als du erzählt hast, wie viel Kraft dir dieser *Fuck it*-Gedanke gegeben hat, hatte ich auch eine Erkenntnis und dachte: *Wo ein Fuck it, da ein Weg*! Also habe ich euch kleine *Fuck it*-Botschaften aufgeschrieben und hier im Wald für euch hinterlassen, die euch daran erinnern sollen, dass es euer Weg und euer Leben ist – und dass ihr niemand anderem gefallen müsst, außer euch selbst. Wir werden sie gemeinsam finden und durchlesen und ich schicke sie euch dann am Abend noch allen per Mail.«

Und genau so war es. Wir wanderten von da an noch aufmerksamer durch die Klamm, die uns über schlammige Pfade, hölzerne Brücken, schmale Serpentinen und wunderschöne Wege neben dem plätschernden Bach zu einer Kapelle führte, bei der wir über eine Aussichtswarte schließlich die Donau sehen konnten, in die der Hagenbach mündete. Zwischen den Steinen, an den Ästen, den Baumrinden, Brückengeländern und auch an manchen Markierungen hatte Paul immer wieder kleine Botschaften angebracht, die jeweils eine Person aus der Gruppe vorlas. Selbstverständlich hatte Adrian hier und da wieder einen seiner berühmten Scherze auf Lager, aber wenn man ihm genau dabei zusah, war auch er beeindruckt, vielleicht sogar ein wenig berührt von Pauls Nachrichten, die zusammen mit den faszinierenden Bildern der Hagenbachklamm dafür sorgten, dass wir klammheimlich alte Identitäten losließen und gemeinsam in unser neues Ich hineinwuchsen.

Als ich abends im Bett lag und das Wochenende noch einmal Revue passieren ließ und dabei Pauls kleine *Fuck it*-Botschaften durchlas, wurde mir ganz warm ums Herz. Ich weiß nicht, ob es an der rosa Farbe der Zettel lag, an die ich mich erinnerte und die zusammen mit dem Grün des Waldes mein Herz berührt und innerlich ausgefüllt hatten, oder eher an Pauls Worten, die so viel in uns bewegten, dass mit jedem Fuck it mehr Vertrauen in uns entstand. Es fühlte sich tatsächlich nach einem neuen Weg an.

Es wird immer jemanden geben, der deinen Wert nicht sieht. Lass es nicht dich sein.

36 Fuck It – Botschaften für deinen Weg

Fuck it,

1. Du bist nicht auf der Welt, um die Erwartungen anderer zu erfüllen.
2. Die einzige Zustimmung, die du brauchst, ist deine eigene. Entscheide dich für dich.
3. Du verdienst Liebe, ohne sie verdienen zu müssen.
4. An Tagen, an denen du nicht weißt, was du willst, wähle dich.
5. Hör auf, dich zu entschuldigen. Entschuldige dich lieber bei dir selbst, dass du so hart zu dir warst.
6. Wie andere sich fühlen, liegt nicht in deiner Verantwortung.
7. Es ist nicht dein Job, anderen zu beweisen, dass du liebenswert bist.
8. Wenn du dich gerade verlierst, dann vielleicht, um dich wieder neu zu finden.
9. Hör auf, dir Gedanken zu machen, was andere über dich denken.
10. Mach dir lieber Gedanken, was *du* über dich denkst.
11. Du kannst ein netter Mensch sein und dir trotzdem nicht alles gefallen lassen.
12. Nicht nur alle anderen haben es verdient, glücklich zu sein. Auch du! Also warum gestattest du es allen anderen, nur dir nicht?
13. Stetes Nettsein höhlt das Sein. Sag Nein und freu dich über das Ja zu dir selbst.
14. Es ist leicht, das zu sagen, was alle hören wollen. Und es ist mutig, es nicht zu tun.
15. Das Leben ist zu kurz, um nur einen einzigen Moment zu denken, du wärst nicht gut genug.
16. Hör auf, dich kleinzumachen, um in die Vorstellung anderer zu passen.
17. Niemand ist wie du, und das ist gut so! Fang an, dich als Geschenk zu sehen.

18. Du wirst Liebe finden, wenn du aufhörst, sie in anderen zu suchen.
19. Du musst nicht verstehen, sondern vertrauen. Vor allem dir selbst.
20. Hör auf zu warten! Gib dir selbst die Liebe und Bestätigung, die du dir so sehr von anderen wünschst.
21. Niemand ist wichtiger als du. Also hör auf, alle anderen wichtiger zu nehmen als dich.
22. Nimm keine Kritik von Menschen an, die du ohnehin nie um Rat fragen würdest.
23. Mach, was dir Freude macht. Egal, ob es andere gut finden oder nicht.
24. Weil du es willst, ist Grund genug!
25. Hör auf, dir Sorgen zu machen, andere zu enttäuschen, damit enttäuschst du dich nur selbst.
26. Du darfst Fehler machen. Du solltest sie nur nicht ein Leben lang wiederholen.
27. Wenn du deinen Wert kennst, musst du ihn nicht von anderen schätzen lassen.
28. Du musst das nicht schaffen. Du kannst es auch lassen.
29. Wenn du es allen recht machst, hast du es allen recht gemacht. Nur dir nicht.
30. Nur weil dich jemand nicht lieben kann, heißt das nicht, dass du nicht liebenswert bist.
31. Hör auf, der Anker für andere zu sein und dabei selbst unterzugehen.
32. Es ist keine Liebe, wenn du dich selbst vergisst.
33. Der Schritt, vor dem du die größte Angst hast, könnte deine glückliche Wendung sein.
34. Du wirst überrascht sein, wie sich alles fügt, wenn du die Kontrolle aufgibst und vertraust.
35. Das Leben kann dich erst auffangen, wenn du dich fallen lässt.
36. Erwarte das Beste. Weil du es wert bist und du das Beste verdient hast!

Falls du bei Punkt 36 Zweifel verspürst, geh zurück zu Punkt 12. Also ja: auch du!

ALLES MÖGLICH

Fünf Stunden vorher

Nachdem wir alle *Fuck it*-Botschaften am Weg eingesammelt hatten, verließen wir die Hagenbachklamm schließlich wieder und traten den Weg zurück zum Haus an. Der Berg hinauf war um einiges beschwerlicher als hinunter, aber trotzdem absehbar, und ich war froh, als wir endlich wieder in den Wald einbogen und uns – diesmal ohne Schreie – plötzlich wieder vor den Spiegeln befanden.

»Da sind sie ja, die Übeltäter«, sagte Charly, als sie staunend vor den Spiegeln stand. Bei Tageslicht ging eine unglaubliche Faszination von ihnen aus, da die Spiegel in unterschiedlichen Größen und Farben in ihren antiken Rahmen von den Ästen baumelten und ihre gläsernen Flächen das Sonnenlicht an manchen Stellen so stark reflektierten, dass es sich in unzähligen Farbbögen vor ihnen auf den Boden warf.

»Du solltest lernen, dir zu gefallen, und dich nicht – wie beim letzten Mal – vor deinem eigenen Spiegelbild zu erschrecken, Charly! Das hat Paul ja bereits erklärt«, zog Adrian sie auf.

»Und du solltest mal genauer hinsehen und nicht ständig Scherze über alle anderen machen! Schau doch mal rein in den Spiegel, Adrian! Und konzentrier dich auf dein eigenes Bild und nicht darauf, was andere sehen. Vielleicht erschreckst du dich ja zu sehr vor dir selbst und musst deshalb immer Schwächen bei anderen suchen, weil du Angst vor deinen eigenen hast!«

»Habt ihr denn alle eure grünen Karten mitgenommen?«, lenkte Paul wieder ein und alle nickten. »Dann holt sie doch heraus und sucht euch einen Spiegel aus, vor den ihr euch stellen wollt.« Einige kramten in ihren Rucksäcken, während sie ein paar Schritte weiter auf die Spiegel zugingen. Andere gingen wieder ein Stück zurück. Es schien fast so, als würde sich das gesamte Bild der Gruppe plötzlich teilen und wieder neu zusammensetzen. Alle bewegten sich intuitiv auf die Spiegel zu, die sich in dem Moment richtig für sie anfühlten und sich zu einem neuen Bild formierten. Ich stand daher wenig später vor einem breiten, dunkelgold gerahmten Spiegel, in dem ich nicht nur mein Gesicht, sondern fast meinen gesamten Körper erkennen konnte. Lukas neben mir hatte sich für einen schmäleren Spiegel mit dunkelgrünem Holzrahmen entschieden, der ebenfalls beinahe so groß wie er selbst war.

»Ich muss schon wieder weinen«, sagte Valentina plötzlich leise und versuchte, ihre Tränen zurückzuhalten. »Es ist gar nicht so einfach, sich selbst anzusehen ... so direkt in die Augen, meine ich.«

»Wieso? Das sind doch schöne Augen! Ich sehe da auch immer rein und ich mag sie«, antwortete Adrian und ich schätzte mal, es sollte ein Kompliment sein.

»Ja, aber irgendetwas macht mich traurig.«

Valentinas Spiegel war bestimmt um dreißig Zentimeter kleiner als die anderen Spiegel und auch viel schlichter.

»Und was denkst du, was dich so traurig macht?«, fragte Paul vorsichtig.

»Ich weiß es nicht. Vielleicht erkenne ich mich gar nicht. Ich meine, wer soll das überhaupt sein? Das frage ich mich, glaube ich, schon ein Leben lang. Und es macht mich traurig. Vielleicht habe ich vergessen, wer ich bin. Oder mich anzusehen ... Also ja, sicherlich, wenn ich morgens das Haus verlasse, dann sehe ich in den Spiegel, weil ich meine Haare bürste oder mich schminke ... mir vielleicht auch einfach nur den Kragen richte ... Aber ich glaube, ich habe mir noch nie so direkt in die Augen gesehen. Das ist ja furchtbar!«

»Vielleicht bist du die Aufmerksamkeit nur nicht gewohnt. Die kann schon beängstigend sein ... vor allem, wenn du sie dir selbst so selten gibst«, antwortete Paul. »Aber fühl doch mal rein, was genau so furchtbar daran ist. Was kommen denn für Gedanken?«

»Ich will hier raus!«, rief sie plötzlich. Nicht besonders laut und auch nicht panisch. Aber doch recht klar und bestimmt.

»Wo möchtest du denn raus?«, fragte Paul.

»Aus mir?«, fragte sie vorsichtig. »Aus meiner Haut ...«

»Ja, warum nicht?«, sagte Paul und alle sahen ihn verwundert an. »Vielleicht ist es an der Zeit, den alten Mantel und die ausgediente Schutzschicht jetzt abzustreifen. Es könnte sein, dass etwas tief in dir endlich du selbst sein möchte. Unabhängig von den Wünschen anderer. Oder von den Projektionen und Kleidern, die man dir ein Leben lang übergeworfen hat. Vielleicht hast du dir manche davon auch selbst angezogen, um dich zu schützen. Aber sie sind dir im Laufe der Zeit unangenehm geworden. Sie ziepen und kratzen an manchen Stellen und deshalb möchtest du sie nicht mehr tragen. Das ist eine gute Sache!«

Wir standen alle vor unseren Spiegeln und ich hatte das Gefühl, Paul sprach längst nicht mehr nur zu Valentina, sondern zu uns allen.

»Aber dann bin ich ...«

»Ja?«

»Vollkommen nackt ... also seelisch ... völlig schutzlos und ausgeliefert ... Ich weiß doch nicht einmal, wer das ist, und ich will nicht wieder verletzt werden!«

»Das kann ich gut verstehen. So geht es den meisten Menschen. Erinnert ihr euch noch an den Namen des Kunstprojekts, von dem sich mein Freund Viktor hier hat inspirieren lassen? Es heißt *Invisible People* … also *Unsichtbare Menschen*. Mit all den gespiegelten Bildern, die andere von uns haben, ihren Wünschen und Erwartungen, die wir zu erfüllen versuchen oder gegen die wir ankämpfen, um uns zu schützen, entfernen wir uns von dem echten Kern in uns und durch all diese Projektionen werden wir irgendwann völlig unsichtbar. Für andere. Aber vor allem für uns selbst. Wenn ihr wieder spüren wollt, wer ihr wirklich seid, ist es eine gute Sache, diese alte Schutzschicht abzulegen und euch echt und verletzlich zu zeigen. Dann beginnt ihr euch wieder zu spüren und nicht die Version, die ihr von euch zeigt, um der Vorstellung anderer zu entsprechen. Sie wird euch nie wirklich glücklich machen. Sondern immer nur jene, die euch wirklich entspricht. Dann darf eure Seele wieder aufatmen. Und ihr habt dann auch keine Angst mehr, euch verletzlich zu zeigen. Erinnert ihr euch an die Fragen, die ich euch gestellt habe, bevor ihr die grünen Karten ausfüllen solltet? *Wer bist du ohne die Erwartung anderer? Wer möchtest du sein? Und was würdest du tun, wenn es gar keine Erwartung auf dieser Welt an dich gäbe – wenn alles möglich wäre?«*

Was dann geschah, war unglaublich. Es war wie ein Theaterstück, nur dass wir keine Rollen spielten, sondern gerade dabei waren, aus unseren alten Rollen zu schlüpfen und zu erfahren, wer wir wirklich waren. Da standen wir und lasen nacheinander vor, wer wir ohne die Erwartung anderer waren und was hinter den Rollen für eine neue Version von uns und damit auch welche neue Realität bereits auf uns wartete. Unsere eigene Wahrheit, die noch schöner war, als was wir bisher gewagt hatten zu träumen.

»Endlich kündigen und einen neuen Job finden!«, rief Clemens. »Und diese unglaubliche Anstrengung hinter mir lassen, die es mich kostet, jemand zu sein, der ich nicht bin.« Seine Augen funkelten und ich sah zum ersten Mal an diesem Wochenende echte Freude in ihm aufblitzen.

Charly nickte und machte gleich weiter. »Mich gut finden, wie ich bin!«, rief sie vor ihrem eigenen Spiegelbild. Sie blickte kurz zu ihrem grünen Zettel hinunter und sah sich dann wieder direkt in die Augen. »Ich lasse endlich diese Wut auf mich selbst los ... und meine Selbstzweifel. Weil ja, ich darf traurig sein. Aber auch glücklich! Ich vertraue darauf, wer ich bin und was ich kann! Und ich darf sein, wer ich möchte – auch diese erfolgreiche Schauspielerin. Fuck it, ja! Ich *bin* eine erfolgreiche Schauspielerin! Ich bin sie, wenn ich es zulasse. Schon jetzt! Weil ich mich dazu entscheide zu sein, wer ich sein will!« Charly rief sich ihre Worte laut zu und schenkte sich das strahlendste Lächeln, das ich je bei ihr gesehen hatte. Sie blieb dabei völlig bei sich und es kümmerte sie gar nicht, ob wir anderen gut fanden, was sie sagte.

Valentina warf Charly ebenfalls ein Lächeln zu, obwohl sie es gar nicht sehen konnte. Danach starrte sie eine ganze Weile in ihren eigenen Spiegel, als müsste sie erst da ankommen, wo sie schon auf sich wartete. »Meine Vergangenheit annehmen und die Schuldgefühle loslassen«, sagte sie dann. »Und für meine Wünsche und Bedürfnisse einstehen ... Ach, und die Ohnmacht hinter mir lassen und in meine eigene Kraft kommen! Dann spüre ich auch, wann der richtige Zeitpunkt ist. Oder eben auch nicht ist. Und ich will mehr sein als die Anlaufstelle für toxische Menschen. Ich will wieder ganz ich selbst sein!«

»Da hat Andrea ein ganzes Buch drüber geschrieben«, meinte Paul und grinste. »Das könntest du lesen.« Ich musste lachen und Paul blickte zu Livia, die ganz vertieft in ihren Spiegel sah.

»Ohne Mann glücklich sein«, sagte sie schließlich überzeugt und lächelte sich selbst zu. »Oder eigentlich: *mit* und *ohne* Mann zufrieden sein! Mich jedenfalls nicht mehr davon abhängig machen und meine Ängste loslassen, es nicht verdient zu haben. Es ist Zeit, mich auf mich und meine Selbstliebe zu konzentrieren und diese verdammte Suche hinter mir zu lassen. Ich denke, ich bin jetzt bereit, jemanden zu finden – und das bin in erster Linie *ich*! Und ich höre auf, mich ständig mit anderen zu vergleichen, und vertraue darauf, dass alles kommt.« Sie sah kurz zu uns und dann wieder in den Spiegel. »Und irgendwann führe ich dann eine Beziehung, ohne mich ständig infrage zu stellen. Ich möchte das für mich. Und für Ella – um ihr ein gutes Vorbild zu sein.«

Es war schön, wie liebevoll sie plötzlich mit sich sprach. Paul lächelte und sah hinüber zu Philipp, der links neben Livia vor einem ungewöhnlich schmalen Spiegel stand. Darin konnte er nur etwa die Hälfte von ihm sehen.

»Mutig«, sagte er plötzlich und klang mutig dabei. »Ohne all diese Erwartungen bin ich mutig, denke ich. Jedenfalls will ich es wieder sein. Ich möchte mutiger sein, meine Wut rauslassen und auch mal Nein sagen«, erklärte er weiter und Charly nickte ihm zustimmend zu. Er wirkte unglaublich stark in dem Moment, und genau diese Stärke schien Charly zu gefallen. Vielleicht entdeckte sie dadurch auch wieder ihre eigene Stärke in sich.

»Mut ist gut.« Auch Adrian schien beeindruckt und grinste zuerst zu Philipp und dann zu Clemens hinüber. »Ich schätze mal, den braucht es tatsächlich, um den Scheißerwartungsdruck loszulassen. Dann ist wahrscheinlich wirklich viel mehr möglich.«

»Und was genau ist dann möglich? Was hast du denn auf deine grüne Karte geschrieben?«, fragte Paul nach.

»Ach, da habe ich nichts draufgeschrieben. Ich wollte keine Gefühle aufschreiben«, erwiderte Adrian. »Aber wahrscheinlich ...«, sprach er weiter und Paul unterbrach ihn mitten im Satz. »Sprich doch in den Spiegel und versuch es mal ohne das Wort *wahrscheinlich.*« Adrian stockte. Er sah in den Spiegel, gleich wieder zu Paul und probierte es dann gleich noch einmal »... Also ja, gut ... Das wäre dann ... ach so, ... *wäre* ist *wahrscheinlich* auch nicht gut – verdammt, wieder *wahrscheinlich*! Dann eben ohne. Hier habt ihr es: Ich kann dann endlich auf mich und mein Gefühl hören und klarer kommunizieren, was ich will oder was nicht, und muss dann nicht immer weglaufen. Weil ich mir sicher bin. Also ich, versteht ihr? Ich bin sicher. Und vielleicht ... okay, ohne *vielleicht* ... ich will auch mehr Feingefühl für andere haben und mich nicht ständig angegriffen fühlen. Eben weil ich mir sicher bin.« Adrian sah vom Spiegel weiter zu Valentina. Sein Blick war durch und durch liebevoll. Er wirkte so viel weicher als sonst, wenn er nicht mehr den harten Kerl spielen musste.

»Auch für dich ... Du kannst dann auch mehr Feingefühl für *dich* haben«, sagte Paul. »Das ist das Gute daran.«

»Kann sein. Ohne den Erwartungsdruck hätte ich jedenfalls nicht mehr das Gefühl, ständig jemanden zu enttäuschen. Dann kann ich auch einfach bleiben, wo ich bin, und laufe nicht mehr mit dem Kopf gegen Wände ... Bringt ja ohnehin nur Kopfschmerzen.« Obwohl er mit einer kleinen Pointe endete, konnte ich die Veränderung in Adrian spüren und seinen Entschluss, nicht immer dagegen, sondern auch einmal dafür zu sein.

»Fuck it«, sagte Rebecca kurz darauf und grinste. »Ich bleibe, wie ich bin! Ich verbiege mich nicht, weil – wisst ihr, was?, – dazu liebe ich mich zu sehr und all das, was ich die letzten Jahre gelernt habe. Aber schön, ja ... wenn ich ehrlich zu mir bin, glaube ich, da könnte wirklich etwas dran sein, dass mein Herz etwas skeptisch geworden ist und ich wieder mehr vertrauen sollte. Also ja, ... Vertrauen. Weil ... Fuck it ... es darf auch geil sein!« Ihre dunklen

Augen weiteten sich im Spiegel und fingen in einer derartigen Wärme zu glänzen an, dass sie mit dem Lichteinfall plötzlich wie zwei funkelnde Bernsteine aussahen. Alles strahlte aus ihr heraus und von ihrem Spiegelbild wieder zu ihr zurück.

»Weniger nachdenken und mehr sein«, sagte ich daraufhin. »Und Erfahrungen machen, egal, wie sie aussehen ... mich einfach trauen«, fügte ich noch hinzu und lächelte mir ebenfalls im Spiegel zu.

Kurz darauf hörte ich auch schon Lukas sprechen: »Nicht mehr schweigen und meine Meinung sagen ... Sei es dem rassistischen Onkel oder beim nächsten schwulenfeindlichen Kommentar in einem Meeting. Ich werde etwas sagen, weil es wichtiger ist, für mich und andere einzustehen, als die Dinge unter den Teppich zu kehren, damit sich niemand auf den Schlips getreten fühlt. Sind doch ohnehin längst überholt ... ich meine, wer trägt denn heute noch Schlips? Der schnürt einem ja regelrecht die Kehle zu.« Er grinste kurz, sah dann aber nachdenklich aus. »Ich habe so oft nichts gesagt. Aber ich will mich frei fühlen, genau das zu tun, und alles dafür, dass sich auch andere frei fühlen können.« Ich hielt kurz inne und sah ihn mit feuchten Augen an. Danach begann ich zu klatschen. Ganz langsam, einfach weil mir danach war. Das Thema war so wichtig und ich war unheimlich dankbar, dass Lukas es aufgegriffen hatte. Ich klatschte für ihn, aber auch für uns alle, die wir hier standen. Vor unseren Spiegeln, während wir das alte Bild und all die Projektionen hinter uns ließen und uns endlich Raum für uns selbst gaben. Als auch alle anderen in mein Klatschen einstimmten, fühlte es sich an wie Standing Ovations bei einem Livekonzert. Wir standen zwar schon längst, aber auch endlich für uns ein.

Es war, als hätten wir uns selbst von der Leine genommen und fühlten uns freier denn je. Letztendlich flossen wieder jede Menge

Tränen – diesmal auch bei Adrian, der plötzlich Emotionen zuließ. Sie zu spüren, einander zuzuhören und der neuen Version Raum zu geben, fühlte sich bestärkend an – nicht zuletzt deshalb, weil wir uns so verletzlich zeigten. Es lag eine unglaubliche Kraft in der Luft, die sich nach und nach in uns allen ausbreitete. Mit einem Mal schien alles möglich. Als hätten wir die Grenzen, die wir uns über die Jahre mit all den Erwartungen auferlegt hatten, wie alte Gewänder fallen lassen, und nun standen wir zwar angezogen – aber doch völlig nackt vor unserem Spiegelbild. Es zeigte sich in uns, um uns herum und es fiel aus dem Rahmen. Und genau das war das Gute daran – weil es nicht mehr den Anspruch hatte zu genügen. Sondern tatsächlich genügte.

Wenn wir alle ausgedienten Erwartungen wie alte Gewänder abstreifen, zeigen wir dem Leben, dass wir bereit sind, in unsere Möglichkeiten hineinzuwachsen.

VOR ZUM RAND

Als wir die letzten Meter durch den Wald zurück zum Haus gingen, spürte ich, wie mein Kopf sich allmählich beruhigte und sich mein ganzer Körper mit jedem Schritt mehr entspannte und sich ein wohliges Gefühl in mir ausbreitete. Ich konnte meine Schritte auf dem Boden spüren, als meine Füße die Erde berührten, während ich über Wurzeln trat, das Laub unter meinen Schuhen raschelte und sich sanft hin und her bewegte. Ich spürte die warme Luft um mich, wie sie zwischen den Ästen zu mir durchdrang, und hörte, wie die Vögel hoch oben laut zwitscherten. Es fühlte sich nach Ankommen an, obwohl ich weiterging. In dem Moment kam ich bei mir selbst an.

»Die Natur sorgt sich nicht. Sie weiß, dass alles zur richtigen Zeit kommt«, sagte Paul schließlich. »All das, was sie braucht, um zu wachsen, aber auch, um anschließend zu blühen. Konzentriert euch auf eure Atmung. Geben und nehmen. Spürt euer Herz. Nicht das der anderen. Erinnert euch daran, dass ihr nicht nur hier seid, um zu geben. Öffnet euch auch für die Magie des Nehmens.« Wir gingen gemeinsam weiter. Schritt für Schritt. In vollkommener Ruhe. »Denkt jetzt an einen speziellen Wunsch«, forderte Paul uns auf. »Etwas, das ihr euch tief drinnen und von ganzem Herzen wünscht. Egal, um welchen Wunsch es sich handelt – sei es ein berufliches Ziel, eine Beziehung, der Wunsch, euch wieder in

Einklang mit euch selbst zu fühlen oder endlich all die Träume zu leben, die ihr euch bisher noch nicht gestattet habt –, spürt, wie jetzt alles für euch sein darf, und lasst die Bilder in euch zirkulieren. Vom Kopf hinunter zum Herzen. Von da aus in euren gesamten Körper. Zuerst in die Arme, dann die Brust, den Bauch, hinunter zu den Beinen und wieder zurück. Lasst den Wunsch in euch vibrieren. Und dann stellt euch die Frage, was euch bisher aufgehalten hat? Das Leben stellt sich nicht gegen euch. Aber manchmal stellt ihr euch gegen das Leben, weil ihr denkt, es nicht verdient zu haben. Dabei habt ihr alles verdient. Das größte Glück. Wenn dieser Wunsch in euch ist, dann existiert er auch in der Welt da draußen. Solange ihr euch aber darum kümmert, allen anderen ihre Wünsche zu erfüllen, habt ihr keine Zeit für die Verwirklichung eurer eigenen. Das Leben zweifelt nicht daran, dass ihr es wert seid. Nur ihr. Und jetzt, wo ihr wisst, dass alles für euch möglich ist, könnt ihr damit aufhören. Ihr könnt aufhören, an alle anderen zu glauben, außer an euch selbst. Ihr könnt anfangen, daran zu glauben, dass es euch zusteht. Denn wenn ihr beginnt, an euch zu glauben, zeigt ihr auch anderen, was es bedeutet, ein erfülltes Leben zu führen. Dann seid ihr ein Vorbild und eine Inspiration der Möglichkeiten. Statt all die Erwartungen anderer zu erfüllen, setzt euch eine neue: die Erwartung, dass euch zusteht, was ihr euch wünscht. Denn was ihr erwartet, das zeigt sich. Wenn ihr das Ende erwartet, wird es sich zeigen. Wenn ihr Schmerz erwartet, fühlt ihr ihn bereits. Wenn ihr Ablehnung erwartet, lehnt ihr euch selbst ab. Aber wenn ihr erwartet, dass es gut sein darf – für euch –, gut, genau so wie ihr seid, dann öffnet ihr den Raum für etwas Neues in euch und von da aus auch in eurem Leben. Die Erwartung der Erfüllung eurer Wünsche führt euch zu den Möglichkeiten. Dann könnt ihr euch anders entscheiden. Für euch. Weil ihr es wert seid. Ihr könnt endlich eure alten Rollen loslassen und ganz ihr selbst sein.

Widerstände werden sich zeigen, aber sie werden euch nicht davon abhalten, weiterzugehen. Sie werden euch wie Markierungen darauf hinweisen, dass ihr vom Weg abgekommen seid, und euch davor bewahren, euch selbst zu verlieren. Wenn ihr einen Wunsch in euch verspürt, dann geht davon aus, dass auch er in die Welt möchte. Ihr könnt aufhören, euch selbst im Weg zu stehen und euer eigenes Glück zu vermeiden, nur weil ihr denkt, es nicht verdient zu haben. Ihr werdet aufhören, Menschen wegzustoßen, aus Angst, sie könnten euch verletzen. Stattdessen könnt ihr euch fragen: Wo stehe ich und warum springe ich nicht? Und dann tretet ihr vor zum Rand und wagt den Sprung. Weg von diesem stumpfen Fleck, hinein ins Leben und in all das, was auf euch wartet. Da, wo euch das Leben auffängt. Und dann fragt ihr euch: Was ist der nächste Schritt? Und ihr macht einen. Und einen weiteren. Einen nach dem anderen. Offen, mutig und voller Zuversicht. Ohne über euch selbst zu stolpern. Über die alte Version, die euch bisher abgehalten hat, für euch und eure Wünsche einzustehen. Ihr erkennt, dass es genügt, ihr selbst zu sein, und mit offenem Herzen das Beste zu erwarten. Seid all das, was ihr sein wollt. Und haltet euer Herz und eure Augen offen für die kleinen Zeichen, die Markierungen und Wegweiser, bis ihr sie findet. Auf eurem eigenen Weg. Und von da aus weiter zu euren Träumen. Sie sind bereits da und warten auf euch.«

Plötzlich wusste ich, was Paul damit meinte, wir müssten springen. Wir dachten so oft im Leben, es wären die hohen Sprünge. Oder die weiten. Aber die waren es nicht. Es war die Bewegung aus der Starre – das innere Fuck it – und der Sprung ins Ungewisse, der alles veränderte.

Und ich hätte schwören können, dass der Baum neben mir lächelte.

ÜBER DIE AUTORIN

Andrea Weidlich ist in Wien geboren. Sie arbeitet als Autorin, Texterin und Designerin im Bereich Lifestyle und Kommunikation. Mit den *SPIEGEL*-Bestsellern *Wie Du Menschen loswirst, die dir nicht guttun, ohne sie umzubringen, Der geile Scheiß vom Glücklichsein* und *Liebesgedöns* begeisterte sie bereits zahlreiche Leserinnen und Leser.
Gemeinsam mit Anna Maria Rubas führt sie den Erfolgs-Podcast *gusch, baby*.

Auf ihrem Instagram-Account *guschbaby* teilt sie in Worten, Bildern und Geschichten, was sie und ihre Leser*innen und Hörer*innen bewegt und glücklich macht.

Ihr Podcast *gusch, baby* ist kostenlos zu hören auf Spotify, iTunes, Deezer und überall, wo es Podcasts gibt.

www.guschbaby.com